中国低碳经济发展与低碳金融机制研究

China's Low-Carbon Economic Development and Low-Carbon Financial Mechanism Study

乔海曙 著

经济管理出版社
ECONOMY & MANAGEMENT PUBLISHING HOUSE

图书在版编目（CIP）数据

中国低碳经济发展与低碳金融机制研究/乔海曙著. —北京：经济管理出版社，2013.5
ISBN 978-7-5096-2489-0

Ⅰ. ①中… Ⅱ. ①乔… Ⅲ. ①中国经济—经济发展—研究 ②金融机制—研究—中国
Ⅳ. ①F124 ②F832.5

中国版本图书馆 CIP 数据核字（2013）第 112541 号

组稿编辑：宋 娜
责任编辑：宋 娜 刘建军
责任印制：黄 铄
责任校对：陈 颖

出版发行：经济管理出版社
（北京市海淀区北蜂窝 8 号中雅大厦 A 座 11 层 100038）
网 址：www. E-mp. com. cn
电 话：(010) 51915602
印 刷：北京银祥印刷厂
经 销：新华书店
开 本：720mm×1000mm/16
印 张：19.5
字 数：320 千字
版 次：2013 年 8 月第 1 版 2013 年 8 月第 1 次印刷
书 号：ISBN 978-7-5096-2489-0
定 价：85.00 元

编委会及编辑部成员名单

本书获教育部“新世纪优秀人才支持计划（NCET）”、湖南省学科带头人培养计划、中国博士后基金特别资助项目资助。

序 一

博士后制度是19世纪下半叶首先在若干发达国家逐渐形成的一种培养高级优秀专业人才的制度，至今已有一百多年历史。

20世纪80年代初，由著名物理学家李政道先生积极倡导，在邓小平同志大力支持下，中国开始酝酿实施博士后制度。1985年，首批博士后研究人员进站。

中国的博士后制度最初仅覆盖了自然科学诸领域。经过若干年实践，为了适应国家加快改革开放和建设社会主义市场经济制度的需要，全国博士后管理委员会决定，将设站领域拓展至社会科学。1992年，首批社会科学博士后人员进站，至今已整整20年。

20世纪90年代初期，正是中国经济社会发展和改革开放突飞猛进之时。理论突破和实践跨越的双重需求，使中国的社会科学工作者们获得了前所未有的发展空间。毋庸讳言，与发达国家相比，中国的社会科学在理论体系、研究方法乃至研究手段上均存在较大的差距。正是这种差距，激励中国的社会科学界正视国外，大量引进，兼收并蓄，同时，不忘植根本土，深究国情，开拓创新，从而开创了中国社会科学发展历史上最为繁荣的时期。在短短20余年内，随着学术交流渠道的拓宽、交流方式的创新和交流频率的提高，中国的社会科学不仅基本完成了理论上从传统体制向社会主义市场经济体制的转换，而且在中国丰富实践的基础上展开了自己的伟大创造。中国的社会科学和社会科学工作者们在改革开放和现代化建设事业中发挥了不可替代的重要作用。在这个波澜壮阔的历史进程中，中国社会科学博士后制度功不可没。

值此中国实施社会科学博士后制度20周年之际，为了充分展示中国社会科学博士后的研究成果，推动中国社会科学博士后制度进一步发展，全国博士后管理委员会和中国社会科学院经反复磋商，并征求了多家设站单位的意见，决定推出《中国社会科学博士后文库》(以下简称《文库》)。作为一个集中、系统、全面展示社会科学领域博士后优秀成果的学术平台，《文库》将成为展示中国社会科学博士后学术风采、扩大博士后群体的学术影响力和社会影响力的园地，成为调动广大博士后科研人员的积极性和创造力的加速器，成为培养中国社会科学领域各学科领军人才的孵化器。

创新、影响和规范，是《文库》的基本追求。

我们提倡创新，首先就是要求，入选的著作应能提供经过严密论证的新结论，或者提供有助于对所述论题进一步深入研究的新材料、新方法和新思路。与当前社会上一些机构对学术成果的要求不同，我们不提倡在一部著作中提出多少观点，一般地，我们甚至也不追求观点之“新”。我们需要的是有翔实的资料支撑，经过科学论证，而且能够被证实或证伪的论点。对于那些缺少严格的前提设定，没有充分的资料支撑，缺乏合乎逻辑的推理过程，仅仅凭借少数来路模糊的资料和数据，便一下子导出几个很“强”的结论的论著，我们概不收录。因为，在我们看来，提出一种观点和论证一种观点相比较，后者可能更为重要：观点未经论证，至多只是天才的猜测；经过论证的观点，才能成为科学。

我们提倡创新，还表现在研究方法之新上。这里所说的方法，显然不是指那种在时下的课题论证书中常见的老调重弹，诸如“历史与逻辑并重”、“演绎与归纳统一”之类；也不是我们在很多论文中见到的那种敷衍塞责的表述，诸如“理论研究与实证分析的统一”等等。我们所说的方法，就理论研究而论，指的是在某一研究领域中确定或建立基本事实以及这些事实之间关系的假设、模型、推论及其检验；就应用研究而言，则指的是根据某一理论假设，为了完成一个既定目标，所使用的具体模型、技术、工具或程序。众所周知，在方法上求新如同在理论上创新一样，殊非易事。因此，我们亦不强求提出全新的理论方法，我们的最低要求，是要按照现代社会科学的研究规范来展开研究并构造论著。

我们支持那些有影响力的著述入选。这里说的影响力，既包括学术影响力，也包括社会影响力和国际影响力。就学术影响力而言，入选的成果应达到公认的学科高水平，要在本学科领域得到学术界的普遍认可，还要经得起历史和时间的检验，若干年后仍然能够为学者引用或参考。就社会影响力而言，入选的成果应能向正在进行着的社会经济进程转化。哲学社会科学与自然科学一样，也有一个转化问题。其研究成果要向现实生产力转化，要向现实政策转化，要向和谐社会建设转化，要向文化产业转化，要向人才培养转化。就国际影响力而言，中国哲学社会科学要想发挥巨大影响，就要瞄准国际一流水平，站在学术高峰，为世界文明的发展作出贡献。

我们尊奉严谨治学、实事求是的学风。我们强调恪守学术规范，尊重知识产权，坚决抵制各种学术不端之风，自觉维护哲学社会科学工作者的良好形象。当此学术界世风日下之时，我们希望本《文库》能通过自己良好的学术形象，为整肃不良学风贡献力量。

中国社会科学院副院长

中国社会科学院博士后管理委员会主任

2012 年 9 月

序　二

在21世纪的全球化时代，人才已成为国家的核心竞争力之一。从人才培养和学科发展的历史来看，哲学社会科学的发展水平体现着一个国家或民族的思维能力、精神状况和文明素质。

培养优秀的哲学社会科学人才，是我国可持续发展战略的重要内容之一。哲学社会科学的人才队伍、科研能力和研究成果作为国家的“软实力”，在综合国力体系中占据越来越重要的地位。在全面建设小康社会、加快推进社会主义现代化、实现中华民族伟大复兴的历史进程中，哲学社会科学具有不可替代的重大作用。胡锦涛同志强调，一定要从党和国家事业发展全局的战略高度，把繁荣发展哲学社会科学作为一项重大而紧迫的战略任务切实抓紧抓好，推动我国哲学社会科学新的更大的发展，为中国特色社会主义事业提供强有力的思想保证、精神动力和智力支持。因此，国家与社会要实现可持续健康发展，必须切实重视哲学社会科学，“努力建设具有中国特色、中国风格、中国气派的哲学社会科学”，充分展示当代中国哲学社会科学的本土情怀与世界眼光，力争在当代世界思想与学术的舞台上赢得应有的尊严与地位。

在培养和造就哲学社会科学人才的战略与实践上，博士后制度发挥了重要作用。我国的博士后制度是在世界著名物理学家、诺贝尔奖获得者李政道先生的建议下，由邓小平同志亲自决策，经国务院批准于1985年开始实施的。这也是我国有计划、有目的地培养高层次青年人才的一项重要制度。二十多年来，在党中央、国务院的领导下，经过各方共同努力，我国已建立了科学、完备的博士后制度体系，同时，形成了培养和使用相结合，产学研相结合，政府调控和社会参与相结合，服务物质文明与精神文明建设的鲜明特色。通过实施博士后制度，我国培养了一支优秀的高素质哲学社会科学人才队伍。他们在科研机构或高等院校依托自身优势和兴趣，自主从事开拓性、创新性研究工作，从而具有宽广的学术视野、突出的研究能力和强烈的探索精神。其中，一些出站博士后已成为哲学社会科学领域的科研骨干和学术带头人，在“长江学者”、“新世纪百千万人才工程”等国家重大科研人才梯队中占据越来越大的比重。可以说，博士后制度已成为国家培养哲学社会科学拔尖人才的重要途径，而且为哲学社会科学的发展造就了一支新的生力军。

哲学社会科学领域部分博士后的优秀研究成果不仅具有重要的学术价值，而且具有解决当前社会问题的现实意义，但往往因为一些客观因素，这些成果不能尽快问世，不能发挥其应有的现实作用，着实令人痛惜。

可喜的是，今天我们在支持哲学社会科学领域博士后研究成果出版方面迈出了坚实的一步。全国博士后管理委员会与中国社会科学院共同设立了《中国社会科学博士后文库》，每年在全国范围内择优出版哲学社会科学博士后的科研成果，并为其提供出版资助。这一举措不仅在建立以质量为导向的人才培养机制上具有积极的示范作用，而且有益于提升博士后青年科研人才的学术地位，扩大其学术影响力和社会影响力，更有益于人才强国战略的实施。

今天，借《中国社会科学博士后文库》出版之际，我衷心地希望更多的人、更多的部门与机构能够了解和关心哲学社会科学领域博士后及其研究成果，积极支持博士后工作。可以预见，我国的博士后事业也将取得新的更大的发展。让我们携起手来，共同努力，推动实现社会主义现代化事业的可持续发展与中华民族的伟大复兴。

人力资源和社会保障部副部长
全国博士后管理委员会主任
2012 年 9 月

摘 要

本书主要研究低碳经济发展及影响其发展的关键因素——金融机制，主要解决如何为低碳经济发展提供有力的金融支持这一重大问题。笔者认为：①低碳经济发展时不我待；②低碳经济发展遭遇资金“瓶颈”；③低碳经济发展急需金融创新并做出有效的低碳金融制度安排。

本书从考察中国低碳发展的背景与形势出发，指出“内忧外患”双重压力促使中国向低碳化转型，中国低碳发展面临机遇与挑战并存的现实，而低碳发展是中国由“大”到“强”的必由之路。笔者分析了中国低碳经济与低碳金融发展的现状，发现其相对滞后，与国际接轨的进程较为缓慢。加快低碳经济发展需要加强市场机制建设与制度建设。低碳经济发展与现有金融机制存在矛盾。作为低碳经济发展的催化剂，低碳金融机制的建立不容懈怠。在我国，低碳金融机制存在地域不平衡，通过建立低碳金融发展指数进行综合评价，可以看出各省发展水平参差不齐。促进低碳金融发展的动力是义与利的对立统一关系。低碳金融是在开放条件下通过国内外多方利益博弈实现的。中国的低碳发展要分阶段推进，从“发展中的低碳”到“低碳下的发展”，标志着中国的低碳之路是一个渐进而坚定的历程。

本书的主要贡献在于：①指出了低碳发展的核心是碳减排，构建了促进低碳经济发展的市场机制与制度框架；②探讨了低碳金融对低碳经济的推进作用，首次提出了前者对后者具有“催化效应”；③构建了“低碳金融发展指数”，对我国低碳金融发展水平做了综合评价；④提出了中国低碳发展的“战略阶段论”，将低碳发展分成了初级与高级两大阶段，前者是“发展中的低碳”，后者是“低碳下的发展”。

关键词：低碳发展　低碳金融　低碳金融发展指数　战略阶段论

Introduction

The author mainly researches low-carbon economic development and the key influencing factors: financial mechanism so as to solve one significant problem: how to provide low-carbon economic development with powerful financial support. The author believe that: ①low-carbon economic development waits for no man; ②low-carbon economic development encounters capital bottleneck; ③low-carbon economic development for financial innovation and effective low-carbon financial institutional arrangement.

The author starts from inspecting the background and situation of low-carbon development in China, he points out that the dual pressure of State of Flux promotes China's low-carbon transformation. China's low-carbon development is confronted with the reality of opportunities and threats, while low-carbon development is the only road for China to transform from "large" to "strong". Analyzing the status of low-carbon economy and low-carbon financial development of China, the author find out that, they are comparatively lagging behind and their internationally compatible course is relatively slow. Accelerating the low-carbon economic development of China calls for strengthening its market mechanism construction and system building. There is a contradiction between low-carbon economic development and existing financial mechanism. Acting as catalyst of low-carbon economic development, building of carbon financial mechanism permits for no slackness.

In our country, low-carbon financial mechanism is out of balance regionally. The author observe that the developmental level of provinces are uneven by establishing low-carbon financial development indexes to conduct comprehensive assessments. The driving force of promoting low-carbon financial development is the unity of opposites relationship between righteousness and benefit. Low-carbon finance is accomplished by multiparty benefit game at home and abroad under open conditions. China's low-carbon development should be propelled by stages and transform from "low-carbonization in the development" to "development under low-carbonization", which marks that China's low-carbon road is a progressive and sturdy process.

The key contributions of the author lie in the following points: ①he indicates that the core of low-carbon development is carbon emission reduction, constructs market mechanism and institutional framework for promoting low-carbon economic development; ②he discusses the impelling action of low-carbon finance to low-carbon economy and proposes "catalyctic effect" of the former to the latter for the first time; ③he constructs "low-carbon financial development index" and makes comprehensive evaluation on Chinese low-carbon financial developmental level; ④he raises "strategic phases theory" of Chinese low-carbon development, and divides it into elementary phase and advanced phase. The former is "low-carbonization in the development" while the latter is "development under low-carbonization".

Key Words: Low-Carbon Development; Low-Carbon Finance; Low-Carbon Financial Development Index; Strategic Phases Theory

目 录

Contents

第一章　导论：中国低碳发展的背景与形势

全球气候变暖已导致许多极端天气和自然灾害发生（如冰川退缩、海平面上升、暴风雪、森林火灾等），这触及了全球粮食、能源、水资源、生态及公共安全等问题，从而直接威胁到人类的生存和发展。在全球气候变化已成为人类面临的最大威胁的今天，回顾中国改革开放30多年来，依靠着高能耗、高排放的粗放型增长模式，中国实现了令世界为之赞叹的经济腾飞，但也掩盖不了中国环境的严重破坏、资源的极大浪费、经济结构失衡等事实。此时，低碳发展成为我们的必然选择，然而低碳发展是一场涉及生产模式、生活方式、观念及利益格局的变革，作为人口最多、排放最大的发展中国家，中国低碳发展之路面临挑战，但更需要抓住机遇，才能走向由“大”到“强”之路，实现可持续发展。

第一节　“内忧外患”双重压力促使中国向低碳转型

近30年来，中国以令人难以置信的速度发展，让世界见证了无数个“中国奇迹”。20世纪90年代初中国与印度的人均GDP尚处于同一水平，但到90年代末中国人均GDP已是印度的2倍，2009年中国GDP总量超越日本，成为全球第二大经济体；中国钢铁产量世界第一，超过第二、第三、第四经济体的总和；中国水泥产量世界第一，占世界总产量的一半；中国的电视、电冰箱、DVD、空调等家用电器产量世界第一；2010年，中国汽车产销量双双突破1800万辆，蝉联世界第一，其销量打破了美国

1700 万辆的历史销售纪录。但这种“高速发展”模式也导致了种种弊端，环境的严重破坏、资源的极大浪费、经济结构失衡、收入分配的不公、社会矛盾激增……7 年时间，中国铁路速度完成从每小时 90 公里到 394 公里的“三级跳”，建成了全球最大的高铁网络，这组数据西方国家花掉的时间是 40 年——狂奔的中国一度令世界瞠目，但其代价也是震惊全球的。高铁 7 年发展，从“速度与激情”到“代价与警醒”，人们应当反省和重新打量的不仅是高铁的发展模式，而是整个中国的发展之道。

一、内忧：“高耗、低质、快速”的发展模式难以实现中国可持续发展

中国的高速发展是以高耗能、低质量为代价，且这种“高耗、低质、快速”的发展模式是不稳定的、不可持续的。中国 GDP 总量位居世界第二，2010 年占全球比重的 9.5%却消耗了全球能源总量的 20.3%，中国单位 GDP 能耗是世界平均水平的 2.2 倍；“中国制造”虽遍布全球，但在国际市场上“Made in China”却被看做是“山寨”的代称，是廉价低质的标志；中国的初级产品出口量稳居世界第一，但高端科技产品却大量依赖进口，大量低附加值的初级产品出口使得中国宝贵的资源、能源流失；中国汽车产销量自 2009 年以来就位居世界第一，但是汽车生产的核心技术绝大部分都由国外掌控，这显然不利于中国自主品牌汽车企业掌握我国汽车产业命脉；列车脱轨、桥梁坍塌、道路成陷阱、房屋成危楼等低质快速发展的后果是人们为此付出了生命的代价。这种建立在高耗能、低质量上的高速发展模式虽然促进了经济的增长，却让我们付出了极大的资源环境代价和社会代价，严重地透支了后代子孙的幸福，是一种“借来的增长”，是一种不可持续的增长。

二、外患：“高耗、低质、快速”的发展模式面临越来越大的国际压力

在“高耗、低质、快速”的发展模式难以支撑中国可持续发展的同时，这种发展模式也面临越来越大的国际压力。其一，减排压力日渐增大。作为发展中国家，中国目前还没有强制减排的义务，但是随着我国成

为世界第一大温室气体排放国，国际社会尤其是发达国家要求中国承担更大减排义务的呼声越来越高。根据现在的节能减碳力度，我国要到2030年才达到排放峰值。然而，2011年12月德班会议上，我国已明确提出，在具体明确条件下愿意接受2020年后的量化减排协议，这意味着我国2020年前要完成产业结构的调整、经济增长方式的转换、低碳技术的准备、发展阶段的跳跃，任务十分艰巨。

其二，绿色贸易壁垒增多。全球气候变化和环境恶化，各国更加重视进出口产品对环境的影响，绿色贸易壁垒被使用的频率越来越高，领域越来越广泛。比如，2009年6月美国通过“边界调节税”法案，实质是从2020年起实施碳关税，对进口的排放密集型产品如钢铁、水泥等征收二氧化碳排放税。中国作为世界第一出口大国，尤其是“入世”后受发达国家设置的各种绿色贸易壁垒的影响十分严重，大量出口受阻，导致了重大经济损失。据调查，目前我国约有70%以上的出口企业、40%左右的出口产品遭遇到绿色贸易壁垒的限制，损失达200亿美元左右。①

其三，能源安全面临挑战。2010年，中国石油对外依存度超过55%，预计到2030年，石油进口对外依存度将上升到80%。然而作为石油消耗和进口大国，中国却毫无能源定价权，并且还面临国际油价不稳定问题，因为能源地区冲突不断，我国能源安全面临较大威胁，所以使经济增长尽快摆脱主要依赖高耗能与高排放的方式而转向低耗能与低排放的低碳发展之路，是中国应对气候变化和绿色贸易壁垒，确保我国能源安全，实现经济社会可持续发展的根本途径。

第二节　中国低碳发展形势：机遇与挑战并存

据中华人民共和国国家发展和改革委员会能源研究所公布的研究结果，中国的碳排放将在2020~2035年达到峰值，因此，未来的10~20年将是中国走向低碳发展的战略转型期。中国经济发展起步晚、起点低，在奋力追赶发达国家的过程中面临许多严峻的挑战，然而放眼全球，也存在诸

① 王阳阳：《关于绿色贸易壁垒的思考》，《新财经》，2012年12月。

多发展机遇。

一、站在中国看中国："挑战严峻"

1. 人口持续增长和民生需求

中国是世界上人口最多的发展中国家。首先，中国人口基数大且增长快，将导致能源消耗基数大且增长速度不断上升。即便在人均排放不变的情况下，因人口增长而增加的能源消耗也会带来温室气体排放的增长。其次，中国是发展中国家，人均收入偏低、收入差距较大，人民生活水平仍然有较大提升空间，而人民生活水平的提高意味着中国居民将需要更多的食品及耐用消费品、更多的交通工具、更大的人均居住面积等，这些都将耗费更多的能源和资源，带来更大的碳排放。2010 美国人均收入为 43223 美元，人均碳排放为 23.5 吨，而中国的人均收入仅 3941 美元，当中国人均收入在 2030 年赶上发达国家（美国）现在的水平时（并且联合国预测中国人口在 2030 年达到 14 亿人峰值），中国碳排放总量将达到 329 亿吨，这给中国预期在 2030 年达到碳排放峰值 110 亿吨的目标带来巨大挑战。[①] 所以，如何解决人口压力、改善民生、增进福利是中国低碳转型必须兼顾到的问题。

2. 固有能源消费结构难撼动

我国资源禀赋的特征是"富煤、少气、缺油"，决定了我国以煤为主的能源消费结构。我国常规一次能源探明和剩余可采资源量（包括石油、天然气、煤和水能）中，煤炭占 73.2%、石油占 1.3%、天然气占 1.3%、水能占 24.2%；[②] 我国整体能源消费结构中化石能源所占比例高达 92.7%，其中煤炭占 68.7%，比国际平均水平高 41 个百分点。与此同时，当前新能源研发和推广的成本高，触动的利益相当广泛，中国以煤为主的能源消费结构在短期内难以改变。煤炭是"排放大户"，其碳排放量远高于其他能源类型，目前占全国总排放量的 81%。所以，突破以化石能源为主的能源消费结构任重道远。

---

① 中国达到碳排放峰值隐含的一个前提是人均收入也需达到欧美发达国家，此处以美国人均收入水平作为中国赶超的目标。

② 黄晓芳：《能源消费结构的优化路径》，《光明日报》2011 年 9 月 30 日第 11 版。

3. 工业化进程中锁定效应难解

影响一国的碳排放强度的因素众多，错综复杂，但起决定性作用的是其社会经济的发展水平。中国处在高速工业化、城市化进程中，存在“技术—制度复合体”现象，即“碳锁定效应”。各国工业化进程中建设的生产设施具备资本密集度高、排放强度大、使用寿命长等特点，而一旦装备了低效率、高排放的技术，其高排放的特性将在很长时间内被锁定，否则将导致巨大的重置成本。[①] 中国30年来的高速发展之路呈现的“高污染、高排放、高耗能、低效率”特征非常强势和顽固，尤其是钢铁、水泥等高耗能产业规模巨大，碳锁定效应突出。同时，当前我国低碳技术水平低，70%的减排核心技术依赖进口，使得技术变革的成本更高昂，进一步加大了“解锁”的难度。

二、站在世界看中国：“机遇难得”

1. 争夺国际能源定价权

能源问题一直是大国博弈的焦点，而能源定价机制就是其核心环节。20世纪是决定当前能源控制和定价格局的关键时期，然而中国在这一阶段几乎处于缺位状态。作为能源消耗超级大国，至今在世界上的“能源话语权”却十分有限。能源资源环境问题是实现低碳发展模式转变的中心议题，通过低碳转型，中国将在资源、能源上取得更多的主动权。在低碳发展的浪潮助推下，世界能源格局正在暗流涌动。欧盟已提出到2050年实现100%可再生能源替代，联合国政府间气候变化专门委员会（Intergovernmental Panel on Climate Change，IPCC）提出可再生能源80%的替代预期，也就是说在未来的30~40年内，世界能源结构将彻底改观。若能充分把握这一战略时机，作为最大的潜在新能源消费与制造国家，中国将有可能在未来国际能源资源分配和定价机制中占据重要席位。

2. 加速人民币国际化进程

世界货币先后经历了“煤炭—英镑”、“石油—美元”，而随着碳交易规模的不断增大，以碳排放权为基础的国际货币正在形成。2009年全球碳市场交易额超1200亿美元，2013年有望达到1800亿美元，超过石油成

---

① 刘华：《发达国家循环经济立法的模式及借鉴》，《中国科技投资》，2007年第7期。

为全球第一大商品交易市场。作为最大的发展中国家，中国是全球最大的碳排放资源供给方，占全球总量的1/3。我国应牢牢抓住这一优势，构建完善的碳排放权交易市场，提升中国在国际碳排放权定价中的话语权，促使人民币成为碳交易的主要计价货币之一，加速人民币国际化进程。

3. 促进产业结构低碳化调整

顺全球积极发展低碳之势，世界经济结构将发生重大调整，伴随着高碳产业的衰退，低碳产业将会崛起，这当然给中国进行产业结构调整带来了前所未有的机遇。我国目前仍主要依靠第二产业带动经济发展，而相当一部分第二产业是高耗高排行业，如建筑、工业、交通三大耗能行业能耗值占社会能耗总值的80%，因此产业结构不合理是导致我国目前能耗偏高现状的重要因素。有研究表明，产业结构调整对节能减排的贡献率可达60%，因此我们亟须化不足为动力，把握全球低碳发展契机，在全球化进程中积极推进产业结构低碳化调整，大力支持现代服务业和高新技术产业，限制高耗高排产业发展，着力优化产业技术，扶持新能源、生物产业、信息产业、节能环保、新能源汽车等新兴产业的发展，实现经济发展、产业结构优化以及节能减排的“三赢”局面。

第三节　低碳发展是中国由“大”到“强”的必由之路

30年的成就使中国成为毫无争议的“大国”，但中国能否称为“强国”呢？30年的时间见证了“大国崛起”的辉煌，但从综合国力、居民生活水平和资源利用效率等方面来说，中国从“大国”到“强国”还需一段漫长的改革路程。中国夸耀于世的GDP并不会直接带来民众的幸福，靠低福利、高污染、低质量、高能耗透支后世子孙得来的GDP，只会导致“不平衡、不协调、不可持续的问题”（温家宝语）。“人口红利”即将走到尽头，在环境、资源有限性的限制下，依赖廉价劳动力、透支环境的“高耗、低质、高速”的发展模式已经难以为继。低碳发展早已“不是选择之一，而是唯一选择”，是中国真正从“大国”走向“强国”的必由之路。

一、发达国家强国之路的再思考

追溯世界强国崛起的历史，不难发现，抢占了产业革命（硬实力）和制度创新（软实力）制高点的国家后来都成为引领世界发展的强国。其一，在过去200多年的历史里，英国、美国、日本等先后在三次产业革命浪潮中迅速转型和崛起，成为傲视全球的经济强国。瓦特的蒸汽机将英国率先带入第一次产业革命，使英国在与其他国家的竞赛中一骑绝尘，成为“世界工厂”，奠定了其在18世纪末的世界主导地位。19世纪末，第二次工业革命中美国率先进入“电气时代”，使其从农业大国迅速转型为工业大国。第三次工业革命让美国率先进入“信息时代”，持续的高新技术创新更是使其成为称霸世界的超级强国。“二战”后日本通过抓住第三次工业革命技术创新的契机迅速从废墟中崛起，发展成当时世界上第二经济强国，与美国、西欧三足鼎立，主导全球发展。其二，产业是一国经济的基础，而产业革命的核心是技术创新，技术创新的推动则需要制度为其扫除体制障碍，并且随着全球化的推进、人类的进步，标准、规则或制度对社会发展将发挥越来越重要的作用。在这方面，美国的成就是最突出的。仅200年的时间，美国就从殖民地发展成为称霸世界的强国，这与其强大的制度创新能力是分不开的。以分权制衡为基础的现代民主政治制度，以自由竞争为基础的市场运行机制，以保护私有产权和发明专利权为核心的产权制度，以美元为核心的世界金融体制等制度建设助推美国踏上了强国之路。

二、具有中国特色的低碳发展强国之路的选择

当前，全球的目光都瞄准到第四次产业革命——低碳革命，因为低碳发展将成为影响未来世界经济、重构全球政治和经济格局的最重要因素之一。中国错过前三次产业革命已成为事实，但在欧美国家经历金融危机和欧债危机而疲软，中国发展势头却正强劲的今天，面对新一轮的发展契机，中国有能力也必须抓住机遇，通过借鉴西方发达国家的强国之路并结合中国特色，成为第四次产业革命的领导者、创新者和驱动者。[①]

---

① 邓光奇：《低碳战争——第四次产业革命的谋变》，中国经济出版社2011年版，第75页。

因此，笔者要对中国低碳经济发展与低碳金融机制进行深度研究，推动中国经济发展从“低质、高耗、跃进”向“高质、低耗、平稳”转变；推动中国低碳发展从“局部的低碳”向“系统的低碳”、“表面的低碳”向“实质的低碳”、“眼前的低碳”向“长远的低碳”转变，从而推动中国从“大国”走向“强国”，并实现可持续发展。

第二章　低碳经济与低碳金融研究述评

第一节　低碳经济与低碳金融的理论范畴

一、低碳经济与低碳金融的理论渊源

随着工业化与城市化的推进，人类活动排放的温室气体不断增加，由此产生的“温室效应”已经被证实是导致全球气候变暖的元凶。因气候变暖引发的各种极端天气与频繁发生的自然灾害，正威胁着各国经济和社会的可持续发展。与此同时，能源安全问题也日渐凸显，从世界能源储量来看，在现有的经济发展技术和开采强度下，石油只可以用40多年，煤炭只够用200多年。世界主要生产国能源对外依赖程度不断加深，能源危机不断显现。要实现社会的持续发展，就必须转变发展方式，由高能耗、高污染、高排放的高碳经济向低能耗、低污染、低排放的低碳经济转变。

1992年6月在巴西里约热内卢举行的联合国环境发展大会通过了《联合国气候变化框架公约》，这是世界上第一个为全面控制温室气体排放，应对气候变暖的国际公约。1997年，《联合国气候变化框架公约》第三次缔约方大会在日本京都召开，会上通过了《京都议定书》，为各国的二氧化碳排放量规定了标准，全球性减排迈出实质性进展。随后，联合国气候变化大会分别在印尼巴厘岛、墨西哥坎昆举行会议，在各国围绕碳排放的激烈博弈中，气候谈判进程继续向前。2003年，英国发布能源白皮书《我们

能源的未来：创建低碳经济》，第一次提出了“低碳经济”的概念，并呼吁依靠发展低碳经济来解决能源安全问题和应对气候变化威胁。2011年12月，联合国气候变化大会在南非德班举行，会议决定实施《京都议定书》第二承诺期并启动绿色气候基金。从1992年的《联合国气候变化框架公约》到2011年的德班会议，各国逐渐加入碳减排的行列，低碳经济快速发展，同时与低碳经济紧密联系的低碳金融也快速发展。

低碳经济和低碳金融的产生与发展除了严峻的现实条件外，也有坚实的理论基础，本书从低碳经济、碳排放权、低碳金融与低碳金融产品四个方面简述低碳经济与低碳金融的理论渊源。

1. 气候经济学

气候经济学是经济学的边缘分支，研究气候与经济的关系，并积极利用气象资讯转化成商机的学科。低碳经济正是在全球气候恶化的背景下兴起的，一种以减少碳排放、保护环境为目的的经济形态，其理论来源于气候经济学。

2. 排污权交易理论

排污权交易理论认为可以采取对污染者征税或收费的办法来解决外部性问题，其税收标准应等于污染的外部成本，这时企业最优的产量决策就等于社会最优的产量决策，对环境和资源的保护是最有利的。在这种理念下，环境管理部门根据环境质量目标，通过建立合法的污染物排放权即排污权，运用各种分配方式和市场交易机制使企业主动地进行最有利于自己的排污权的交易，实现内部利益和外部利益的均衡。在发展低碳经济的条件下，排放权交易可以促使企业把被动治理变为主动治理，将治理效率大幅提高。《京都议定书》中规定了低碳经济从联合履行、排放贸易和清洁发展三个机制来进行履约，排污权交易理论为碳排放权交易提供了理论支撑。

3. 环境金融学

环境金融学作为环境经济的一部分，主要研究如何使用多样化的金融工具来保护环境及生物多样性。它不仅要求金融业引入环境保护理念，更强调金融业关注生产过程和人类生活中的污染问题，为环境产业发展提供相应的金融服务和产品。环境金融为低碳金融提供了理论基础，低碳金融是环境金融的创新，属于环境金融的一个分支。环境金融学将环境与金融很好地连接到一起，使日益严重的环境问题和各国经济发展的需求相协调。低碳金融是金融与环境问题中的大气排放问题相结合的产物，它贯彻了环境金融的相关理念，并纵向进行深化和创新。

4. 外部性理论

外部性概念源于马歇尔 1890 年发表的《经济学原理》中提出的“外部经济”概念。如果给他人带来的是福利损失（成本），则为负外部性；反之，如果给他人带来的是福利增加（收益），则为正外部性（Viner, 1931）。外部性理论为低碳金融提供了方法上的指导。经济学理论以外部性和公共品性质来解释能源环境领域的市场失灵，寻求通过市场机制和制度创新途径，发现环境资本的价值，成为要素化的“环境资本”。低碳金融中的碳排放权交易、碳基金等业务手段即运用了外部性原理，在达到减排目的的同时使环境成本内部化，解决了传统经济增长模式带来的负外部性。

二、低碳经济与低碳金融的理论内涵

1. 低碳经济的界定

（1）低碳经济的内涵。低碳经济以低污染、低能耗、低排放为基本特征已成为共识，但对于低碳经济是一种发展模式还是一种经济形态，或二者兼有，学者争论不一。部分学者认为低碳经济是指碳生产力和人文发展均达到一定水平的一种经济形态，具有低能耗、低污染、低排放和环境友好的突出特点，旨在实现控制温室气体排放和发展社会经济的全球共同愿景。潘家华、付加锋等从低碳经济的发展方向等方面提出低碳经济是一种绿色经济发展模式，它是以低能耗、低污染、低排放和高效能、高效率、高效益为基础，以低碳为发展方向，以节能减排为发展要求，以低碳技术为发展方式的绿色经济发展模式。① 鲍健强等认为低碳经济是经济发展方式、能源消费方式、人类生活方式的一次变革。② 胡大立等认为低碳经济是社会发展到一定阶段的经济形态，以建立低碳产业链为途径，实现经济发展、人类生活消费方式低碳化，基本前提是稳步的经济增长，最终目标

① 潘家华：《经济要低碳，低碳须经济》，《中国马克思主义论坛》，2010 年第 1 期，第 39–44 页。
付加锋、庄贵阳、高庆先：《低碳经济的概念辨识及评价指标体系构建》，《中国人口·资源与环境》，2010 年第 8 期，第 38–43 页。

② 鲍健强、苗阳、陈锋：《碳经济：人类经济发展方式的新变革》，《中国工业经济》，2008 年第 10期，第 153–160 页。

是生态环境和社会经济的协调发展。①

笔者认为，低碳经济是一种新的经济形态，是一种以低能耗、低污染、低排放和高效能、高效率、高效益这“三低三高”为特征，以最少的自然资源消耗获得整个社会最大产出的“绿色经济”，是在实现经济稳定增长的同时控制温室气体排放，降低碳排放强度，实现人与自然的和谐发展。

（2）低碳经济的外延。低碳经济的外延是指低碳经济的范围，包括低碳经济的发展路径与发展模式。其主要表现为：在能源生产上，能源结构由高碳向低碳或零碳转变，能源效率逐步提高；在产品生产上，是产业结构的优化升级，生产技术的改进；在生活方式上，是过度消费向适度消费、高碳消费向低碳消费的转变，达到能源结构的低碳化，生产过程的低碳化，消费模式的低碳化。

李胜等指出低碳经济包括低碳生产、低碳流通、低碳分配和低碳消费四个环节，其核心是在市场机制基础上，通过政策创新及制度设计，提高节约能源技术、可再生能源技术和温室气体减排技术水平，建立低碳的能源系统和产业结构，实现生产、流通、分配和消费的低碳化。② 郎一环、李红强认为，建设低碳城市包括建设低碳产业体系、低碳能源体系、低碳基础设施体系、低碳社会消费体系等多方面内容。③ 倪外、曾刚（2010）认为，低碳经济发展路径，包括低碳建筑、低碳交通、低碳产业、低碳能源、低碳消费、碳捕获与封存技术以及低碳管理与制度七个方面。④ 笔者认为低碳经济包括低碳资源、低碳产业、低碳消费、低碳技术四个方面。

1）低碳资源。资源禀赋是一国发展低碳经济的物质基础，包括自然资源（矿产、水、土地等）、劳动力资源以及资金资源等。对于低碳经济来说，低碳资源主要是清洁能源资源、森林等调节气候环境的自然资源，以及知识、资金等社会资源。低碳资源丰富的国家，其低碳经济发展潜力巨大；低碳资源贫乏的国家，其低碳经济发展面临“瓶颈”制约。

2）低碳产业。发展低碳经济关键在于转变发展方式。调整产业结构，

---

① 胡大立、丁帅：《低碳经济评价指标体系研究》，《科技进步与对策》，2010 年第 22 卷，第 160–164 页。

② 李胜、陈晓春：《低碳经济：内涵体系与政策创新》，《科技管理研究》2009 年第 10 期。

③ 郎一环、李红强：《构建城市低碳能源体系的国际经验与中国行动》，《中国能源》，2010 年第 7 期，第 11–16 页。

④ 倪外、曾刚：《低碳经济视角下的城市发展新路径研究——以上海为例》，《经济问题探索》，2010 年第 5 期，第 38–42 页。

运用技术改变生产工艺实现生产过程向低碳转型，运用政策鼓励新兴低碳产业发展，最终实现社会生产的低碳化。这对于各国，尤其是处于基础设施和基础工业建设的发展中国家意义重大。

3）低碳消费。一切社会经济活动最终都表现为消费，消费对于生产具有较强的引导作用。由于发展阶段的不同，生活理念的不同，不同地区国家消费模式、消费水平都有较大差异。比如，美国经济发展的主要动力是消费，而中国的消费能力较低，经济发展的主要动力是投资与出口，但消费成为经济发展的主力军是一种必然趋势。因此，消费模式将引领生产的前进方向，也将影响低碳经济的发展进程。

4）低碳技术。技术水平是影响低碳经济发展的重要因素。技术进步有利于改善能源结构，提高能源效率，提高清洁能源在能源总量中的比例，降低能源生产的碳排放；有利于促进产业的优化升级，促进高碳产业的低碳化，减少产品生产中的碳排放。

2. 低碳金融的界定

（1）低碳金融的内涵。低碳金融的内涵主要讲低碳金融是什么，下面从静态与动态两方面来分析。

静态低碳金融是碳排放权的跨期跨空间配置。低碳金融是对环境金融的一种创新，依托碳交易，将生态效益纳入金融考量范围，目标是在降低排放与经济增长之间达到平衡，表现出全球跨度、战略高度和影响深远的三维特性，是现代金融学的一部分。从微观角度，金融学就是研究人们在不确定环境下的资源跨期配置问题，从而实现资源的最有效配置。从狭义上讲，低碳金融就是对碳排放权这种特殊的稀缺性资源进行的跨期和跨空间配置。

动态低碳金融就是低碳金融的发展，是金融低碳化的过程。金融低碳化就是要金融的发展与金融的运行逐步减少对环境、气候的影响，金融机构的资金运用对实体经济产生碳减排的效果。因此，金融资产与金融业务实现低碳即是金融低碳化的过程。金融自身并不与二氧化碳排放直接相关，它只有进入实体经济，在金融资本层面上影响到许多经济部门的运行，间接地通过对金融资源的不同配置才会产生不同的二氧化碳排放量。当金融资源通过实体经济所创造出来的二氧化碳减少（金融的碳含量降低），便能从整体与宏观上反映金融的低碳化发展。这种变化与进步是一种大势所趋，表明的是金融的模式与结构在发生变化，是金融发展的一个方向。其所要显现的是污染排放的增长速率应该逐渐低于金融发展的速率，并逐步实现金融发展与环境压力的“解耦”，使金融发展与碳排放之间的相应关系尽早地“分道扬镳”，让金融因素给实体经济所发挥出的作用不再是正向、同步地引起二氧化碳排放增长，而是扭转这种趋势，使二氧化碳的产出随金融发展呈现下降趋势。

（2）低碳金融的外延。低碳金融的外延是指低碳金融的载体与范围，是实现低碳金融的基本路径。

低碳金融依托于碳排放权交易。碳排放权首先作为商品买卖，而后进一步衍生为具有投资价值和流动性的金融衍生工具（如碳排放期货、期权、掉期等），其“准金融属性”日渐凸显。围绕碳排放权的碳交易市场已经初步建立，并对低碳金融的发展起推动作用。

低碳金融的发展是一场国际化的博弈。气候变暖的影响是全球性的，碳减排指标就需要在各国间分配，而降低碳排放和经济发展之间存在某种程度的替代关系，因此围绕碳减排指标的争论始终是各国博弈的焦点。同时围绕可能影响世界金融新秩序的碳货币、碳排放权定价，各国也展开了激烈博弈。

3. 低碳经济与低碳金融的关系辨析

（1）低碳经济催生低碳金融。低碳经济的核心是碳减排，碳减排的市场机制是碳排放权交易，而碳排放权属于一种新的金融形式。许春燕分析了利用市场机制发展低碳经济的理论依据，提出碳排放引起气候变化本质上是一个负外部性的问题，经济增长对环境造成的负外部性若得不到有效遏制，最终会使经济的发展失去条件。因此，针对环境要素和负外部性进行金融创新，充分利用低碳金融市场机制是把温室气体纳入市场之内来解决负外部性问题的有效途径，即低碳经济的发展催生了低碳金融的创新。[①]谢清河认为，低碳经济的发展促进了“碳交易”市场机制的形成，相关产品的金融创新促进了“低碳金融”体系的完善，而碳排放权交易的相关创新促进了“碳交易”市场的发展，发展低碳经济和低碳金融的创新具有积极的互动效应。[②] 申岚提出随着低碳经济时代的到来，将会出现新的期货期

---

① 许春燕：《完善碳金融市场，促进我国低碳经济发展》，《中国流通经济》，2010 年第 12 期，第 58-61 页。

② 谢清河：《发展低碳经济的金融创新问题研究》，《理论研究》，2010 年第 5 期，第 5-9 页。

权品种，催生以碳交易为基础的碳基金，推动相关理财产品的发展，等等，这些都会使低碳金融的内涵大大丰富。[①]

（2）低碳金融助推低碳经济。在实体经济中，低碳金融主要通过促进技术进步和产业结构调整来降低碳排放强度，助推低碳经济的发展。乔海曙、张清平[②]认为（2010），发展低碳金融可以助推低碳经济的发展。为了使低碳金融的“路径”选择与“低碳经济”的发展模式相适应，需要“支点”和“杠杆”，“支点”就是低碳金融制度和低碳金融中介服务，“杠杆”是低碳金融市场和低碳金融工具。因此，发展低碳经济需要建立低碳金融制度和完善低碳金融中介服务，健全低碳金融市场和创新低碳金融工具。周懿萍、黄文才、陈晓芳认为，中国发展低碳经济面临着低碳项目开发融资不足、碳交易市场不成熟、缺乏低碳金融衍生品等金融问题，提出了商业银行融资、建立碳交易市场、政府宏观政策调控等发展低碳经济的金融支持对策。同时，随着全球“碳减排”需求的增长和碳交易市场的扩大，碳排放权的价值日益凸显，低碳金融逐渐成为抢占低碳经济制高点的重要手段。低碳金融及与之相关的碳资本、碳足迹、碳交易等，将会对全球经济与金融格局产生革命性影响，而在低碳金融框架下争取主动权也成为在未来新的经济格局中制胜的关键所在。[③]

第二节　低碳经济与低碳金融国外研究述评

一、低碳经济与低碳金融的概念化

1. 低碳经济的概念化

从人类社会工业化开始，伴随着世界经济规模增长和人口数量的剧增，化石燃料等常规能源的大量使用造成了严重的环境问题，导致气候不

① 申岚：《低碳经济下的金融发展与创新》，《财政监督》，2010 年第 5 期，第 73–74 页。

② 乔海曙、张清平：《发展碳金融助推“低碳经济”》，《光明日报》，2010 年 3 月 16 日。

③ 周懿萍、黄文才、陈晓芳：《发展低碳经济的金融支持研究》，《理论与实践》，2011 年第 5 期，第 74–76 页。

断恶化。全球变暖造成冰川融化，海平面上升、水循环失衡将对人类的生存造成极大威胁。“温室效应”的提出引起了各界的广泛关注，为了减缓全球变暖并实现人类社会的可持续发展，国际间建立起普遍的合作共同应对全球气候变化。

在此背景下“低碳经济”、“碳足迹”、“低碳技术”等新概念不断涌现。“低碳经济”首先出现在英国能源白皮书（2003）中，定义为“通过更少资源消耗和环境污染获得更多经济产出，能够提供更高生活标准和更优生活质量，同时促进先进技术的发展、应用和输出，可创造有利商机与就业机会”。[①] 英国环境专家鲁宾斯德认为“低碳经济是一种正在兴起的经济模式，其核心是在市场机制基础上，通过制度框架和政策措施的制定和创新，推动提高能效技术、节约能源技术、可再生能源技术和温室气体减排技术的开发和运用，促进整个社会经济向高能效、低能耗和低碳排放的模式转型”，强调了市场机制在促进高能效低排放节能经济的转型中的重要性，并提出推动低碳经济创新转型的若干途径。斯特恩（2007）领导编写的《斯特恩报告》呼吁世界各国加快低碳经济转型。目前，学术界普遍认为低碳经济包含产业低碳、技术低碳、消费低碳等诸多经济形态，大致可概括为一种资源消耗量少、能源利用率高、碳排放量低、经济效益优的新兴经济发展模式。

2. 低碳金融的概念化

低碳金融已经发展成为金融市场非常重要的组成部分，一方面金融资本直接或间接地投资于碳资产的项目和企业；另一方面来自不同项目和企业产生的减排量进入低碳金融市场进行交易，被开发成标准的金融工具，如碳现货、期货、期权和掉期等产品。

低碳金融的定义迄今为止还存在很大的争议，没有一个统一的标准。世界银行从融资角度给出的定义是：低碳金融是提供给温室气体减排量购买者的资源。[②] 从解决气候变化的金融方法角度，加拿大多伦多大学环境研究中心教授 Sonia Labatt 和 Rodney R. White 认为低碳金融代表环境金融

---

① Energy White Paper，*Our Energy Future*：*Creating a Low Carbon Economy*，UK：The Stationery Office Limited.，2003，pp.6–7.

② World Bank，Carbon Finance at the World Bank，Frequently Asked Questions：What Is Carbon Finance?，http：// www.carbonfinance.org.

的一个分支，探讨与碳限制社会有关的财务风险和机会，预期会产生相应的基于市场的工具，用于转移环境风险和完成环境目标。[①] 他们从全球能源链转型的迫切需求出发，揭示了金融市场和金融工具在应对气候变化方面的投融资作用以及环境风险管理作用，并用丰富的案例介绍了低碳金融的市场操作机制，把市场力量引进解决气候问题的方法中；*Envionmental Finance Magazine*（2010）定义低碳金融为与气候变化问题相关的金融问题，包括天气风险管理、可再生能源证书、碳排放市场和“绿色”投资等内容；Stewart Hudson 在定义低碳金融的同时，还总结概括了低碳金融的三大特征：①缔造交易配额和碳抵消产品的市场；②与清洁能源相关的投融资；③公司的碳风险和收益评估，挖掘企业在低碳发展趋势中可以获得的预期收益，以及由此对贸易和投资产生的影响。

二、低碳经济与低碳金融的参与主体

1. 低碳经济的参与主体

目前，大多数国家的低碳经济参与主体主要是政府部门。政府参与主要表现在主导建立低碳经济体系、出台低碳经济相关政策、制定低碳经济重要发展战略等方面。2003 年英国政府颁布能源白皮书，确定 20 年内更新国内大量现有的能源基础设施为未来关键问题；美国政府主张化“危”为“机”，把发展低碳经济确立为金融危机之后的美国的战略路线；2008 年时任日本首相的福田康夫发表演讲提出“福田蓝图”，认为“低碳社会是日本发展的目标”，把减排作为长期目标。另外，各国政府还采取颁布相关法律的方式，为发展低碳提供法律依据和保障。英国是世界上第一个为减排立法的国家，出台了《气候变化法案》；美国出台了《低碳经济法案》、《美国复苏与再投资法案》与《美国清洁能源与安全法案》，从实质上解决气候变化问题；日本更是早在 1979 年就颁布实施《能源节约法》，将节约能源上升到法律的高度。

2. 低碳金融的参与主体

发达国家的低碳金融主体非常广泛，不仅包括政府主导的碳基金、私

① Sonia Labatt and Rodney R. White. *Carbon Finance: The Financial Implications of Climate Change*, New Jersey: John Wiley & Sons, Inc., 2007, pp.11-22.

人企业、交易所，也包括国际组织、商业银行和投资银行等金融机构。政府对低碳金融市场的参与主要表现在协助交易机制设定和交易平台的搭建，也通过投资低碳项目的形式直接参与。如 Bank of America 为应对气候变化的挑战发起一个 10 年期，总额度为 200 亿美元的环境可持续贷款行动，支持环境友好型项目和低碳技术开发；ABN AMRO、City Group、Deutsche Bank、JPMorgan Chase 以及 USB 五家银行 2007 年 5 月共同出资 50 亿美元支持 The Clinton Foundation's Climate Initiative，该计划实际上致力于改造曼谷、芝加哥等 16 个城市的绿色建筑项目。私人企业完全基于市场利益的驱动，为了获取更多的碳排放权或者出售富余的碳排放权自愿加入这个市场，世界银行（2010）调查出全球 CDM 投资 68%来自私有企业，27%来自国营企业，5%来自地方企业。

三、低碳经济与低碳金融的效应研究

1. 低碳经济的经济效应研究

国外学者主要从低碳经济发展对一国经济增长速度的影响角度来研究低碳经济的经济效应。其中，有部分学者认为，许多国家在节约能源、减少碳排量和发展低碳经济时经济发展不会受到显著影响。Ilhan Ozturk、Ali Acaravci 使用区间测试法研究了土耳其经济增长、碳排放、能源消耗和就业率之间的长期因果关系，发现诸如计划能源消费和控制二氧化碳排放的能源节约政策对土耳其的实际产出增长没有负面影响；① Ugur Soytas 和 Ramazan Sari 利用同样的研究方法，认为土耳其可以在不放弃经济增长的情况下减少碳排放量。② Mohammad Jahangir Alam 等人用能耗、二氧化碳排放和收入建立动态模型，发现印度的能耗和收入二者之间没有格兰杰因果关系，说明长期节能增效的政策并没有阻碍印度的经济增长，印度完全可以减少碳排放量而不影响经济增长，共同对抗全球

① Ilhan Ozturk，Ali Acaravci. "CO_2 Emissions，Energy Consumption and Economic Growth in Turkey"，*Renewable and Sustainable Energy Reviews* 14，2010，pp.3220-3225.

② Ugur Soytas，Ramazan Sari. "Energy Consumption，Economic Growth，and Carbon Emissions" Challenges Faced by an E. U. Candidate Member，*Ecological Economics* 68，2009，pp.1667-1675.

暖化。[①] 然而，也有学者研究指出，低碳经济发展对一些国家的经济增长有负面影响。Kojo Menyah 和 Yemane Wolde-Rufael 对南非进行研究发现若要达到减排目标，南非必须牺牲其经济增长，[②] 而 Ching-Chih Chang 和 Claudia Fabiola Soruco Carballo 运用 PP 测试（Phillips and Perron）、协整模型（VECM、VAR）对拉丁美洲和加勒比海地区的 20 个国家进行研究，发现仅有 4 个国家能够实现实施节能政策而不减缓经济增长。[③]

另外，有学者测算了气候变化导致的经济损失，这从侧面反映了低碳经济的经济效应大小。Nicholas Stern（2006）在《斯特恩报告》中提出，气候变暖将严重影响人类正常的生产生活，据 IPCC 分析，气候变化带来的损失至少相当于全球每年 GDP 的 5%，而将各种因素综合起来考虑，估计相当于 20%或更多的 GDP 损失。减少碳排放可以改善这种状况，发展低碳经济每年可以增加 2.5 亿美元的收益并带来更多的机会和选择。

2. 低碳经济的社会效应研究

国外学者大都利用模型预测的方法，假定一国进入低碳经济社会后对环境保护的贡献。Shuichi Ashina 和 Junichi Fujino（2012）采用未来学研究中的 Backcasting 方法对日本低碳社会进行场景研究，根据期望目标建立可行和合理的标准场景，认为调节供需双方，通过提高效率、减少人口、合理利用能源，在 2050 年可实现碳排放量减少 70%的目标。[④] A.S. Dagoumas 和 T.S. Barker（2010）通过宏观经济计量 E3MG 模型对英国低碳经济进行探讨，分析了技术、能源、环境及经济发展间的关系，模拟了在无限制、保守、低碳、积极四种场景下 2050 年前英国不同能源的装机容量、能源需求总量、部门能源需求量、碳价以及国内生产总值、消费和投资。模拟和预测结果显示，碳排放收费等政策将大幅降低英国能源需求，碳排放权

---

① Mohammad Jahangir Alam，Ismat Ara Begum，Jeroen Buysse，Sanzidur Rahman，Guido Van Huylenbroeck. "Dynamic Modeling of Causal Relationship between Energy Consumption，CO_2 Emissions and Economic Growth in India"，*Renewable and Sustainable Energy Reviews*，15，2011，pp.3243-3251.

② Kojo Menyah，Yemane Wolde-Rufael. "Energy Consumption，Pollutant Emissions and Economic Growth in South Africa"，*Energy Economics*，32，2010，pp.1374-1382.

③ Ching-Chih Chang，Claudia Fabiola Soruco Carballo. "Energy Conservation and Sustainable Economic Growth：The Case of Latin America and the Caribbean"，*Energy Policy*，39，2011，pp.4215-4221.

④ Shuichi Ashina，Junichi Fujino，Toshihiko Masui，Tomoki Ehara，Go Hibino. "A Roadmap towards a Low-carbon Society in Japan Using Backcasting Methodology：Feasible Pathways for Achieving an 80% Reduction in CO_2 Emissions by 2050"，*Energy Policy*，41，2012，pp.584-598.

拍卖将促进经济的发展。[①]

3. 低碳金融的经济效应研究

部分国外学者研究发现，碳市场交易规模的扩大和碳货币化程度的提高，大大促进了经济发展的碳成本向碳收益转化。Janet Peace 和 Timothy Juliani 使用《利伯曼—沃纳气候安全法案》论证了精心设计的碳市场可以降低气候政策带来的不利影响，在降低成本的同时鼓励创新，促进美国低碳经济转型；[②] A. Chaurey 和 T.C. Kandpal 在对印度的太阳能家居系统进行研究时发现，当碳定价为 10 美元/吨二氧化碳且不考虑取得碳收益的交易成本时，低碳金融的运用能够减少使用者 19%的成本。[③] 也有学者研究认为，通过项目融资、碳基金等方式对低碳项目投融资，合理配置低碳领域的金融资源，能有效促进可再生能源产业的发展。英国的碳基金（Carbon Trust）成立以来，先后为 AWS Ocean Energy、[④] Ilika Technologies、Ceres Power、[⑤] ITM[⑥] 等诸多新能源公司提供支持其技术发展的资金保障，相关行业得到迅猛发展。碳基金还提倡用生物能源代替化石能源的使用，大力普及低碳能源在工业和家庭的利用率，在生产和生活方面推进高碳能源向低碳能源转变。Amy Tang 等人构建了一种作为环境信用市场补充、能够激励可再生能源投资的碳收益债券，分析历史价格数据使用随机过程对欧洲、澳大利亚和美国新泽西三个市场未来收益进行估计，发现 10 年期的碳收益债券可为大部分项目的最初成本融资，为可再生能源产业的发展提供有力的资金保障。[⑦]

此外，也有学者认为低碳金融的发展一定程度上可为发展中国家的低碳减排提供技术和资金支持。Philippa Howden-Chapman 等认为经过改良的 CDM 可以在不增加碳排放量的基础上减轻农村地区的贫困问题，实现经

---

① A.S. Dagoumas, T.S. Barker. "Pathways to a Low-carbon Economy for the UK with the Macro-econometric E3MG Model", *Energy Policy*, 38, 2010, pp.3067-3077.

② Janet Peace, Timothy Juliani. "The Coming Carbon Market and Its Impact on the American Economy", *Policy and Society*, 27, 2009, pp.305-316.

③ A.Chaurey, T.C. Kandpal. "Carbon Abatement Potential of Solar Home Systems in India and Their Cost Reduction Due to Carbon Finance", *Energy Policy*, 37, 2009, pp.115-125.

④ AWS "Ocean Energy Receives Boost from Carbon Trust", *Renewable Energy Focus*, 8, 2007, p.10.

⑤ Carbon Trust Grants for Ilika, Ceres, Fuel Cells Bulletin, 2, 2008, p.8.

⑥ Carbon Trust Funding ITM for High Power Density Materials, Fuel Cells Bulletin 2010, 2010, p.11.

⑦ Amy Tang, Nicola Chiara, John E. Taylor. "Financing Renewable Energy Infrastructure: Formulation, Pricing and Impact of a Carbon Revenue Bond", *Energy Policy*, 45, 2012, pp.691-703.

济的可持续发展；① Haruna Gujba 在对非洲的一些国家进行考察后发现运用低碳金融工具在非洲地区实现低碳发展，不仅能够解决非洲因贫困而不能享受现代能源服务的问题，而且可以协助建立低排放且具有气候适应性的科学经济体系。②

四、低碳经济与低碳金融的发展对策研究

1. 低碳经济的发展对策研究

外国政府为发展低碳经济制定了一系列的相关政策指导低碳经济发展。例如，日本内阁通过"实现低碳社会行动计划"，明确低碳社会建设目标以及重要部署；美国提出《低碳经济法案》，把低碳发展作为未来重要战略道路；联合国于 1992 年签订《联合国气候变化框架公约》，1997 年签订《京都议定书》，2007 年制定"巴厘岛路线图"，概括《联合国气候变化框架公约》框架领域，为世界低碳发展明确方向。

国外主要从碳捕获与封存技术（CCS）方面探讨低碳经济技术的发展。碳捕获与封存技术是指搜集二氧化碳，通过各种方法储存以避免其排放到大气中的一种技术。在相对发展缓慢的地区，达到零碳排只有使用无碳技术或是 CCS 技术。众所周知，一项新技术的实施与发展离不开社会的支持。Marjolein de Best-Waldhober 通过对 2004~2008 年 CCS 技术的社会认可程度研究后发现目前 CCS 技术普及率不高。③ 对此 Heleen Groenenberg 提出欧盟应尽快颁布诸如投资补贴、馈入机制、二氧化碳价格担保、CCS 授权或低碳投资组合之类的持续且有效的政策促进 CCS 技术的发展，④ Heleen de Coninck 则认为应建立广泛的国际合作，在全球范围内推

① Philippa Howden-Chapman, Helen Viggers, Ralph Chapman, Kimberley O'Sullivan, Lucy Telfar Barnard, Bob Lloyd. "Tackling Cold Housing and Fuel Poverty in New Zealand: A Review of Policies, Research, and Health Impacts Energy Policy", in Press, Corrected Proof, Available online (2011).

② Haruna Gujba, Steve Thorne, Yacob Mulugetta, Kavita Rai, Youba Sokona. "Financing Low Carbon Energy Access in Africa", *Energy Policy*, 47, 2012, pp.71-78.

③ Marjolein de Best-Waldhober, Dancker Daamen. "Development of CCS Awareness and Knowledge of the General Public between 2004 and 2008," *Energy Procedia*, 4, 2011, pp.6315-6321.

④ Heleen Groenenberg, Heleen de Coninck. Effective E. U. and Member State Policies for Stimulating CCS, *International Journal of Greenhouse Gas Control*, 2, 2008, pp.653-664.

广 CCS 的使用。[①] Hengwei Liu 和 Xi Liang 更是明确了在国际合作发展 CCS 的过程中，发达国家应对发展中国家提供必要的技术指导和资金支持，培养发展中国家的内生能力，为未来创新和全球长期低碳经济奠定基础。[②]

在国外，碳税被认为是保障低碳经济发展的重要措施。Paul Ekins 认为碳税收入可以减少其他经济中的扭曲税收，抵消竞争影响，刺激能源部门的创新并提高效率，带来更多经济效益；[③] Nikolaos Floros 借助二级超越对数成本函数，运用 1982~1998 年时间序列数据对希腊的碳税进行研究，发现在制造业征收碳税有利于减缓全球变暖。[④] Christoph Böhringer 分析了碳税对不同产业部门产生的影响，碳税调节部分企业的产量和就业进而影响该产业的竞争力。[⑤]

2. 低碳金融的发展对策研究

根据《京都议定书》，低碳金融的发展主要依托三大机制，分别为联合履行（JI）、清洁发展机制（CDM）和排放贸易（ET）。CDM 和 JI 项目中的金融问题比比皆是，不管是融资还是资金运用，都和资金链有着紧密的联系，对项目运行也是举足轻重。Myung-Kyoon Lee 介绍 CDM 项目周期和 CDM 项目融资问题，指出 CERS 的定价具有高度投机性（目前还没有一个标准的 CER 价格，PCF 项目中，3~4 美元/吨二氧化碳，C-ERUPT 中，4~4.5 美元/吨二氧化碳），还讨论交易成本的不对等性（大规模项目拥有很少甚至是负的交易成本，小规模项目的交易成本相对很高），并在最后提出通过合理的定价实现 CER 的需求供给平衡。[⑥] Xuemei Liu 也同样指出了从 CDM 项目中提取资源租金的问题，提出的经济模型表明，成本较

---

① Heleen de Coninck, Jennie C. Stephens, Bert Metz. "Global Learning on Carbon Capture and Storage: A Call for Strong International Cooperation on CCS Demonstration", *Energy Policy*, 37, 2009, pp. 2161-2165.

② Hengwei Liu, Xi Liang. "Strategy for Promoting Low-carbon Technology Transfer to Developing Countries: The case of CCS", *Energy Policy*, 39, 2011, pp.3106-3116.

③ Paul Ekins, Hector Pollitt, Philip Summerton, Unnada Chewpreecha. "Increasing Carbon and Material Productivity through Environmental Taxreform", *Energy Policy*, 42, 2012, pp.365-376.

④ Nikolaos Floros, Andriana Vlachou. "Energy Demand and Energy-Related CO_2 Emissions in Greek Manufacturing: Assessing the Impact of a Carbon Tax", *Energy Economics*, 27, 2005, pp.387-413.

⑤ Christoph Böhringer, Thomas F. Rutherford. "Carbon Taxes with Exemptions in an Open Economy: A General Equilibrium Analysis of the German Tax Initiative", *Journal of Environmental Economics and Management*, 32, 1997, pp.189-203.

⑥ Myung-Kyoon Lee. CDM Information and Guidebook, The UNEP Project CD4CDM (2), 2004.

高的 CDM 项目将比成本较低的项目更受欢迎。[①] 此外，大多数的核证减排量来自成本较低的项目。Jonathan Hill 等（2008）分析了排放贸易机制中存在的几个主要风险和解决办法，提出通过供需平衡调节市场基础风险、信用风险、信息风险，以及流动性风险。

Josef Janssen 从净现值、收入、成本、贴现率等方面对 JI 和 CDM 进行了风险分析，针对风险因素讨论了风险的控制和分散措施。[②]Ming Yang 等通过对风力发电的成本分析和柱状图介绍了中国不确定 CDM 收益下的风力发电场的投资风险问题，并揭示了风力发电项目净现值、CER 价格、项目的风险贴水等。[③] Niels Anger 等在实证分析中，采用了一个大规模可计量的国际贸易与能源使用的一般均衡模型，检测了 CDM 交易成本和投资风险的影响和清晰政策对 CDM 供给（在供给性和附加性制度的条件下）和温室气体有效性进行约束的结果。[④]

碳定价是碳交易市场的核心问题，也是低碳金融实现路径中的一个重要环节。Seminar、Mercer Suite、Royal Society（2008）改变了传统的关于碳定价意义的观点，明确地指出碳定价的目的不在于使碳排放的外部成本内部化，而且碳定价不完全是充当政策工具的作用。

关于碳价格的主要驱动因素和形成机制，很多经济学家也针对欧洲的碳市场做了大量的研究。Luis M. Abadie、José M. Chamorro 介绍了欧洲二氧化碳价格和碳捕获投资，使用一个双层空间二项式模型来分离最优投资准则，得到一个津贴价格，并在此价格的基础上提供碳捕获技术。[⑤] Emilie Alberola、Julien Chevallier、Benolt Cheze 也同样介绍了 2005~2007 年欧洲碳价格的驱动因素和结构化，提出了 EUA 现行价格不仅存在可以预计误差

---

① Xuemei Liu "Extracting the Resource Rent from the CDM Projects: Can the Chinese Government do Better?" *Energy Policy* 38, 2010, pp.1004-1009.

② Josef Janssen, Risk Management of Investments in Joint Implementation and Clean Development Mechanism Projects, 2008.

③ Ming Yang, et al.. "Wind Farm Investment Risks under Uncertain CDM benefit in China." *Energy Policy* 38, 2010, pp.1436-1447.

④ Niels Anger et al.. "Macroeconomic Impacts of the Clean Development Mechanism: The Role of Investment Barriers and Regulations", *Discussion Paper*, No. 07 026, 2008.

⑤ Luis M.Abadie, José M.Chamorro. European CO_2 Prices and Carbon Capture Investments, *Energy Economics* 30, 2008, pp.2992-3015.

的能源价格波动，同时在变冷的时节也受到不可预期的温度改变的影响。[①] 在 2009 年，他们又运用在 EU ETS 下的排放许可和碳价格对一个国家工业部门的特殊经济分析，指出了四个国家（德国、西班牙、波兰和英国）工业生产变量对 EUA 价格变化的影响作用，并暗示了德国能源产业对 EU ETS 所发挥的中心作用。

在碳定价的形成机制上，很多经济研究根据碳定价模型也做了很深刻的研究，主要是通过 SPC 和 MAC 两个角度进行了具体的分析。SPC 是影子价格，它是投资项目经济评价的重要参数，是指社会处于某种最优状态下，能够反映社会劳动消耗、资源稀缺程度和最终产品需求状况的价格。Chaoning Liao、Hayri Önal、Ming-Hsiang Chen 认为影子价格显示了在边际情况下的有限资源的隐含价值，连续的经济模式下，影子价格与供求平衡约束代表消费者的支付意愿和生产者的边际成本，因此它们决定市场均衡价格。他们以可交易污染许可证市场为例，表明可交易许可证平均影子价格，在某些与成本结构和排放水平相关的条件符合情况下，可以被用来解释均衡价格。[②] Daan P. van Soest、John A. List、Tim Jeppesend 认为国与国之间的环境战略可以被度量，利用污染投入的影子价格和市场价格之间的差别分析碳价格的决定；在 MAC 模型中，碳定价更加直观地引入到成本与收益的关系中，基本理论都是从边际减排曲线的推导以及对这条均衡曲线的分析中得到对碳价格的影响。[③] Ross McKitrick 通过数学方法详细地介绍了 MAC 函数的推导过程。[④] Onno Kuik、Luke Brander、Richard S.J. Tol对温室气体排放的边际减排成本进行了元分析，发现减排成本的变化和稳定标准的严格尺度、假定的排放底线、模型中设定好了的排放时间轴的方式以及变量的选择有很大的相关性，并建议通过这些相关点来共同决定二氧化

---

① Emilie Alberola，Julien Chevallier，Benefit Cheze. “Price Drivers and Structural Breaks in European Carbon Prices 2005-2007”，*Energy Policy* 36，2008，pp.787-797.

② Chao-ning Liao，Hayri Önal，Ming-Hsiang Chen，“European Journal of Operational Research”，*European Journal of Operational Research* 196，2009，pp.1207-1213.

③ Daan P.van Soest，John A.List，Tim Jeppesend. “Shadow Prices，Environmental Stringency，and International Competitiveness”，*European Economic Review* 50，2006，pp.1151-1167.

④ Ross McKitrick. “A Derivation of the Marginal Abatement Cost Curve”，*Journal of Environmental Economics and Management*，37，1999，pp.306-314.

碳价格的控制范围。[1] Patrick Criqui、Silvana Mima、Laurent Viguier 指出在一般均衡前提下的边际减排成本曲线全球减排水平将会影响能源价格并反过来影响国家 MACCs 水平，并使用 CGE 模型对其进行了定量模拟。[2]

五、简评

综上所述，国外各界对低碳经济和低碳金融的认识和研究已经取得了很大进展。许多国家已经把低碳经济发展作为未来重要发展战略，积极探索低碳经济的发展模式，并对低碳金融市场的运作模式、商品交易所及衍生品交易所、以碳信用为重要组成部分的衍生品市场、CDM 机制、自愿减排市场、银行信贷等都做了比较深刻的研究，并形成了配套的低碳金融服务体系、低碳金融法律体系，给低碳金融市场的发展提供了很充分的理论指导。

但是，学术界对低碳经济和低碳金融的认识与研究还存在很多的疑难点亟待解决。①低碳金融定义尚未统一。迄今为止还存在很大的争议，众口不一，没有一个统一的标准。②碳交易配额限制的研究不充分。配额限制产生的成本与收益研究、程度研究等还不深刻，以及由此带来的国际贸易摩擦等都亟待系统化。③配额分配及配额价格发现机制尚不健全。配额的分配、定价问题，以及其中涉及的公平和效率问题都需要学术界进一步的探究，引导实践。④碳税的重复征收问题可能带来的消极结果。碳税制度虽不属于低碳金融的范畴，但却很深刻地影响着碳交易市场，影响低碳金融主体的成本收益问题，碳税的重复征收所带来的眼前收益还是整体投资的减少，都是需要继续探究的问题。可见，学术界对于这个领域还存在着很大的挖掘空间。

近年来，中国也把低碳经济作为实现可持续发展战略的重要步骤，低碳金融交易规模增长迅速，但在低碳经济普及、低碳金融建设方面却发展滞后，并存在着诸多问题。很多人对低碳经济、低碳金融闻所未闻，即使

---

① Onno Kuik，Luke Brander，Richard S. J. Tol. Marginal Abatement Costs of Greenhouse Gas Emissions：A Meta-analysis，*Energy Policy* 37，2009，pp.1395-1403.

② Patrick Criqui，Silvana Mima，Laurent Viguier. "Climate Change：An Opportunity of Resource Shift from Rich to Poor in Genera Land in India in Particular Vijaya Gupta"，*Energe Policy* 27，1999.

在业内，低碳金融的概念依旧无法得到统一；低碳金融体系的研究处于初级阶段，还存在着很多不足；低碳金融服务和低碳金融制度研究也处于初始阶段。业界人士普遍认为，中国低碳经济和碳交易现在还处于初始阶段，主要集中在具体项目上，而邻国印度早已在低碳金融层次开始布局。因此，我们必须加快低碳经济和低碳金融研究，努力解决以下问题：①碳交易的定价问题研究；②低碳金融实现模式研究；③低碳金融政策风险研究；④低碳金融发展路径研究；⑤低碳金融发展软约束研究；等等。

第三节　低碳经济与低碳金融国内研究进展

一、低碳经济的载体研究

低碳经济包括低碳生产和低碳消费，即在经济运行内部实行低碳，从生产端到消费端，整个链条都实现低碳，目的是建设良性的可持续能源生态体系。

1. 产业低碳化

（1）低碳产业的内涵研究。崔奕、郝寿义、陈妍在辨析了绿色产业、环保产业、可再生能源产业的基础上，提出低碳产业指以碳排放权或碳减排量为资源，以节能减排技术为基础，进行节能减排产品的研究、开发、生产的产业集合体。[①] 刘文玲、王灿则认为低碳产业是指能够以温室气体的较少排放实现较高经济产出的行业。[②] 伍华佳认为低碳经济下的产业具有低碳特征，产业链的价值分布要实现以资源型企业为主向以低碳环节为主的转变，改善产业链高碳与低碳的比例，使产业发展达到低碳经济的标准。[③] 李金辉等认为低碳产业由生产低碳技术、碳交易、高碳产业低碳化

① 崔奕、郝寿义、陈妍：《低碳经济背景下看低碳产业发展方向》，《生态经济》，2010 年第 6 期，第 91–94 页。

② 刘文玲、王灿：《低碳城市发展实践与发展模式》，《中国人口·资源与环境》，2010 年第 4 期，第 17–21 页。

③ 伍华佳：《中国产业低碳化转型与战略思路》，《社会科学》，2011 年第 8 期，第 46–54 页。

和含碳量低的行业组成。[①]

（2）低碳产业与低碳经济的关系研究。李忠民等认为发展中国家经济发展的主要动力仍然是工业，要实现经济低碳化，首先就是产业低碳化，实现产业发展与碳排放的脱钩。在另一篇文章中，李忠民就低碳产业脱钩测评与如何实现产业低碳化结合起来，提出了构建产业低碳化因果链和脱钩分析框架。[②] 文龙光等认为中国发展低碳经济的着力点应放在产业经济部门，实现产业经济低碳化，并基于低碳产业链构建了低碳经济推进模型。[③] 冉光和等认为低碳经济的发展决定了低碳产业的发展，低碳产业自身的特点也使其快速兴起。[④] 纪玉山等认为低碳经济将带来世界各国产业结构的根本性变革，发达国家已经开始了"低碳革命"，美国自金融危机以来，便将发展新能源产业和低碳经济作为应对危机的策略。[⑤] 虞义华等根据1995~2007年各省数据，分析了经济发展和产业结构与碳排放强度的关系，发现产业结构尤其是第二产业比重对碳排放强度有较大影响。[⑥] 张珍花等也得出相似结果。[⑦] 胡大立等认为低碳经济发展的载体是低碳产业，包括本身就是低能耗、低排放的产业和以低碳技术为载体的产业两种类型，它们是发展低碳经济的重要途径。[⑧]

由于发展阶段的客观原因，发展中国家当前的碳排放主要是生产造成的，绝对数量的碳源自大规模的基础设施建设和基础工业的发展。统计数据显示，中国产业部门碳排放量占总量的70%。而居民消费仅占30%。因此要实现低碳发展，主要途径是实现生产的低碳化，即产业低碳化。

---

① 李金辉、刘军：《低碳产业与低碳经济发展路径研究》，《经济问题》，2011年第3期，第37-40页。

② 李忠民、姚宇、陈向涛：《低碳经济的三重含义和我国的战略选择，一个低碳经济研究综述》，《青海社会科学》，2010年第5期，第26-29页。

③ 文龙光、易伟义：《低碳产业链与我国低碳经济推进路径研究》，《科技进步与对策》，2011年第14期，第70-74页。

④ 冉光和、鲁钊阳：《低碳产业研究进展》，《江苏社会科学》，2011年第3期，第75-79页。

⑤ 纪玉山、纪明：《低碳经济的发展趋势及中国的对策研究》，《社会科学辑刊》，2010年第2期，第83-89页。

⑥ 虞义华、郑新业、张莉：《经济发展水平、产业结构与碳排放强度》，《经济理论与经济管理》，2011年第3期，第72-81页。

⑦ 张珍花、方勇、侯青：《我国碳排放水平的区域差异及影响因素分析》，《经济问题探索》，2011年第11期，第90-97页。

⑧ 胡大立、丁帅：《低碳经济评价指标体系研究》，《科技进步与对策》，2010年第22期，第160-164页。

2. 消费低碳化

（1）低碳消费的内涵研究。刘敏、刘焕新认为低碳消费是指在生活消费领域中，购买和消费低碳产品和服务，以达到减少浪费，降低能耗、污染的消费模式。① 陈晓春、曹昭煜认为低碳消费能力是指单位时间内所消费的低碳产品的使用价值带来的效用，消费者对低碳产品的利用程度以及给环境带来的效益。② 辛玲认为低碳消费的特点就是，消费理念、消费偏好、消费水平和消费结构低碳化。③

（2）低碳消费与低碳经济的关系研究。彭伟、李刚认为低碳消费具有节能减排的巨大潜力，具有技术上的可超越性（短期内对技术依赖程度低，主要是消费观念的转变），对低碳生产具有催生作用。有助于激励企业改进低碳技术和研发低碳产品，加速企业、产业、经济由高碳向低碳转变。④ 陈晓春、曹昭煜认为提高低碳消费能力可以缓解资源压力、挖掘新的经济增长点、提升生活品质，促进低碳经济的发展。⑤ 于小强认为低碳消费是低碳发展的必然选择，只有依托于低碳消费的经济发展，才能实现真正的节能减排。⑥

小结：对于美国等发达国家，由于工业发展较早，基础设施以及基础工业已经比较完备，消费是拉动经济的主要动力，由消费带来的碳排放占碳排放量的大部分。实现低碳发展的主要路径也是转变消费模式，由过度消费向适度消费，高碳消费向低碳消费转变。对于低碳消费的内涵，理论界广义的低碳消费方式包括五个层次：一是恒温消费，温室气体排放量最低；二是经济消费，能耗最低；三是安全消费，对消费主体及其生存环境危害最小；四是可持续消费，不危害人类的可持续发展；五是新领域消费，基于低碳技术和产品研发的消费。

---

① 刘敏、刘焕新：《湖南发展低碳消费对策研究》，《湖南社会科学》，2010年第4期，第100–104页。

②⑤ 陈晓春、曹昭煜：《提高低碳消费能力的公共政策探讨》，《经济纵横》，2011年第9期，第52–55页。

③ 辛玲：《低碳消费方式的评价指标体系与综合评价模型》，《统计与决策》，2011年第1期，第31–33页。

④ 彭伟、李刚：《低碳消费：一场基于消费端的节能减排革命》，《开放导报》，2011年第2期，第61–64页。

⑥ 于小强：《低碳消费方式实现路径分析》，《消费经济》，2010年第4期，第80–82页。

二、低碳经济的测度与路径研究

1. 低碳经济的测度与评价研究

（1）碳排放强度测量研究。碳排放强度是反映经济低碳化的最直接指标。国内学者对于碳排放强度的测度进行了大量研究。岳超、胡雪洋等运用 1995~2007 年数据对各省碳排放量和强度，人均碳排放进行测度分析，得出结论：三个指标存在显著的省际和区域差异，东部总排放和人均排放高于中西部，但碳排放强度中西部高于东部。并且，经过回归分析得出产业结构和能源消费结构，能源资源禀赋是碳强度的决定因素。[①] 赵云泰等也得出相似结论。[②] 渠慎宁、郭朝先通过对 1980~2008 年数据进行回归分析，得出中国碳排放的总体变化趋势，并在此基础上，对未来碳排放强度峰值进行预测，峰值将出现在 2020~2045 年。[③]

（2）低碳经济评价指标的研究。评价体系的理论基础。付加锋、庄贵阳，高庆先在建立指标前分析了低碳经济的核心要素即资源禀赋、经济发展阶段、技术水平和消费模式，并以此为理论基础。[④] 胡大立、丁帅则分析了低碳经济包括低碳能源、低碳政策、低碳技术、低碳产业，以此为理论基础构建评价指标体系。[⑤]

指标选取。付加锋等选取了低碳环境、低碳产出、低碳政策、低碳消费和低碳资源等指标构建指标体系。[⑥] 庄贵阳等则选取了低碳政策、低碳产出、低碳消费、低碳资源等指标构建体系。[⑦] 胡大立、丁帅从产业链路径的角度出发，构建了以低碳能源、低碳产出、低碳消费、低碳废物处

① 岳超、胡雪洋、贺灿飞、朱江玲、王少鹏、方精云：《1995-2007 年我国省区碳排放及碳强度的分析》，《北京大学学报》，2010 年第 4 期，第 510-516 页。

② 赵雲泰、黄贤金、钟太洋、彭佳雯：《1999-2007 年中国能源消费碳排放强度空间演变特征》，《环境科学》，2011 年第 11 期，第 3145-3152 页。

③ 渠慎宁、郭朝先：《基于 STIRPAT 模型的中国碳排放峰值预测研究》，《中国人口·资源与环境》，2010 年第 12 期，第 10-15 页。

④⑥ 付加锋、庄贵阳、高庆先：《低碳经济的概念辨识及评价指标体系构建》，《中国人口·资源与环境》，2010 年第 8 期，第 38-43 页。

⑤ 胡大立、丁帅：《低碳经济评价指标体系研究》，《科技进步与对策》，2010 年第 22 期，第 160-164 页。

⑦ 庄贵阳、潘家华、朱守先：《低碳经济的内涵及综合评价指标体系构建》，《经济学动态》，2011 年第 1 期，第 132-136 页。

理、低碳社会环境、低碳技术为主的低碳经济评价指标体系。[①] 冯碧梅选取自然生态系统、产业生态系统、人文生态系统构建评价体系。[②]

测度结果。许涤龙、欧阳胜银通过构建低碳经济指标体系，对中国低碳经济发展水平进行了实证分析，得出结论：中国低碳经济发展总体不理想，未来任重道远。省际低碳经济发展水平，东部好于中部，中部好于西部。[③] 冯碧梅选取自然生态系统、产业生态系统、人文生态系统构建评价体系，并以此对湖北省低碳经济发展进行测度评价，认为湖北省低碳经济发展良好。[④] 徐晓飞、赵琛、崔艳娟构建了区域低碳经济评价指标体系，并分析了辽宁省低碳经济发展水平，得出结果认为辽宁省低碳经济发展水平较差。[⑤] 李刚、王忠东等则基于循环修正思路构建了低碳经济指标体系，以此为基础对秦皇岛市低碳经济发展水平进行测度评价，认为其低碳经济发展2005~2009 年呈上升态势。[⑥]

小结：随着低碳经济理论研究的深入，低碳经济实践也逐渐开始，尤其是 2010 年全国建设低碳省区、低碳城市试点的开展。构建衡量低碳经济发展水平的指标体系，以指导评价低碳经济的深入发展成为理论研究的趋势。但是目前，对于指标体系建立的理论基础的研究不多且不够深入；对于指标的选取，存在一定差异；并且指标体系建设大多停留在理论研究阶段，对于具体区域、城市评价的实证研究较少。

2. 低碳经济的新发展路径研究

（1）宏观战略引导。中国现在处于社会转型和经济转型的关键时刻，低碳经济与低碳发展，对于中国有着特殊的重要意义。低碳经济纳入国家的发展战略和经济策略势在必行。鉴于此，国内的众多学者提出应该从宏观战略的层面来促进中国低碳经济的全面提升，并提出发展低碳经济关键在于走“低碳工业化”道路的观点。胡鞍钢指出，中国国情要求经济发展

---

① 胡大立、丁帅：《低碳经济评价指标体系》，《科技进步与对策》，2010 年第 22 期。

②④ 冯碧梅：《湖北省低碳经济评价指标体系构建研究》，《中国人口资源与环境》，2011 年第 3 期，第 54-58 页。

③ 许涤龙、欧阳胜银：《低碳经济统计评价体系的构建》，《统计与决策》，2010 年第 22 期，第 21-24 页。

⑤ 徐晓飞、赵琛、崔艳娟：《区域低碳经济发展的评价体系研究》，《科技管理研究》，2011 年第 16 期，第 63-65 页。

⑥ 李刚、王忠东、张明：《基于循环修正思路的低碳经济评价模型研究》，《东北大学学报》，2011 年第 12 期，第 1790-1794 页。

必须要走从高碳经济向低碳经济转变的绿色之路，"绿猫"模式必然取代"黑猫"模式。[①] 黄栋、李怀霞则认为应该通过能源政策引导促进中国经济向着低碳化转型。[②] 柴发合、罗宏、裴莹莹建议中国构建低碳经济发展政策体系、法律机制和制度体系，对符合低碳经济发展要求的行动加以引导和鼓励，并从完善低碳消费政策、完善低碳经济政策和完善低碳强制政策三个层面提出了具体的引导路径。[③] 陈柳钦同样认为，要加快构建和形成发展低碳经济的国家战略框架、社会行动体系和规划体系，把握前瞻性、长远性和全局性，从产业结构调整、技术进步、区域布局和等方面，为向低碳经济转型创造必要的宏观条件。[④]

（2）低碳技术创新。低碳技术的发展与创新是推进低碳经济的关键，但在中国现阶段，无论是在技术投入还是在研发能力方面都还刚刚起步，面临着诸多困难。许多研究学者将发展低碳经济的重点放到了低碳技术创新方面。陈柳钦认为，要积极鼓励低碳友好型技术的研究、开发和推广与应用。他指出，未来低碳技术将成为国家核心竞争力的标志，发展低碳技术成为以低能耗、低污染为基础的"低碳经济"的重要支撑。[⑤] 刘恒伟等撰文针对中国的高碳经济发展现状，从技术的层面出发，提出发展碳捕捉和存储技术（CCS）有助于向低碳经济的战略转型。杨芳认为技术创新在发展低碳经济中具有举足轻重的作用，她指出目前中国可以在电力、重工业、城市规划、农牧业等领域的低碳技术上进行突破，并且提出了具体的相关建议，如增加政府对低碳技术的研发投入、为新能源和低碳技术的开发创造良好的宏观环境和政策支持等。[⑥]

（3）金融支持研究。许多学者对低碳经济发展的金融支持进行了深入的研究，认为低碳金融是低碳经济重要的支撑，发展碳减排相关的低碳金融业务为低碳经济发展提供助力。陈柳钦对于低碳经济的金融支持进行了全面系统的研究，提出了健全低碳金融监管和法律框架、完善低碳金融中

---

① 胡鞍钢：《"绿猫"模式的新内涵——低碳经济》，《世界环境》，2008 年第 2 期，第 26-28 页。

② 黄栋、李怀霞：《论促进低碳经济发展的政府政策》，《中国行政管理》，2009 年第 5 期，第 48-49 页。

③ 柴发合、罗宏、裴莹莹：《发展低碳经济的战略思考》，《生态经济》，2010 年第 11 期，第 89-97 页。

④⑤ 陈柳钦：《碳金融：撬动低碳经济的杠杆》，《西南金融》，2010 年第 8 期，第 23-25 页。

⑥ 杨芳：《中国低碳经济发展：技术进步与政策选择》，《福建论坛》，2010 年第 2 期，第 73-77 页。

介服务、创新多样化的低碳金融工具、建立统一的低碳金融市场等建议。[①]孟翠莲提出必须尽快建立、健全符合中国实际的低碳财税政策体系，以促进“高能耗、高污染、低效率”经济增长方式的转型。[②]初昌雄、周丕娟撰写文章从节能减排项目的资金支持和碳交易及其衍生产品方面，分析了低碳经济背景下全球范围内的金融创新活动以及中国低碳金融的发展现状，提出了中国依靠低碳金融的低碳经济发展策略。[③]

三、低碳金融的特殊属性与机制研究

1. 低碳金融的特殊属性

（1）低碳金融的资产属性研究。首先，碳排放权具有货币性。碳信用表现出了货币特性，碳交易市场也显露出货币交易市场的特性；碳排放权的出现将对全球货币产生深刻的变革，最终将建立碳货币。[④⑤⑥]其次，碳排放权的“准金融属性”凸显。伴随着碳交易市场规模的扩大和碳货币程度的不断提升，碳排放权进一步衍生为具有投资价值和流动性的金融资产，碳信用产品成为金融衍生品市场的重要组成部分（张茉楠，2009；[⑦]王瑶，2010[⑧]）。

（2）低碳金融功能属性研究。低碳金融业务主要涉及基于碳交易市场的低碳金融创新、商业银行围绕节能减排的低碳金融创新、基于气候风险的低碳金融创新三个层次，其功能主要表现为三个方面。功能一：减排的成本收益转化功能。碳排放权具有商品属性，其价格信号功能引导经济主体把碳排放成本作为投资决策的一个重要因素，促使环境外部成本内部

---

① 陈柳钦：《碳金融：撬动低碳经济的杠杆》，《西南金融》2010 年第 8 期。

② 孟翠莲：《我国发展低碳经济的现实路径与财税政策选择》，《财金研究》，2010 年第 8 期，第 16–18 页。

③ 初昌雄、周丕娟：《碳金融：低碳经济时代的金融创新》，《金融与经济》，2010 年第 2 期，第 18–21 页。

④ 何诚颖、徐清振、陈薇：《碳排放权、碳金融与中国投行的业务创新》，《证券市场导报》，2010 年第 7 期，第 4–7 页。

⑤ 蔡博峰：《碳货币——低碳经济时代的全新国际货币》，《中外能源》，2010 年第 2 期，第 10–14 页。

⑥ 陆静：《后京都时代碳金融发展的法律路径》，《国际金融研究》，2010 年第 8 期，第 34–42 页。

⑦ 张茉楠：《温室效应引发全球生态恶化低碳经济推动全球发展变革》，《中国经贸》，2009 年第 8 期，第 32–33 页。

⑧ 王瑶：《碳金融：全球视野与中国布局》，中国经济出版社 2010 年版。

化。功能二：能源链转型的资金融通功能。项目融资、风险投资和私募基金等融资方式具有动员金融资源、促进可持续能源发展的能力，有利于促使能源链从高碳环节向低碳环节转移。功能三：气候风险管理和转移功能。能源产业利用天气期权等天气衍生品来规避价格波动风险，如巨灾债券等。[①②]

（3）低碳金融的经营理念研究。低碳评估体系：低碳金融以低碳理念关注产业，对项目或企业的融资要通过环境保护评估，从而确定贷款对象和贷款额度，以此来引导产业投资取向和市场行为。[③] 低碳核算体系：金融领域为优化其内部环境业绩，开始把环境风险纳入银行核算考核范围中，在日常经营活动中引入环境观念，加强员工环保意识和业务流程的环境评估（张伟，2010）。低碳产品体系：低碳金融中，商业银行围绕碳排放权设计了许多低碳产品，如碳基金、碳债券、碳期货、碳期权、低碳指数等，为中国低碳产业转型提供了更为广阔的筹资渠道。[④⑤]

小结：低碳金融的特殊属性研究主要探讨的是低碳金融的本质、功能以及新的发展理念。低碳金融作为新时期一种新的发展理念，是一种新的金融形式，其影响是长期而深远的。然而，其特殊的属性目前却很少有人系统阐述，多数学者只是在低碳金融研究的行文中有所体现，这导致了一些学者在研究时对低碳金融的概念界定不是很清晰，存在着一定的误区，很多学者直接将低碳金融理解为了碳交易。显然，这样理解问题是有失偏颇的，低碳金融应该包括三部分：基于碳减排的融资活动（包括直接融资和以绿色信贷为代表的间接融资），基于碳交易的投资增值活动（主要为碳排放权衍生品交易，如碳期权、碳期货、碳远期合约等），相关中介服务活动（低碳项目咨询服务、碳排放权交付保证等）。

2. 低碳金融体系

（1）低碳金融制度研究。政府行政领导功能的发挥。要把发展低碳金

---

① 张存刚、张小瑛：《“碳金融”发展现状、前景及对策研究》，《甘肃理论学刊》，2010 年第 4 期，第 72–77 页。

② 罗晓娜、林震：《低碳经济下的金融发展与金融创新》，《经济与管理》，2010 年第 9 期，第 21–25 页。

③ 郭艳丽：《面向低碳经济的金融机构环境责任研究》，江西理工大学，硕士学位论文，2009 年。

④ 李华威：《基于碳金融的低碳银行发展策略浅析》，《河北金融》，2010 年第 6 期。

⑤ 李华威：《基于碳金融的低碳银行发展策略浅析》，《河北金融》，2010 年第 6 期，第 19–21 页。

融纳入发展低碳经济的战略框架内，这既需要政府和监管部门根据可持续发展的原则制定一系列标准、规则，又要协调环保部门与银行的合作关系。[①] 低碳金融发展的内外法制构建，既要参与国际低碳金融法制构建，又要完善国内低碳金融发展的法律保障，如外汇立法、碳税法、碳关税法等，保障低碳金融市场运作的规范化。[②③④] 关于低碳投融资环境标准的构建，目前中国低碳投融资缺乏对环境风险的评价指标体系，大多处于简单的人工判别阶段，急需制定一套符合中国实情的低碳投融资环境标准。[⑤⑥]

（2）低碳金融市场机制研究。中国缺乏多元化、多层次的碳交易平台。应依托上海国际金融中心的定位，在北京环交所、上海环境能源交易所、天津排放权交易所等基础上，加快构建中国国际碳排放交易市场。[⑦⑧⑨] 中国碳交易市场缺乏统一的交易规则和测量标准，应以京津沪交易所各自的碳自愿减排标准为基石（北京环交所：熊猫标准），开发低碳指数和碳减排标准，启动碳强度标准的研究[⑩]（李蕾，2009）。熊猫标准是中国在全球碳交易领域中争夺话语权、继而争夺定价权的开始，完善了中国的碳排放交易市场机制[⑪]（姬宪恒，2010）。

（3）低碳金融服务体系研究。银行的服务：银行要创新金融产品，及时提供金融服务，支持 CDM 项目。[⑫⑬] 其他金融组织的服务：随着低碳经济发展目标日益成熟，证券（基金）公司、投资公司、保险公司和信托公

---

① 张茉楠：《温室效应引发全球生态恶化 低碳经济推动全球发展变革》，《中国经贸》，2009 年第 8期，第 32–33 页。

② 陆静：《后京都时代碳金融发展的法律路径》，《国际金融研究》，2010 年第 8 期，第 34–42 页。

③ 王元龙、田野：《碳金融的发展与商业银行的应对》，《中国科技投资》，2009 年第 7 期，第 56–58 页。

④ 郭印、王敏洁：《国际低碳经济发展经验及对中国的启示》，《改革与战略》，2009 年第 10 期，第 176–179 页。

⑤ 张存刚、张小瑛：《"碳金融" 发展现状、前景及对策研究》，《甘肃理论学刊》，2010 年第 4 期，第 72–77 页。

⑥ 周秋玲、苏依依：《低碳经济时代中国碳金融体系的构建》，《新金融》，2010 年第 8 期，第 30–33 页。

⑦ 王元龙：《碳金融的发展与商业银行的应对》，《中国科技投资》2009 年第 7 期。

⑧ 王文：《"低碳革命"，中国如何跳好这块 "弹跳板"》，《中国财经报》，2009 年第 4 期。

⑨ 陈柳钦：《碳金融：撬动低碳经济的杠杆》，《西南金融》，2010 年第 8 期，第 23–25 页。

⑩ 王瑶：《碳金融：全球视野与中国布局》，中国经济出版社，2010 年版。

⑪ 熊焰：《"碳补偿" 先于 "碳配额"》，《新理财，政府理财》，2010 年第 9 期，第 36–37 页。

⑫ 王瑶：《碳金融：全球视野与中国布局》，中国经济出版社，2010 年版。

⑬ 郭清马：《商业银行参与碳金融业务的策略研究》，《西南金融》，2010 年第 6 期，第 65–67 页。

司等新兴金融机构应加快涉足低碳金融领域的步伐，通过业务渗透和产品创新，推动低碳金融产品的丰富，获得合理的投资回报。[①②] 低碳金融基础设施建设落后：金融机构应该在人才培养、系统配置、网络建设、产品研发、中介机构等方面多管齐下，构建低碳金融服务体系。[③④]

小结：低碳金融是一场新的革命，它无前例可循，但却不是无经验可借鉴，国内很多学者积极借鉴国外先进银行的经验，对本国低碳金融的实践开展了大量的研究，提出了很多建设性的意见。但是，有些研究并没有结合中国实际，仅仅是简单的介绍国外的经验，而且目前也缺乏对低碳金融市场监管的研究。要推进低碳金融的国际竞争力，关键在于国内理念、行动和利益三者的结合，理念与行动互生互长，利益机制保障行动并协调前两者。国内学者往往忽视了三者之间的联系，以至于许多有利的措施"喊得响"，却举步维艰。针对中国经济和金融体系均属于发展和转型阶段的现状，目前商业银行在开展低碳金融业务中应该积极创新、知难而进，但是在探索中要适度，切勿不计风险，全力投入，以至于导致损失。

3. 低碳金融的动力机制研究

（1）企业社会责任角度的动力机制研究。社会责任的体现：低碳金融是金融机构履行保护环境和促进可持续发展的社会责任的体现。科学构建以"低碳金融"为标志的绿色金融服务体系是中国金融业在新时期、新阶段不可回避的一种经营挑战、管理压力和社会责任（阎庆民，2010；[⑤] 陈游，2009；[⑥] 尚永庆等，2010；[⑦] 陈柳钦，2010[⑧]）。"新"社会责任的实践：低碳金融是商业银行平衡义利、寓义于利的新社会责任观的具体体现。商业银行履行社会责任的一个重要内容，是通过提供专业服务和产品来实现

---

① 周秋玲、苏依依：《低碳经济时代中国碳金融体系的构建》，《新金融》，2010 年第 8 期，第 30-33 页。

② 周健：《我国低碳经济与碳金融研究综述》，《财经科学》，2010 年第 5 期，第 17-23 页。

③ 刘宾、贾启建：《低碳银行——碳金融发展的新思路》，《今日财富》，2010 年第 6 期，第 47-48 页。

④ 喻翔宇：《对推进我国碳金融业务发展的思考与设想》，《金融经济》，2010 年第 16 期，第 88-89 页。

⑤ 阎庆民：《构建以"碳金融"为标志的绿色金融服务体系》，《中国金融》，2010 年第 4 期，第 41-44 页。

⑥ 陈游：《碳金融与我国商业银行的业务创新》，《金融论坛》，2009 年第 10 期，第 69-73 页。

⑦ 尚永庆、周晓志：《碳金融背景下中国金融企业的责任》，《金融经济》，2010 年第 10 期，第 40-41 页。

⑧ 陈柳钦：《碳金融：撬动低碳经济的杠杆》，《西南金融》，2010 年第 8 期，第 23-25 页。

环境保护、节能减排和增加社会福利，并从中寻找新的商业机会和利润来源，实现可持续发展（唐斌等，2008；[①] 黄丽珠，2008）。

（2）企业自身发展角度的动力机制研究。着眼自身发展的研究：低碳金融首先有利于增加金融企业的有形资产，提高经济效益。低碳经济是一种巨大的商机，其为金融业提供了源源不断的交易服务机会和不断延伸的金融创新空间，有助于拓展业务渠道，促进银行收入的多元化，是金融业谋求长远可持续发展的重要保证。[②③④] 其次，低碳金融还有助于增加金融企业的无形资产，创造品牌效益。从被动的社会责任到主动的可持续发展，国内商业银行谋求企业、社会、环境三赢的品牌战略和责任境界得到进一步升华和提高，有助于商业银行市场地位和品牌形象的提升（连平，2010；[⑤] 周行健，2010 [⑥]）。

小结：低碳金融业务对金融机构是一次全新的挑战，金融机构应寓义于利，加快金融创新。学者们在此方面达成一致的看法，认为金融机构在低碳的大环境下有动力去实践低碳金融业务。然而，现实情况是商业银行在低碳金融方面的创新动力仍然不足。究其原因，主要有：首先，经验不足。低碳经济和低碳金融兴起时间较短，商业银行对其操作模式、利润空间和风险控制等认识不深；而且，在化工、会计、法律等方面综合性储备及业务培训欠缺。其次，风险较大。商业银行所支持的项目审批程序复杂或资金技术要求高，以当前的技术难以很好地监控与把握风险，且在短期效益差，成本高收益不确定增加，使商业银行对低碳只能望而却步、绕道而行。再次，保障缺位。相关法律法规及配套设施缺乏。最后，资源流失。绿色信贷的实施可能挤出部分优质客源。

---

① 唐斌、薛成容：《碳金融："寓义于利"新社会责任观的实践》，《福建金融》，2010 年第 9 期，第 19–22 页。

② 阎庆民：《构建以"碳金融"为标志的绿色金融服务体系》，《中国金融》，2010 年第 4 期，第 41–44 页。

③ 张颖薇：《低碳经济背景下碳金融发展问题探析》，《武汉金融》，2010 年第 8 期，第 64–65 页。

④⑥ 周行健、林明恒：《低碳经济背景下商业银行的经营策略》，《南方金融》，2010 年第 3 期，第 74–76 页。

⑤ 连平：《拓展碳金融业务，提升银行竞争力》，《农村金融研究》，2010 年第 9 期，第 7–11 页。

四、低碳金融的国际博弈研究

1. 碳排放定价权研究

中国作为碳减排资源的主要供应方，在实际交易中却没有话语权和主导权，实际定价权掌握在国际金融机构手中，从某种程度上讲，中国尚未真正参与到国际低碳金融市场游戏规则的制定过程中（方虹等，2010；[①] 袁定喜，2010 [②]）。究其原因主要在于低碳金融建设发展滞后，难与国际金融机构抗衡。[③④] 碳交易中中国很多企业只是进行“游击作战”，分散谈判，缺乏统一市场、统一规划，这给中国碳交易企业带来了一定的损失。我们应该通过构建碳交易一级市场中初始碳排放权拍卖的定价机制、碳交易二级市场的供求定价机制、低碳金融市场的衍生品定价机制，从而构建与国际接轨的多层次一体化碳交易定价机制，以争夺碳排放权市场的定价权。[⑤⑥⑦]

2. 碳货币体系研究

碳货币涉及世界货币发行的主权体系建设问题，其本质在于重铸新世界秩序（管清友，2009）。由于越来越多的国家都试图在这场低碳热潮中提升本币国际地位，力争以本国货币作为国家碳交易的计价、结算货币，低碳金融或将成为重建国际货币体系和国际金融秩序的基础性因素（王瑶，2010；[⑧] 李建锋等，2010 [⑨]）。中国必须抓紧这一机遇，推进碳交易人

---

① 方虹、施凤丹：《碳交易市场与中国碳交易定价权》，《产权导刊》，2010 年第 8 期，第 33–35 页。

② 袁定喜：《我国碳贸易定价权缺失的原因与对策研究》，《价格理论与实践》，2010 年第 8 期，第 26–27 页。

③ 王修华、赵越：《我国碳交易的定价困境及破解思路》，《理论探索》，2010 年第 3 期，第 66–69 页。

④ 周伟军、孙景德、张超群：《中国作为碳交易大国为何缺乏定价权?》，《金融与经济》，2010 年第 8 期，第 10–13 页。

⑤ 王丽娜、朱亚兵：《对我国碳交易定价机制的几点思考》，《价格理论与实践》，2010 年第 9 期，第 23–24 页。

⑥ 李增福、丘逸新：《我国谋求碳交易定价权的战略思考》，《价格理论与实践》，2010 年第 7 期，第 71–72 页。

⑦ 鄢德春：《基于清洁发展机制的碳金融发展策略》，《上海金融学院学报》，2010 年第 1 期，第 53–59 页。

⑧ 王瑶：《碳金融：全球视野与中国布局》，中国经济出版社 2010 年版。

⑨ 李建锋、刘一村：《碳货币崛起背景下，人民币国际化面临的机遇和挑战，人民币国际化的新机遇》，《财经视线》，2010 年第 9 期，第 67–68 页。

民币计价的国际化进程。要以积极态度参与新规则的协商与制定，争取获得主动权（蔡博峰，2010；[①] 李建锋等，2010 [②]）。

3. 国际碳减排指标分配研究

对于 2012 年后如何减排的问题，国际上已经提出了许多方案，依据主要有排放（年度量和历史累计量）、GDP 与人口，但多数是发达国家学者提出的。各发展中国家在人口、经济水平等方面存在很大差异，它们在不同分配方案会有不同反应。大多发展中国家倾向于排放量总量、GDP 总量为依据的分配方案；发达国家则倾向于人口为依据的分配方案。"碳预算"概念首先由中国专家（潘家华、陈迎，2008 [③]）提出，是指以气候安全的允许排放量为刚性约束，并将有限的全球碳预算总额以人均方式初始分配到每个地球村民，满足其基本需求。

小结：低碳金融的国际主导权将是低碳博弈的最终目标。学者们从定价权、碳货币、碳预算三个方面强调了要掌握低碳金融的主导权，然而多数只是从宏观角度进行了总结或是进行原因分析，缺乏阶段性分析思路。低碳金融的国际博弈研究关键点在于如何发挥金融在碳交易中的定价作用。无论金融在碳交易中的地位如何，参与程度多高，但至少金融业在理论或实证分析的基础上用真金白银来决定价格，在各方不确定和无法预期的因素影响下，金融市场上的价格即便有不理性的成分，但它不仅能真实地反映供求关系，同时也为其他市场提供参考，起到"发现价格"的功能。

五、低碳经济与低碳金融理论研究有待解决的若干问题

1. 低碳经济研究的不足与进一步研究点

（1）碳约束下的国际竞争研究。随着低碳经济的发展，世界经济政治新格局会发生质的改变。在碳约束下如何建立国际合作关系，结成低碳经

① 蔡博峰：《碳货币——低碳经济时代的全新国际货币》，《中外能源》，2010 年第 2 期，第 10–14 页。

② 李建锋、刘一村：《碳货币崛起背景下，人民币国际化面临的机遇和挑战，人民币国际化的新机遇》，《财经视线》，2010 年第 9 期，第 67–68 页。

③ 潘家华、陈迎：《碳预算方案一个公平、可持续的国际气候制度框架》，《中国社会科学》，2009 年第5 期，第 83–98 页。

济下的政治经济同盟是今后重要的研究点之一。不仅应该对影响中国国际地位的战略选择进行深入分析，而且要在新形势之下定量地横向对比，做到知己知彼。

（2）微观消费低碳化的研究。目前，中国学者对低碳经济的研究主要集中在产业低碳化、区域低碳化和金融低碳化等领域。对于低碳消费的研究主要集中于宏观层面的整体研究，对微观的消费主体研究不足。但微观消费主体的行为在整个经济实现消费低碳化的过程中具有关键作用，只有关注低碳消费的个体行为，才能为消费低碳化进行理论指引，推动低碳经济发展。

（3）区域低碳经济的定量研究。国内外许多学者对低碳经济的宏观策略和运行机制进行了研究，缺乏对区域低碳发展现状、政策有效性和路径选择的成果定量研究。有必要通过对具体样本的定量研究，实证说明相关政策措施的有效性，为决策者提供具有充分说服力的决策依据。

（4）低碳发展的财政支持研究。碳税政策是影响低碳经济的重要因素。国外的许多学者基于庇古税理论，通过模型模拟的方法进行研究，尤其是利用可计算一般均衡模型（CGE Model）进行研究，讨论了碳税政策与经济整体、收入分配等方面的关系。综观国内的学者，对这方面的研究涉及很少，定量研究更加缺乏。

2. 低碳金融研究的不足与待解决的问题

（1）低碳金融内涵及属性研究。当前，人们往往将“绿色金融”、“金融支持低碳”、“碳交易”等与“低碳金融”的概念混为一谈，这既不利于加强对低碳金融的认知，也将进一步阻碍低碳经济的发展。因此，学者们在对低碳金融开展模式和路径进行研究之前，首先需要对低碳金融的内涵和外延进行界定，包括低碳金融与绿色金融、环境金融、碳交易、低碳产业、金融支持低碳等关系的界定；在此基础上，深入分析并确定碳排放权的金融属性。

（2）碳交易定价研究。当前此方面研究多数较宽泛，需要学者们继续挖掘。首先要研究低碳金融对碳交易定价的作用机制：从各类金融市场的定价机制出发，研究低碳金融在碳交易的定价过程中发挥的作用，并分析它如何作用于碳交易，从而形成碳交易市场的价格。其次，要分析碳价格的确定：从金融工程学的角度分析碳价格的影响因素及影响程度、碳价格的定价模式及效果，从而产生中国本土的价格信号。

(3)低碳金融产品创新研究。短期而言，应以推动低碳经济为导向进行产品创新：立足于为低碳经济服务，促进节能减排和产业结构调整，对商业银行所应该创新的相关中间业务、低碳产业融资租赁业务、保理业务、投资基金和股市及债市融资业务等进行研究。长期而言，考虑条件成熟时低碳金融衍生产品的研究：随着中国碳市场的深入发展和资本市场的日益成熟，考虑碳资产证券化、碳交易 CDs 等低碳金融衍生产品，从而改变中国在全球碳交易链中的低端地位。

(4)低碳金融和产业的联动效应研究。低碳金融与产业的联动效应研究：低碳金融与能源、碳化工、低碳交通、低碳建筑等产业的关联分析。低碳金融对区域经济发展的推动效应研究：研究如何发挥绿色信贷、低碳金融交易所等对区域经济发展的推动作用。它既能体现低碳金融在经济、社会中的重要地位，同时，以低碳金融为契机，推动经济中其他产业的联动发展，延伸产业链条。

(5)国内低碳金融实现机制研究。中国低碳金融发展步骤和阶段研究：深入考查本国实际条件，确定在当前国情下，每一阶段的目标及适宜发展和创新的业务。构建国内低碳金融实现机制研究：分析国家层面及各级地方政府应对气候变化分别应采取的政策组合，并探索商业银行如何从指标制定、流程规范、产品开发等多层次、多角度构建全方位的绿色金融行动计划。开发国内自主碳交易市场：不仅仅将碳交易定位于国际市场，探索如何基于 CDM 机制来构建国内自己的碳交易市场。

第四节　中国低碳经济发展与低碳金融研究文献计量分析

一、中国低碳经济发展与低碳金融研究趋势分析

1. 中国低碳经济发展与低碳金融研究总体情况

文献计量学是综合数学、统计学处理手段，定量研究文献信息的分布和变化规律的一门学科，其研究内容一般包括基本理论、研究方法和应用

三个部分。目前它已被公认为图书馆学、情报学的特征方法或专门方法，并广泛应用于其他学科领域之中。

中国关于低碳经济发展类和低碳金融类文献的研究分别最早源于 1997 年和 2002 年，因而此部分拟用文献计量学方法对 1997~2011 年 15 年间经济与管理类期刊和报纸上刊登的中国低碳经济发展类文献，以及 2002~2011 年 10 年间刊登的中国低碳金融类文献进行粗略统计，选择中国知网作为研究的主要文献数据源。采用三轮文献搜索法对相关文献进行搜索，到目前为止，一级关键词低碳经济，延伸到二级关键词低碳金融、低碳产业、低碳生活等，再拓展到三级关键词低碳技术、低碳消费、低碳物流、节能减排、环境金融、绿色金融等，对文献进行深入搜索和反复筛选。到目前为止，通过知网可搜索到低碳经济发展类文献 2432 篇，低碳金融类文献 1481 篇，共计 3913 篇。历年篇数如表 2-1 所示，图 2-1 显著地表示了研究的趋势变化。

表 2-1　低碳经济发展类与低碳金融类文献历年篇数

单位：篇

年份	低碳经济发展	低碳金融	共计
1997	22	0	22
1998	29	0	29
1999	34	0	34
2000	30	0	30
2001	31	0	31
2002	47	1	48
2003	51	1	52
2004	52	1	53
2005	46	17	63
2006	98	21	119
2007	147	55	202
2008	314	89	403
2009	457	232	689
2010	578	645	1223
2011	496	419	915

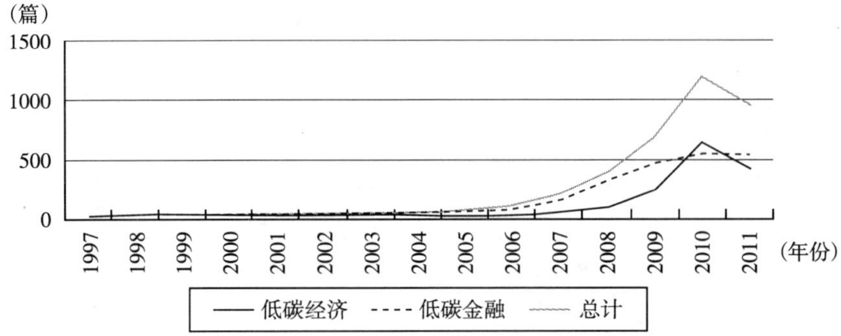

图 2–1　低碳经济发展类与低碳金融类文献历年篇数

2. 中国低碳经济发展与低碳金融研究进程分析

面对能源危机、环境危机的日益凸显，1997 年 12 月通过的《京都议定书》的出台为应对气候变化提供了准则，也引起了各国对本国低碳经济发展的日益重视，而起源于碳交易市场的低碳金融，也成为了低碳经济全球化的重要产物。总体而言，中国对于低碳经济发展和低碳金融的研究日益成熟和丰富，文献产出呈现不断增长的趋势，文献产出共经历三个阶段：

（1）起步阶段。1997~2004 年共有 299 篇，其中低碳经济发展类文献为 296 篇，低碳金融类文献仅有 3 篇。由此可见，低碳经济发展和低碳金融的研究尚处于起步阶段，且相对稳定。

（2）逐步增长阶段。从 2005 年开始，中国对于低碳经济发展和低碳金融的研究进入逐步增长阶段。2005~2008 年，低碳经济发展类文献共计 605 篇，约 196 篇/年，文献篇数年平均增长率为 75.4%，相较 2005 年前的研究已出现了较快增长，此阶段正是中国“十一五”规划落实的关键时期，提倡节能减排以改变中国传统的高耗能经济发展模式。与此同时，低碳金融的研究文献共计 182 篇，文献数量约 45 篇/年，文献篇数年平均增长率为 61.8%。之所以会有如此迅速的增长速度，主要是因为 2005 年《京都议定书》正式生效后，全球碳交易市场出现爆炸式增长，以碳交易为特征的低碳金融引起了学者的广泛关注。

（3）快速增长阶段。2009~2011 年，低碳经济发展类文献为 1531 篇，为总篇数的 62.95%，且低碳金融类文献计为 1296 篇，整体上呈现快速增长趋势。2009 年，哥本哈根气候变化大会召开，为未来各国低碳经济的发展指引了方向，而哥本哈根会议，更是催生低碳金融的创新与发展，使

2010年相关创新发展研究迅猛开展。随着这一进程的不断深入，中国低碳经济发展和低碳金融出现了许多亟待解决和探讨的课题，虽然2011年研究数量上略有放缓，研究深度却有所提高，整体仍呈现快速增长趋势。

二、中国低碳经济发展与低碳金融的研究内容分类统计分析

对前部分文献进一步梳理，将内容大致划分为三大部分：低碳经济和低碳金融关系研究分析、低碳金融研究内容分析、低碳经济发展研究内容分析。鉴于前述第一和第二阶段文献产出较少，主要选取2009~2011年3年间的文献作为统计对象，并且将此3年间内容从风险防范、体系构建两大方面进行分类统计。

1. 低碳经济和低碳金融关系研究分析（见表2-2）

表2-2 低碳经济和低碳金融关系的文献统计

单位：篇

年份	低碳经济和低碳金融关系
2009	2
2010	33
2011	30

很多学者在低碳经济兴起的同时，开展了对于低碳经济和低碳金融关系的探讨，并且研究逐渐深入，达成了一定的共识。学者们的共同观点为：低碳经济发展为低碳金融的出现提供了契机，由低碳经济发展所衍生的碳交易机制、社会责任与环境规范压力激发的低碳金融需求，将推动低碳金融机制的发展和完善；低碳经济的繁荣离不开资金，更离不开资金的运作——金融业的深度参与，低碳金融对低碳经济的发展发挥了主要的推动作用。这些共识有助于全面理解低碳经济的发展和低碳金融的起源，并发挥其作用。

2. 低碳经济研究内容分析

精选低碳经济研究相关文献，从低碳经济是什么即低碳经济的本质属性、低碳经济怎么衡量即低碳经济评价指标以及如何发展低碳经济即低碳经济发展路径三个维度对低碳经济相关文献进行分类统计。其中，选取低

碳技术、低碳物流、碳税收及低碳消费从社会再生产整个过程（生产、流通、分配、消费）视角，对低碳经济的本质属性进行深入阐述，统计结果如表 2-3 所示。

表 2-3　低碳经济类文献按照研究内容进行的分类统计

单位：篇

年份	低碳经济本质属性研究				低碳经济评价指标研究	低碳经济发展路径研究
	低碳技术	低碳物流	碳税收	低碳消费		
2009	46	0	0	11	0	62
2010	172	21	3	89	6	245
2011	158	73	3	79	9	177

面对严峻的环境问题和可持续发展的要求，中国需要从实际出发，转变经济增长方式，推动低碳经济发展。低碳经济是一种新型的经济模式，如何理解这种新型经济模式成为学者们关注的热点。低碳经济的本质属性体现于生产、流通、分配、消费各个环节，因而分别选取低碳技术、低碳物流、碳税收、低碳消费四个角度深入阐述其本质属性。在生产环节，低碳技术是推动低碳经济的关键，而新能源技术和可再生能源技术是主体技术。学者们在分析中国低碳技术现状的基础上普遍认为中国低碳技术薄弱、供需矛盾凸显，解决关键在于技术创新，需要市场、技术研发、政策多管齐下；在物流环节，根据统计结果，低碳物流的概念提出较晚，相关研究相对较少，有学者认为低碳物流本质是在提供低成本、高质量的物流服务的过程中，实现节约能源、促进经济可持续发展，多数学者从宏观政策和微观企业层面探讨如何落实物流的低碳化；在分配环节，碳税收，即二氧化碳排放税，是通过税收手段对要素进行再分配，是实现低碳经济的重要工具，目前国内学者对于碳税收的研究还尚未成熟，主要从征收必要性、征收范围、征收机制设计等方面对此进行研究；在消费环节，低碳消费是低碳经济在消费方式上的创新，学者认为应当相应引导个人消费行为，倡导合理消费，实现消费的低碳化和可循环。

低碳经济指标体系的研究仍处于初级阶段，目前研究主要采用定量与定性相结合的方法，建立相关模型，探讨如何从区域角度建立低碳经济指标，但由于学术界对于低碳经济的界定多元化，尚无统一定论，评价指标体系的可量性和适用性成为研究难题。

中国是发展中国家，需要结合本国的特殊国情探讨低碳经济转型之路。付允等认为低碳经济发展模式应以低碳发展为方向，以节能减排为发展方式，以低碳技术为发展方法。[①] 学者们普遍认为需要从政策支持、技术创新、产业结构调整、宣传教育等方面推动低碳经济发展。

3. 低碳金融研究内容分析

通过低碳金融研究相关文献梳理，主要选取低碳金融的创新型研究和低碳金融风险防范研究两部分进行分类统计。其中，将低碳金融的创新性研究划分为碳交易机制研究和商业银行低碳业务研究，并分别具体抽出碳交易定价权研究和绿色信贷研究两个主要话题，统计结果如表 2-4 所示。

表 2-4　低碳金融类文献按照内容进行的分类统计

单位：篇

年份	低碳金融的创新性研究（体系构建）				低碳金融风险防范研究
	碳交易机制研究	碳交易定价权研究	商业银行低碳业务研究	绿色信贷机制研究	
2009	178	8	13	2	14
2010	374	24	120	19	37
2011	194	36	87	32	26

学术界在 2009 年之后对碳交易进行了更加广泛、深入探讨，研究趋势迅猛上升，体现了碳交易作为低碳金融基础的重要性。中国学者从不同角度在探寻碳交易机制方面开展了大量的研究，其中有些学者通过分析国际碳交易市场现状为国内研究提供参考，部分学者在总结过渡期中国碳交易情况的基础上，提出问题根源，并且相对地提出中国碳交易制度的构建措施。随着碳交易实践的深入开展，有学者敏锐地发现中国作为国际碳交易最大的买方市场，却缺失碳交易定价权，这一争论逐渐引起学者们的重视，学者们普遍认为中国谋求碳交易定价权，政府要提供相关政策的扶持、加强碳期货市场建设和国际合作，加强 CDM 信息平台建设和人才培养。

商业银行低碳业务是金融机构积极参与低碳金融的主要体现，根据数据统计分析，直到 2010 年，商业银行在低碳金融中的作用才得到学者们的重视，文献数量突飞猛进。部分学者主要结合国内外低碳金融发展现

① 付允、马永欢、刘怡君、牛文元：《低碳经济的发展模式研究》，《中国人口·资源与环境》，2008 年第 3 期。

状，分析低碳金融给中国商业银行带来的机遇和挑战，有针对性地提出了相应的政策措施。有学者进一步联系实际，分别总结兴业银行等开展低碳金融业务的实践经验，并进行引申和扩展。在商业银行的诸多低碳业务中，绿色信贷是实现节能减排的有力金融杠杆，学者们主要就如何排除绿色信贷推行过程中的障碍和构建商业银行绿色信贷机制展开深入研究。

低碳金融是一个与环境、政治、经济、金融等诸多领域密切相关的新生事物，因此低碳金融及其创新必然存在着许多风险，包括政治风险、经济风险和金融衍生工具的操作风险。然而学者们对风险的专门研究却相对比较少，多数只是在重点探讨完碳交易或低碳金融创新之后简略提及，所以目前对低碳金融风险的研究还有待深入。

三、低碳经济发展与低碳金融的高产作者、单位统计分析

1. 低碳经济发展与低碳金融研究的高产作者分析

在低碳经济发展与低碳金融研究领域，涌现出一批高产作者对该领域进行多角度的深入研究。本书选取在低碳经济领域发文量在 7 篇及以上的高产作者，在低碳金融领域发文量在 4 篇及以上的高产作者，以及在低碳金融领域申请到重要科研基金项目的主持人分别进行统计，统计结果如表 2–5、表 2–6、表 2–7 所示。

表 2–5　低碳经济研究的高产作者统计

发文量	作者	作者单位
15 篇及以上	陈柳钦	天津社会科学院
	周宏春	国务院发展研究中心
10 篇及以上 15 篇以下	陈晓春	湖南大学
	柯健	中共江西省委党校
	林伯强	厦门大学
	冯之浚	国务院
	陶伦康	云南师范大学
7 篇及以上 10 篇以下	钱笑盈	东北农业大学
	庄贵阳	中国社会科学院城市发展与环境研究所
	徐匡迪	上海大学
	宋帮英	广西师范大学
	李忠民	陕西师范大学

续表

发文量	作者	作者单位
7篇及以上 10篇以下	纪玉山	吉林大学
	李友华	东北农业大学
	肖湘雄	湘潭大学
	刘国斌	吉林大学
	吴宏富	《中国粉体工业通鉴》
	刘传江	武汉大学
	吴江华	中共中央党校
	莫神星	华东理工大学
	王爱兰	天津社会科学院城市经济研究所
	潘家华	中国社会科学院城市发展与环境研究所
	康启来	福建省莆田市鸿立印刷包装有限公司
	张雷	中国科学院地理科学与资源研究所
	李向阳	南京陆军指挥学院
	苏方林	广西师范大学
	杨志	中国人民大学

表 2-6　低碳金融研究的高产作者统计

发文量	作者	作者单位
10篇及以上	陈柳钦	天津社会科学院
	李东卫	中国银行业监督管理委员会山西省阳泉市监管分局
	张茉楠	国家信息中心
5篇以上 10篇以下	邵伟	中国银行国际金融研究所
	王伟炫	山西财经大学
4篇	乔海曙	湖南大学
	王遥	中央财经大学
	刘倩	中央财经大学
	邓智毅	中国银行业监督管理委员会山西监管局
	初昌雄	仲恺农业工程学院
	翁清云	东北财经大学

表 2-7　低碳金融重要科研基金项目主持人统计

科研基金项目	主持人	作者单位
国家社会科学基金项目	王遥	中央财经大学财经研究院
国家社会科学基金项目	王卉彤	中央财经大学财经研究院
国家社会科学基金项目	乔海曙	湖南大学金融与统计学院
国家社会科学基金项目	杜莉	吉林大学欧洲问题研究中心
教育部人文社会科学规划项目	雷立钧	内蒙古大学经济管理学院

天津社会科学院的陈柳钦在低碳经济发展和低碳金融两方面发文数量均最多，其主要在低碳经济和低碳金融关系以及低碳发展和低碳金融发展未来趋势等宏观角度进行探索。在低碳经济方面，紧随其后的是国务院研究发展中心的周宏春和湖南大学的陈晓春老师，分别从事低碳经济发展政策路径和低碳经济的公共政策角度的低碳研究。在低碳金融方面，李东卫和张茉楠发文都在 10 篇以上，其中国家信息中心的张茉楠主要研究新能源和碳排放权交易机制等内容。中央财经大学的王遥主要研究领域为国际低碳金融发展和中国对策。

2. 低碳经济发展与低碳金融的研究单位分析

对研究作者单位的分析，可以很好地把握中国低碳经济发展和低碳金融领域研究较为突出的单位以及研究力量的分布，如图 2-2 和图 2-3 所示。本书对研究低碳经济发展和低碳金融的 2474 篇文章的作者所在单位进行统计分析，发现该领域绝大部分作者都来自中国高校。

从高校发文分布来看，该领域发文数量由高到低的前几名分别是吉林大学、中国人民大学、湖南大学、中南财经大学、武汉大学、东北财经大学、首都经贸大学、四川大学、南开大学、中国矿业大学和厦门大学。其中，发文最多的吉林大学，在低碳经济发展和低碳金融领域共发表 107 篇，占总数的 4.3%。中国人民大学和湖南大学分别发表 97 篇和 82 篇，占总数的 3.92%和 3.31%。

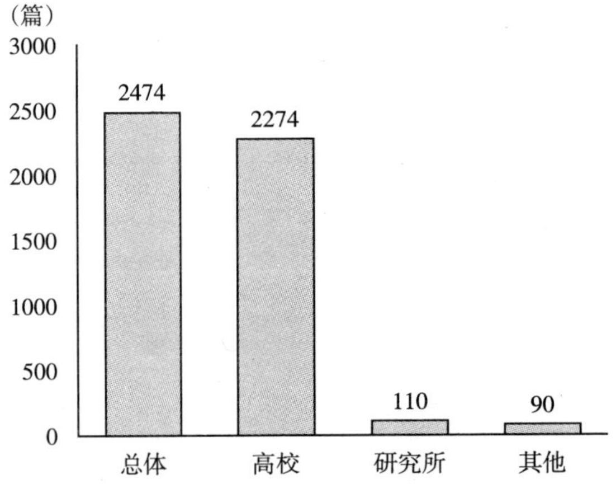

图 2-2　低碳经济发展与低碳金融的研究单位统计（I）

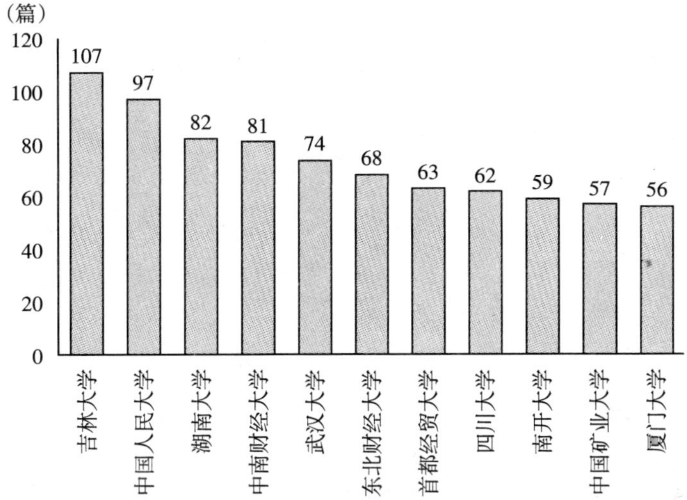

图 2-3 低碳经济发展与低碳金融的研究单位统计(Ⅱ)

四、中国低碳经济发展与低碳金融研究期刊统计分析

选取中国知网上有影响的排名前 20 名的社会科学类期刊上关于低碳经济发展与低碳金融的文献为统计对象,以便更好地了解国内低碳经济发展与低碳金融的研究状况,统计结果如表 2-8 所示。

表 2-8 低碳经济发展与低碳金融研究期刊统计

单位:篇

期刊	低碳发展与低碳金融类刊登篇数
《经济研究》	5
《会计科学》	2
《中国社会科学》	1
《国际金融研究》	11
《金融研究》	4
《中国工业经济》	9
《世界经济》	1
《国际经济评论》	6
《人口研究》	1
《管理世界》	3
《世界经济研究》	6

续表

期刊	低碳发展与低碳金融类刊登篇数
《数量经济技术经济研究》	1
《世界经济与政治》	5
《经济科学》	2
《国际贸易问题》	4
《农业经济问题》	3
《国际问题研究》	2
《国际贸易》	5
《知识产权》	2
《证券市场导报》	1

据表所示，刊登在排名前 20 名的社会科学类期刊的低碳经济发展与低碳金融类的文献共计 74 篇，仅占统计总篇数的 2.1%，其中刊登篇数排名前 3 名的期刊分别是《国际金融研究》、《中国工业经济》、《国际经济评论》。从影响因子较高的期刊对低碳发展与低碳金融主题刊发的文献数量统计上来看，中国目前低碳发展类文献与低碳金融文献的学术价值总体不高，相关研究仍处于发展阶段。该问题的产生，主要源于中国仍是发展中国家，而低碳经济是一种新型发展模式，不同于传统的经济发展模式，中国低碳经济的转型之路仍需要结合中国特有国情进行长期摸索。

五、结论及探讨

通过以上分析，可以看出中国对低碳经济发展与低碳金融的研究还存在着很多的不足，主要表现在：①研究范围较窄。研究仍然主要集中于碳交易机制等国际热点领域，对金融企业迫切需求的实际问题缺乏深入研究；另外，目前的研究主要集中于对低碳经济与低碳金融的创新方面，而忽视了创新背后的风险。②研究力度不够。到目前为止，所统计的影响因子较高的经济与管理类重要期刊收录的有关低碳经济与低碳金融的文献很少，有较高学术价值的文献更是明显不足。而且，到目前为止，还没有影响因子较高的低碳经济或低碳金融类专业性杂志。③研究方法单一。目前的研究以理论研究为主，实证研究和数理研究太少，且理论研究也多处于简单介绍阶段。但是，可以看到，低碳经济发展与低碳金融文献增长与相关行业发展存在正向相关性；中国的低碳经济发展与低碳金融研究在近几年内，取得了很大的进步，对于低碳经济发展与低碳金融的理解更加全面和深入，对实践的指导价值越来越大。

第三章　中国低碳经济与低碳金融发展现状

第一节　中国低碳经济发展现状

2006年中国政府首次在国家“十一五”发展规划中提出了“节能减排”的约束性指标，从某种意义上说，此举揭开了中国走进低碳时代的序幕。经过不断努力，中国低碳经济发展进程取得了很大的进步，碳排放总体状况不断改善，产业低碳化发展效果显著，低碳消费方式不断普及，低碳制度不断完善。但中国正处于工业化和城市化发展的高速阶段，低碳经济发展面临着诸多压力与挑战，对于处于当前发展状态的中国来说，发展方式、产业结构、能源结构等因素制约着中国经济的转型，所以碳排放总量的下降，低碳技术的大规模普及，清洁能源的有效利用等都任重道远，有待随时间不断演进而逐步实现。

一、碳排放状况总体改善

2009年，哥本哈根气候变化大会上，中国政府做出承诺，2020年，单位GDP二氧化碳排放比2005年下降40%~45%，非化石能源占一次能源消费的比重达15%左右，为实现该承诺，中国政府采取了多方面措施。在2011年的“十二五”规划中明确提出2015年，单位GDP二氧化碳的排放量要比2010年降低17%，单位GDP能耗降低16%，非化石能源占一次能源比重达到11.4%等目标。总的说来，中国碳排放整体状态已有所改善，排放强度呈下降趋势，但受制于经济发展基础的制约，排放总量将不可避免的有所上升。

1. 排放总量上升呈阶段性变化

中国经济正处于高速发展、资源消耗量快速上升、粗放发展的状态，使得短期内对节能减排的努力难以改变碳排放总量上升的趋势。1979~2010 年，中国二氧化碳排放总量从 14.9 亿吨增加到 74.58 亿吨，二氧化碳排放增加近 5 倍，年均增长 10%。2006 年中国二氧化碳排放量为 61.08 亿吨，约占全球排放的 21%；2008 年，中国二氧化碳排放量居世界第一位，占世界总排放量的 21.5%；[①] 2010 年，中国能源消费占全球比重约为 20%，二氧化碳排放占比提升至 23%。[②] 1979~2010 年的 32 年间，我国二氧化碳排放表现出较强的阶段性特征，总体划分为三个阶段：第一阶段是 1979~1996 年，二氧化碳排放量呈平稳增长态势，年均增长 7.3%；第二阶段是 1997~2001 年，二氧化碳排放量基本维持稳定水平，略有上升趋势，年均增长 0.1%；第三阶段是 2002~2010 年，二氧化碳排放量快速增长，出现翘尾现象，年均增长 11.3%，特别是 2003 年、2004 年增速分别达到 15.7%、18.7%，远高于前期增长速度（见图 3-1）。

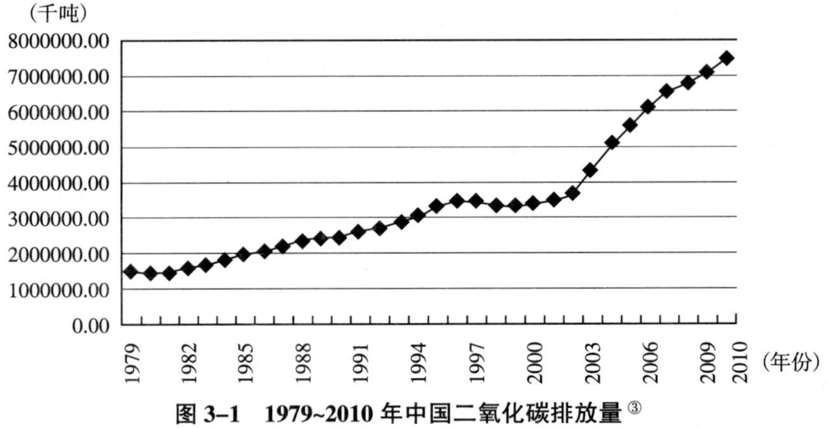

图 3-1　1979~2010 年中国二氧化碳排放量 [③]

数据来源：世界银行。

① 余芳东：《我国经济的国际地位和发展差距》，《调研世界》，2011 年第 3 期。
② 数据来源于 2011 年 12 月 3 日中国气候谈判代表团专家何建坤。
③ 数据来源：世界银行。

2. 排放强度改善呈螺旋式下降

单位 GDP 碳排放量，即碳排放强度是产生单位 GDP 所排放的二氧化碳数量，该指标能科学地体现中国实际经济发展和温室气体排放水平之间的关系。具体来说，中国二氧化碳排放强度（万元 GDP 二氧化碳排放量）总体呈螺旋式下降趋势。1971~2008 年，万元 GDP 二氧化碳排放量从 32.85 吨下降到 2.29 吨，年均下降 6.8%。二氧化碳排放强度的变化可分为三个阶段：1971~1978 年碳排放强度上升；1978~1998 年稳定下降；1999 年以后下降速度放缓，其中 2003 年和 2004 年出现局部大反弹。

2005 年二氧化碳排放强度为 2.76 吨/万元 GDP，按照 1971~2008 年二氧化碳排放强度的平均下降速度 6.8%推算，到 2020 年二氧化碳排放强度约为 0.98 吨/万元 GDP，下降幅度超过 60%，而中国在哥本哈根会议上承诺是 2020 年二氧化碳强度下降 40%~45%，也就是说中国若能长期保持该二氧化碳排放强度的下降速度，哥本哈根承诺完全可以实现。但下降速度能否长期稳定在此水平难以预测，并且虽然纵向上二氧化碳排放强度的确呈下降趋势，但横向来看，中国低碳经济发展远低于发达国家水平，以 2008 年为例，中国单位 GDP 二氧化碳排放强度相当于世界平均的 3.5 倍，美国的 4.8 倍，德国的 7.6 倍，日本的 8.2 倍，[①] 也就是说中国减排空间很大。

二、产业低碳化发展成效显著

中国 70%的碳排放来自于产业经济部门，[②] 即中国低碳经济发展中产业低碳化的发展显得尤为重要。当前来看，中国产业低碳化发展整体上取得了一定的成效，产业结构不断升级，低碳技术研发日渐成效，能源利用状况也有一定的优化。

1. 产业结构实现稳步升级

低碳产业的发展在中国得到很高的关注，政府相继出台各种扶持或者利好政策推动低碳产业的发展，尤其是七大战略性新兴产业的发展。2010 年《国务院关于加快培育和发展战略性新兴产业的决定》出台，2011 年“十二五”规划将“节能环保产业”作为七大战略性新兴产业大力发展之

① 余芳东：《我国经济的国际地位和发展差距》，《调研世界》，2011 年第 3 期。
② 王慧：《中国低碳经济面临的困境及应对举措》，《江苏科技信息》（学术研究），2011 年第 10 期。

首，之后，工业和信息化部表明将采取四项措施促进节能环保低碳产业的发展。

目前，我国产业结构不断调整，低碳产业稳步升级。其一，第二产业尤其是工业产值占比有缓慢下降趋势，2006 年工业占比 42.21%，2009 年降至 39.72%；第三产业占比稳步上升，从 2006 年的 40.94%升至 2009 年的 43.36%，高技术产业产值从 2005 年的 34367 亿元升至 2009 年的 60430 亿元。其二，节能环保产业作为七大战略性新兴产业之首，“十一五”期间，每年以 15%~17%的速度增长，2009 年总产值达 1.9 万亿元。其中，节能产业的服务产业总产值由 2008 年的 417.3 亿元增至 2009 年的 587.68 亿元，综合节能投资从 2008 年的 253.2 亿元增至 2009 年的 360.37 亿元，建筑工业平均节能率达到 50%；环保产业发展上 2008 年水污染治理产品产值约 300 亿元，水污染治理工程建设与服务产值约 1000 亿元，有机废气治理行业产值约 15 亿元，工业固体废物处理处置产值约 450 亿元，生活垃圾处理产值约 100 亿元，噪声与振动控制行业总产值超过 60 亿元。

与已比，中国高新技术的发展、产业结构的优化令人欣喜，然放眼世界，目前全球服务业的增加值占 GDP 的比重达 60%以上，主要发达国家第二产业比重不足 30%，第三产业比重则高达 70%以上，中国与世界的现实差距不言而喻，仍有广阔的进步空间。

2. 低碳技术研发日见成效

低碳技术包括三类，减碳技术、无碳技术和去碳技术，高水平的低碳技术可使一国掌握碳排放的主动权，各国纷纷加大投入致力于相关技术的开发，以期抢占低碳经济发展的有利位置。2010 年《政府工作报告》要求大力开发低碳技术，推广高效节能技术，“十二五”规划将低碳技术视为政府的支持重点。得益于政策与财政支持，我国在一些低碳技术，如核电类技术、风电类技术、太阳能热水器核心技术等方面得到很大提高，企业在多个低碳产品服务领域表现突出，尤其是可再生资源相关行业，使得我国在核电、风电、太阳能等方面的能源普及率有所增加。截至 2009 年，低碳技术领域的专利申请中，清华大学、上海交通大学、浙江大学、比亚迪股份有限公司、天津大学申请量位列前五名，分别为 128 件、91 件、77 件、76 件、52 件。

低碳技术方面已有成果值得肯定，然仍有很大发展空间。当前大多数低碳技术仍掌握在发达国家手中，60 多项核心的节能减排技术中，中国仅掌握了20项左右，其余的需通过国际合作，甚至是发达国家的技术转让才能获得。[①] 而且，中国的专利创新以外围技术和外观设计为主，缺乏核心技术的发明，低碳技术大多仍不成熟，难以实现产业化。比如，电力行业中IGCC、高参数超临界机组、热电联产等技术，我国虽已初步掌握，但产业化上仍然存在很大问题；可再生能源和新能源技术方面，我国的大型风力发电设备、高性价比太阳能光伏电池技术、燃料电池技术、生物质能技术及氢能技术，与发达国家相比尚有不小差距；交通领域，汽车的燃油经济性问题、混合动力汽车的相关技术等难以达到产业化水平；冶金、化工、建筑等领域的节能和提高能效技术，在系统控制等方面也无法达到发达国家的水平。[②] 此外，科技经费绝对量上虽然不断增加，但支出比重较其他国家较低，投入力度有待进一步加强。

3. 能源利用状况不断优化

中国"富煤、贫油、少气"的能源禀赋以及高速的经济发展需要，使得能源利用状况的大幅度改善难以一蹴而就，但新能源的普及、结构的优化、使用效率的提高正在逐步实现。

（1）能源消费结构调整。天然气产生二氧化碳的排放量仅为煤的48%、石油的54%，新能源包括了核能以及可再生的水能、生物质能、风能、太阳能、地热能、海洋能等，污染低，对自然环境的破坏小。中国重视能源结构的优化，强调新能源的使用与普及，"十一五"规划明确提出"鼓励生产与消费可再生能源，提高在一次能源消费中的比重"。

中国能源消费总量从1971年的34496万吨标准煤上升到2008年的285000万吨标准煤，年均增长5.7%，其中煤炭能源消费年均增长5.3%，石油年均增长6.1%，天然气年均增长8.5%，水电、核电、风电年均增长8.4%，天然气和水电、核电、风电能源消费增长速度明显快于煤炭和石油。2005~2009年，非化石能源占能源消费总量的比重从6.8%提高到7.8%，2010年新增发电装机容量4.45亿千瓦，其中水电9601万千瓦、核电384万千瓦。这说明中国煤炭和石油消费比重逐渐下降，新能源利用普及利用不断提高，结构正逐渐优化。但相似于产业结构的调整，中国能源结构的调整将是一个缓步推进的过程，2008年煤炭和石油的消费量是天

① 李淑文：《中国低碳经济的挑战与应对策略》，《中国人口·资源与环境》，2011年第S1期。
② 王汉伟：《试析影响低碳经济发展的主要因素》，《市场研究》，2012年第1期。

然气和水电、核电、风电的 6.87 倍，中国能源消费绝对量仍以煤炭和石油为主。

（2）能源利用率提高。总体来看，中国单位 GDP 能耗不断下降，能源利用率不断提高。1991~2005 年，中国能源消费年均增长率为 5.6%，经济年均增长率约为 10%，单位 GDP 能耗下降 47%，实现了节约能源约 8 亿吨标准煤，减排量约 18 亿吨二氧化碳；2006~2008 年，中国单位 GDP 能耗下降 10.8%；[①] 2008~2010 年，单位 GDP 能耗分别较上年下降了 2.2%、4.01%和 2.01%。[②] 从三大产业来看，1995~2008 年，中国三大产业的平均能源消费强度分别为 0.33 万吨标准煤/亿元、2.17 万吨标准煤/亿元、0.90 万吨标准煤/亿元，且均呈现下降趋势，平均每年降幅为 6.5%、5.9%、5.9%。

与发达国家相比，中国单位 GDP 能耗和主要产品能耗均高于主要能源消费国家的平均水平，能源利用率仍需不断提高。据统计，中国能源利用总效率是 36.81%，而世界的平均水平在 50.32%，即便是印度（40.06%）、巴西（62%）这样的发展中国家，也高于中国的水平。另外，中国单位建筑面积采暖能耗相当于气候条件相近的发达国家的 2~3 倍，钢铁、有色、石化、电力、建材、纺织等行业的主要产品单位能耗平均比发达国家高 40%，机动车油耗比日本高 20%，比欧洲高 25%。[③]

三、低碳消费方式不断普及

中国 30%的二氧化碳排放来源于居民生活，低碳消费是低碳生活的重要构成，本身能突破低碳技术的限制，转变上所受限制较少，可在短期内实现碳排放的降低，且对低碳生产有引导作用，能促进产业的低碳化发展。中国不断加强对低碳消费的重视，加大对低碳生活、低碳消费的宣传与规范，引导民众进行低碳消费，使得低碳消费、低碳理念成为一种时尚。

自从低碳经济提出后，中国政府推出了一系列政策或活动鼓励低碳消费。2010 年 3 月温家宝同志在政府工作报告中明确提出“要努力建设以低碳排放为特征的产业体系和消费模式”，明确了低碳生产和低碳消费的

---

①③ 李淑文：《中国低碳经济的挑战与应对策略》，《中国人口·资源与环境》，2011 年第 S1 期。
② 数据来源：国家统计局公报。

同等重要性；2010 年 6 月 1 日，《关于开展私人购买新能源汽车补贴试点的通知》发布，备受关注的新能源汽车补贴实施细则正式出台；2010 年 11 月，首届低碳消费·中国影响力峰会举行；2011 年 3 月，“十二五”规划纲要提出，“树立绿色、低碳发展理念，加快构建资源节约、环境友好的生产方式和消费模式，增强可持续发展能力”。

在各种政策和活动的推动下，我国居民衣食住行的消费意识、消费方式正逐渐向低碳转变。饮食上推崇绿色食品和环保食品，留意所购食物是否标有绿色食品或环保食品标志；穿着上开始注重环保面料与节约原料的选取，同时更多地考虑环保洗涤、小件衣服以手洗代替机洗、旧物利用、一衣多穿等；居住上追求空间合理利用，环保装修，太阳能技术的应用，以及节能家电的购买；出行上开始提倡步行或骑自行车，小排量车的购买，公共交通、步行交通的发展，新能源交通工具的使用等；另外，居民也在有意识地减少一次性产品的应用，如自备购物袋，不用一次性筷子；等等。

虽然居民有一定的低碳消费意识，但认知不够深入，巢桂芳（2010）[①]所做调查指出，92%的人对低碳经济的问题是一知半解，仅 10%的人知道中国碳排放总量排到世界第二，反映了对低碳经济认知的不够；仅 6%人在面对破坏环境行为时会选择自觉主动劝阻，86%的人选择偶尔劝阻，说明大多数人尚未形成低碳意识。另外，居民缺少将低碳意识转化为行动的动力及约束，低碳消费只是备择选项，只能在居民“有心情”的时候才进行。据统计，我国城镇居民因为电器关机不拔插头而导致每年全国待机电量浪费高达 180 亿度，相当于 3 个大亚湾核电站年发电量；2008 年我国一次性纸杯的消费量高达 170 亿只，按 1 只纸杯 20121 克的碳含量计算，一年的碳排放量就是 34 万多吨。2009 年《城市发展的政策——建筑和交通部门》指出：近 10 年中国城市消费领域能耗年增长率高于国家总能源消耗量的增长率。

① 巢桂芳：《关于提高低碳经济意识、创导低碳消费行为的调查与研究》，《经济研究导刊》，2010 年第 31 期。

四、低碳经济制度不断完善

自2005年以来，中国的低碳政策力度不断加强，尤其是在2010年两会政府报告后，政策扶持力度进一步加大，低碳产业，如战略性新型产业、新能源产业不断得到利好政策的支持，但在强制减排制度上十分缺乏。此外，为尽快推动低碳经济的发展，低碳城市试点展开，考虑城市在各个方面如何进行低碳化发展。

1. 政策力度不断加强

表3-1总结了2005~2009年我国部分低碳政策，政策范围较广，停留在较为宏观的层面。

表3-1 2005~2009年低碳政策

时间	低碳政策
2005年5月	中国国家能源领导小组成立
2005年12月	《关于建立GDP能耗指标公报制度的通知》
2006年1月	《可再生能源法》、《可再生能源发电有关管理规定》
2006年12月	《气候变化国家评估报告》、《企业能源审计报告审核指南》、《企业节能规划审核指南》
2007年4月	《能源发展“十一五”规划》
2007年6月	《中国应对气候变化国家方案》、《中国应对气候变化科技专项行动》、《节能减排综合性工作方案》
2007年8月	《可再生能源中长期发展规划》
2007年10月	《核电中长期发展规划（2005~2020年）》
2007年11月	《单位GDP能耗统计指标体系实施方案》、《单位GDP能耗监测体系实施方案》、《单位GDP能耗考核体系实施方案》
2007年12月	《节能减排授信工作指导意见》
2008年3月	《可再生能源发展“十一五”规划》
2008年4月	《节约能源法》、《千家企业节能行动实施方案》
2008年10月	《中国应对气候变化的政策与行动》
2009年1月	《循环经济促进法》
2009年3月	《太阳能光电建筑应用财政补助资金管理暂行办法》
2009年6月	《中国至2050年能源科技发展路线图》
2009年8月	《规划环境影响评价条例》

资料来源：根据武春霞的《我国低碳政策》整理编制。

2010年3月，两会政府报告中首次提出“要努力建设以低碳排放为特征的产业体系和消费模式”。此后，国家对清洁能源发展的政策扶持力度持续加大，有向低碳产业与低碳技术方向倾斜的趋势，扶持力度有所增强，部分具体低碳政策如表 3-2 所示。

表 3-2 两会后低碳政策

时间	低碳政策
2010 年 8 月	发改委确定在 5 省 8 市开展低碳产业建设试点工作
2010 年 9 月 8 日	《国务院关于加快培育和发展战略性新兴产业的决定》明确提出将“节能环保产业”作为七大战略性新兴产业之一予以明确支持
2010 年 11 月 25 日	《节能环保产业发展规划》发布
2011 年 3 月 16 日	《中华人民共和国国民经济和社会发展第十二个五年规划纲要》明确提出“发展循环经济，推广低碳技术”，这意味着低碳技术将成为政府的支持重点。提出推动能源生产和利用方式变革，将“节能环保产业”作为七大战略性新兴产业大力发展之首
2011 年 3 月 28 日	工业和信息化部副部长苏波在全国工业节能与综合利用工作会议上表示，“十二五”期间工业和信息化部将采取四项措施促进节能环保低碳产业的发展，包括完善技术装备和产品标准体系，实施技术产业化示范工程，支持发展龙头企业和服务企业，加快促进产业集聚并形成节能环保低碳园区和产业基地
2011 年 11 月 14 日	《“十二五”产业技术创新规划》发布
2011 年 12 月 7 日	《万家企业节能低碳行动实施方案》发布
2011 年 12 月 10 日	《“十二五”资源综合利用指导意见》《大宗固体废物综合利用实施方案》发布
2011 年 12 月 15 日	中国国家能源局公布中国可再生能源发展“十二五”规划目标。到 2015 年，风电、太阳能、生物质能、太阳能热利用及核电等非化石能源开发总量将达到 4.8 亿吨标准煤。风电将达到 1 亿千瓦，太阳能发电将达到 1500 万千瓦
2011 年 12 月 21 日	财政部财政科学研究所副所长苏明在中国绿色经济展望论坛上表示，2012 年对战略性新兴产业尤其是低碳产业“实施更加积极的财政政策”，包括投资补助、财政贴息、股份投资、财政支持担保、政府采购、税收等六大手段
2011 年 12 月 30 日	《国家重点节能技术推广目录（第四批）》公布

我国的低碳政策多为低碳发展的支持政策以及低碳保护政策，如支持新能源产业的发展，促进循环经济的发展，等等，政策多为引导性与支持性的，缺乏相关强制减排制度。为促进节能减排的发展，各种减排标准与体系广泛发布，但如何将标准真正作为约束机制实施才是最重要的问题。2011 年种种企业排放不达标的事例表明，我国减排体系面临的问题依旧颇多，监管不到位、政策落实不到位，约束机制以及责任追究制度的缺失，使得标准与体系的实施大打折扣，缺乏调整和约束政府行为的法律法规。

2. 示范建设树立榜样

我国以低碳城市为载体，试图通过建立示范，然后向全国推广，从而实现全面的低碳。2008 年 1 月 28 日，世界自然基金会（WWF）在北京正式启动“中国低碳城市开发项目”，上海和河北保定市成为首批试点城市；2009 年 6 月 12 日，联合国环境规划署（UN-EP）正式确定沈阳经济技术开发区和沈阳高新园区为“生态城”示范项目；2010 年 3 月 19 日，中国社科院公布了评估低碳城市的新标准体系，成为中国首个最为完善的标准，吉林省吉林市是适用此标准的首个案例，但根据当天公开的《吉林市低碳发展计划》，吉林市碳生产力约为全国平均水平的一半，远未达到低碳经济的目标。2011 年 8 月 18 日，国家发改委启动了广东、湖北、辽宁、陕西、云南 5 省和天津、重庆、杭州、厦门、深圳、贵阳、南昌、保定 8 市的低碳省区和低碳城市试点工作，并明确了开展试点工作的五项具体任务：编制低碳发展规划，制定支持低碳绿色发展的配套政策，加快建立以低碳排放为特征的产业体系，建立温室气体排放数据统计和管理体系，积极倡导低碳绿色生活方式和消费模式。截至 2010 年 2 月，我国 287 个地级以上的城市中已有 133 个城市提出低碳城市建设目标，约占总量的 46%，低碳城市已经成为当前城市建设和管理领域的一个重要课题。但低碳城市建设中普遍存在四方面问题：一是低碳城市建设评价体系不健全，难以确定其科学性；二是对低碳城市的内涵、建设路径及制约因素缺乏清楚、准确的认识；三是建设资金不足，缺乏多元化融资渠道；四是低碳生产、低碳消费、低碳生活的理念薄弱，未能达成共识。[①] 这说明低碳城市发展任重道远。

第二节　中国低碳金融发展现状

随着低碳经济的发展和《京都议定书》的实施，低碳金融在我国得到初步发展。低碳金融市场规模稳步增长，市场结构进一步优化，低碳金融政策力度不断加强，但由于碳金融起步晚，与国外相比，其发展空间很大。依托 CDM 的“碳金融”在我国有非常广阔的发展空间，并蕴藏着巨大商机，这已成为国内外共识。

① 问题总结来源于人民网。

一、低碳金融市场整体性优化

1. 低碳金融市场规模扩大

（1）CDM 交易规模世界第一。我国已经成为世界上最主要的 CERS 供给者。CDM 项目的开发有两个最重要的环节，注册和签发，注册成功意味着该项目被联合国清洁发展机制执行委员会（EB）认可，成为合格的 CDM 项目，签发成功则意味着项目业主获得了该项目产生且被联合国清洁发展机制执行委员会（EB）认可的 CERs，从而通过交易获得减排收益。

在 CDM 一级市场的卖方市场上，中国占据了绝对的比重。根据公开数据，截至 2011 年，在联合国 CDM 项目签发总量中，中国已经占到 40% 以上的份额，卖出的排放量总共 1.88 亿吨，流入国内的资金至少可达 18 亿美元。在 2005~2008 年，中国占所有签约 CDM 交易额的 66%。在 2008 年，中国的市场份额占到了 84%，远远超过了其他发展中国家。如图 3-2 所示，2005~2010 年，中国在联合国清洁发展机制执行委员会（EB）成功注册的 CDM 项目逐年增加。[①] 截至 2011 年 9 月 8 日，全球注册 CDM 项目总数 2363 个，其中来自中国的为 938 个，占 39.7%，项目预期减排量占全球项目预期减排量的 60.8%（见表 3-3）。到 2011 年 1 月 11 日，全球注册 CDM 项目达到 2742 个，其中中国项目 1145 个，占比增加到 41.76%。然而，我国 CDM 项目类型分布不均、涉及领域较少，对农业、林业的碳

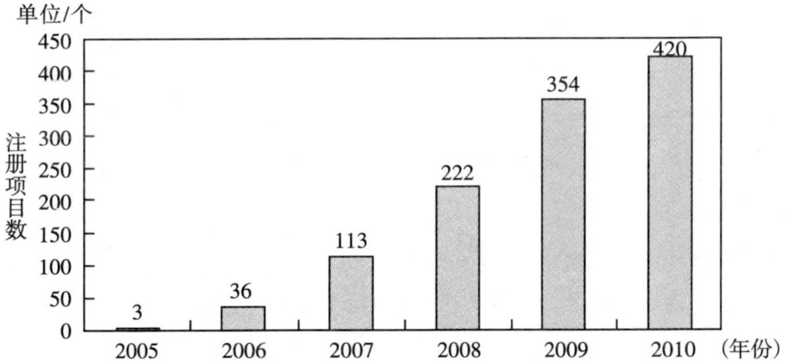

图 3-2 中国 CDM 项目统计

① 北京环境交易所 CDM 信息服务中心：《2010 中国碳信用市场投资报告》，2010 年。

表 3–3　我国在 CDM 项目市场占比

	注册项目数（个）	注册项目期望年减排额（吨二氧化碳）
全球 CDM 项目	2363	379457942
中国 CDM 项目	938	230715149
中国 CDM 项目占比（%）	39.7	60.8

数据来源：中国清洁发展机制网、UNFCCC（截至 2010 年 9 月 8 日）。

指标开发以及对先进节能减排技术的引进相对滞后，尤其在拥有巨大减排潜力并对科技进步有突出贡献的节能和提高能效类型上，CDM 项目的申请数量较少，减排规模也较小。

（2）绿色信贷业务快速发展。银行业金融机构通过信贷杠杆作用应当承担更广泛的环境责任。近年来，我国银行业金融机构按照国家宏观调控政策以及可持续发展的原则，通过压缩两高行业信贷投放、支持循环经济和节能减排项目开发的方式积极践行绿色信贷政策、调整信贷结构，为低碳经济发展和经济结构调整提供了积极的金融支持。

首先，严格控制“两高”贷款。按照国家节能减排信贷指引以及可持续发展原则，我国银行业金融机构严格限制对于“两高”产业的信贷投入，在授信审核中普遍实行“环保”一票否决制，加强授信管理，将环境安全因素落实到信贷管理的各个环节中。2007 年，“两高”贷款占全年贷款总额的 7.23%，2008 年退出“两高”行业贷款涉及的客户 1525 个，“两高”贷款占全年贷款总额的 7.04%，2009 年退出“两高”行业贷款涉及的客户数为 2348 个，相比 2008 年增加 823 个，实现“两高”贷款占比持续降低。

其次，信贷支持节能环保项目。各银行纷纷建立了绿色信贷长效机制，推出了一系列绿色信贷产品，重点支持核能等清洁能源，优先支持节能环保工程，有选择地支持风电、太阳能发电工程。据统计，近几年来，整个银行业的节能环保项目贷款总额逐年增加，占贷款总额的比例、节能减排贷款涉及的企业数量每年都大幅增加。

但由于缺乏有效的激励约束机制，绿色信贷在运行过程中也遇到了很多问题，最为突出的表现，就是在某些地方呈现“走形式”的特征，难以真正起到制约污染企业、鼓励环保节能企业的作用。

表 3-4　节能环保项目贷款统计

年份	新增节能环保项目贷款额（亿元）	新增节能环保项目贷款额占新增总贷款比例（%）	新增节能环保项目贷款涉及的企业数（户）
2004	885.28	1.86	1395
2005	1323.06	1.87	1847
2006	2028.94	2.65	2649
2007	3411.00	2.70	3505
2008	3710.16	3.11	3615
2009	8560.46	8.93	4099

数据来源：《中国银行业社会责任报告》（2008~2009 年）。

（3）股市低碳板块不断壮大。在以股市为代表的我国直接融资市场上，低碳投融资的规模不断扩大，在股票市场上表现为低碳板块的不断壮大。发展低碳经济已成为我国调整产业结构与经济发展模式的重要途径与战略，低碳也已成为国内股票市场“面广、量多”的板块，围绕高效能源和清洁能源两大核心，覆盖十几个行业 300 多家上市公司。低碳经济板块主要包括以下三个大的类别：第一，新能源板块：包括风电、光伏发电、生物质能发电、核电等；第二，清洁煤利用和清洁煤发电板块；第三，节能减排板块：包括新能源电动汽车、智能电网、变频器、余热锅炉、建筑节能、余压利用、垃圾发电等。

截至 2011 年 1 月初，我国股票市场上（上海证券交易所和深圳证券交易所）共有低碳概念股票 370 只，分别分布在节能环保、新能源、新能源汽车、循环经济以及智能电网等板块。其中上海证券交易所 172 只，深圳股票交易所 198 只，深圳创业板市场 25 只（见表 3-5）。从总市值和流通市值方面看，在各个板块上，低碳板块的权重都在 15%~22%（见表 3-6）。2010 年新上市的股票共 351 只，其中低碳概念股票 47 只，占 13.39%，总市值占比近 10%，流通市值更是高于 14%（见表 3-7）。

表 3-5　我国股票市场低碳概念股票数

	低碳概念股票数量（只）	市场股票数量（只）	低碳概念股票占比（%）
上海 A 股	172	874	19.68
深圳 A 股	198	1142	17.34
创业板	25	158	15.82
沪深 A 股	370	2026	18.26

资料来源：根据上海证券交易所和深圳证券交易所数据整理。

表 3-6 我国股票市场低碳概念股票市值

单位：亿元

	低碳板块市值	总市值	低碳板块市值占比（%）	低碳板块流通值	总流通值	低碳板块流通市值占比（%）
上海 A 股	32743.9	177734.0	18.42	21284.3	139149.0	15.30
深圳 A 股	17080.4	85561.3	19.96	11152.9	50305.6	22.17
创业板	1691.5	7543.2	22.42	425.9	2053.95	20.74
沪深 A 股	49824.3	263295.0	18.92	32437.2	189455.0	17.12

数据来源：根据上海证券交易所和深圳证券交易所数据整理。

表 3-7 2010 年我国股票市场低碳新股

单位：亿元

	总数（只）	总市值	流通市值
新股	351	35836.8	5759.2
低碳新股	47	3534.4	811.7
低碳新股占比（%）	13.39	9.86	14.09

数据来源：根据上海证券交易所和深圳证券交易所数据整理。

2. 低碳金融市场结构优化

（1）产品结构合理化。低碳金融市场的产品结构主要衡量各交易主体能够采取何种产品和业务参与到低碳金融市场中，产品或业务的丰富程度决定了结构是否合理。金融产品的丰富程度从市场客体的角度反映了市场结构是否合理以及金融市场是否成熟。[①②] 我国低碳金融发展初期，低碳交易品种较单一，主要是针对二氧化硫、化学需氧量等主要污染物以及能源效率相关产品进行交易，并没有充分利用我国二氧化碳排放总量大的优势而研发出二氧化碳排放权交易产品，其他的也只有简单地以 CERs 为基础的远期交易。

伴随着低碳金融市场结构的不断完善，国内低碳金融产品也经历了由少到多、由简单到复杂、由单一到多元等的变化。[③] 金融机构为应对市场结

① 吴腾华：《我国金融市场结构优化：评价标准与指标体系》，《河南金融干部学院学报》，2007 年第 6 期。
② 李键：《中国金融发展中的结构问题》，中国人民大学出版社，2004 年版。
③ 王增武、袁增霆：《碳金融市场中的产品创新》，《中国金融》，2009 年第 24 期。

构变化，推出了一系列产品，国内金融机构主要金融产品如表 3–8 所示。虽然我国低碳金融产品日趋合作，但和国外相比，我国的低碳金融产品较单一，继续推进创新低碳金融产品，是深化低碳金融发展的必由之路。

表 3–8　国内金融机构主要碳金融产品情况

主要类别	产品分类	推出机构	首次推出时间	具体业务
银行绿色信贷	节能减排信贷	各银行业金融机构	2007 年	为支持国家节能减排工作而实施的信贷措施
	能效贷款	兴业银行 北京银行	2005 年 8 月	与国际金融公司（IFC）合作，建立风险分担、利益共享机制，为国内企业的能效项目提供融资支持
	质押贷款	兴业银行 浦发银行	2008 年	以 CDM 项目中取得的 CERs 为质押的银行贷款
	绿色中间信贷	招商银行 华夏银行 浦发银行	2005 年	法国开发署推出"中法合作绿色中间信贷"项目，与中国三家银行合作，为节能能效项目提供低于市场利率的贷款支持
碳交易中间业务	CDM 设备融资租赁业务	兴业银行	2010 年	设计并运作"8+1"融资模式：以 CERs 收入作为还款来源的碳金融模式、节能减排技改项目融资模式、融资租赁模式、排污权抵押融资模式等
	CDM 财务顾问	浦发银行	2009 年 7 月	率先以独家财务顾问方式签署《减排量购买协议》（ERPA），为国内首单财务顾问协议

（2）市场参与者结构优化。低碳金融市场参与者结构衡量对象主要是参与者主体规模和投资者类型。金融市场参与者是构成金融市场发展的基础，也是金融市场能够发挥功能的基本前提。多元化的市场参与主体和投资者作为金融市场的重要组成要素，能够活跃金融市场，促进交易的有序进行，反映出金融市场结构的变迁。

随着对低碳金融认识的不断加深，低碳金融市场参与主体不断发展壮大。低碳金融的市场参与者类型日益丰富、主体规模逐渐扩大，投资者更趋多元化。低碳金融市场层次的丰富，进一步提高了运行效率，使得低碳金融日益成为各类市场主体进行投融资活动的主要平台。这主要表现在两个方面：首先，低碳金融市场的参与主体日趋多元化，商业银行、国内外投资银行、保险机构、风险投资、基金等进一步涉足低碳金融，低碳金融的发展渐渐形成了以金融机构为主体，多种类型机构投资者共同参与的多层次市场；其次，国内金融机构的参与规模逐渐扩大、参与类型日益丰富。据统计，截至 2010 年底，国内共有 60 多家金融机构宣布开始执行绿色信贷政策，在全国范围内积极开展低碳金融业务。以兴业、浦发银行为首，其他国内商业银行如工商银行、招商银行、金融机构纷纷行动起来。政策性银行如国家开发银行等也探索出针对清洁技术开发和应用项目的各种融资创新方案，并逐步参与到低碳金融市场中来。国内低碳金融市场的参与者、参与类型如表 3-9 所示。

表 3-9 国内碳金融市场参与者一览

市场参与类别	参与主体	首次参与时间	参与内容
银行	商业银行	2006 年 5 月 17 日	兴业银行与国际金融公司合作，率先在国内推出“能效贷款”产品，以国际金融公司认定的节能、环保型企业和项目为基础发放贷款，国际金融公司则为贷款项目提供相关的技术援助和业绩激励
	政策性银行	2008 年 8 月	国家开发银行与南方水泥签订了开发性金融协议，支持南方水泥开展产业整合
碳基金	公募基金	2007 年 7 月 20 日	中国石油天然气集团先期注入 3 亿元，在中国绿色基金会下设立中国绿色碳基金，专门用于开展植树造林固定二氧化碳的活动
	私募基金	2010 年 3 月 31 日	浙商诺海低碳基金主要投资于低碳经济领域的节能、环保、新能源等行业的高成长性企业
风险投资	国内风险投资公司	2010 年 3 月	深圳产权交易所、中国风险投资公司、澳银资本合作成立低碳减排基金，其中 40%用来做碳交易，60%用于做相关的股权投资
保险机构	汽车保险公司	2009 年 8 月 5 日	天平汽车保险出资 27.8 万元，购买了奥运期间北京绿色出行活动产生的 8026 吨碳减排指标，用于抵消公司从 2004 年成立至 2008 年底运营过程中所产生的碳排放量，成为国内首家自愿购买碳减排量实现“碳中和”的企业

资料来源：根据各金融机构公开信息整理。

（3）碳交易市场结构优化。低碳交易市场结构分为一级低碳交易市场和二级低碳交易市场，其中一级市场是指排放权的初始分配，即产品产生核准阶段，由于目前国内尚未推广强制减排交易，低碳交易一级市场主要是指基于项目减排额的产生阶段，如 CDM 机制下 CERs 的产生核准阶段；二级市场是指初始分配后的自由交易市场，主要涉及以初始分配为基础的产品的交易流通阶段。

在金融市场发展过程中，各个子市场之间是相互联系、相互配合、相互促进和相互支撑的，这就要求各子市场及其组成要素之间应当保持适当的比例关系。低碳交易二级市场作为一级市场的必要补充，是实现排放权优化配置的关键环节，规范有序的碳交易二级市场（流通市场）对提高交易的效率是必要的。根据《京都议定书》的规定，我国在发展初期不需要承担减排义务，是碳排放净供给方，导致了国内低碳交易的一级市场潜力很大，而二级市场在初期基本没有发展。一级市场的发展中，由于国内相关配套设施的欠缺，使得中国企业在国际碳交易中缺乏定价权，巨大的潜力并没有得以充分利用，反而成为了廉价的"卖炭翁"。这种一、二级市场不完备的现象导致了国内低碳金融市场结构相对恶化，不利于我国低碳金融的国际竞争和博弈。随着低碳交易的持续发展，国内二级市场也逐渐从无到有，出现了多单交易。经过收集资料，可归纳出目前国内低碳交易二级市场主要的交易情况如表 3-10 所示。

表 3-10　国内碳交易二级市场主要交易概况

交易时间	交易地点	交易概况
2008 年 12 月 23 日	天津产权交易所	天津弘鹏有限公司以每吨 3100 元的价格竞购成功 50 吨二氧化硫排放权指标，为国内第一笔基于互联网的二氧化硫排放指标电子竞价交易
2009 年 8 月 8 日	北京环境交易所	奥运会"绿色出行"活动产生的碳减排指标其中的 8026 吨指标被天平汽车保险公司以 27.7 万元的价格购买，这是中国国内第一单自愿碳减排交易
2009 年 11 月 17 日	天津产权交易所	上海济丰名义在自愿碳标准 APX 登记处注销一笔 6266 自愿碳指标，抵消该公司自 2008 年 1 月 1 日至 2009 年 6 月 30 日期间产生的碳排放量，这是国内第一笔由交易所组织的基于碳足迹盘查的碳中和交易
2009 年 12 月 27 日	上海环境能源交易所	海润烨环保科技有限公司通过该交易所平台成功购买福建屏南县亭头港水电站项目所产生的自愿减排量 24046 吨，这是国内单笔最大碳中和交易

资料来源：根据各交易所公开信息整理。

（4）直接融资规模增加。低碳金融市场融资结构直接关乎着我国低碳金融发展。当前，我国低碳金融市场融资结构仍以金融机构间接融资为主，其中商业银行信贷投入占比过高，直接融资市场仍处于萌芽状态，亟待成长发展，形成低碳金融市场融资的另一主要动力。过高的商业银行信贷投入一方面增加了银行的信贷风险，导致了银行短存长贷流动性风险和经营风险；另一方面，在以间接融资为主的低碳融资结构中，政府对市场干预过多，弱化了市场运作机制，使投资者缺乏合理的投融资渠道，无法依据不同的风险偏好选择投资对象，企业也无法根据市场资金的供求变化选择有利的融资策略，从而降低融资成本。

近年来，以基金、股票、信托等直接融资方式的低碳金融发展日益增多。截至 2010 年 4 月底，已有资料统计表明，国内现运营的碳基金共有 7 只，其规模、成立发起主体如表 3-11 所示。2009 年以来，以风电、太阳能、核电和新能源汽车为代表的低碳产业形态跃入投资者视野，作为节能减排、优化能源结构和承担产业结构调整的重要角色，其广阔的市场应用前景和发展空间受到资本市场的持续关注。大量新能源公司、通过资产重组向低碳转型的上市公司在低碳板块形成规模，受到投资者的追捧。截至 2011 年 1 月，我国股票市场上低碳概念股已达 370 只，总市值达 32437.2 亿元人民币。2010 年 6 月，北京环境交易所公布了第一个反映中国低碳产业发展和证券化程度的指数，成为中国低碳产业发展和企业投融资的风向标。

表 3-11　我国碳基金情况

名称	成立时间	发起主体	规模	主要投资项目
中国碳基金	2006 年	英国 MTM 投资合伙人有限公司、碳资本市场有限公司、国际能源与环境中心	5 亿美元	中国大陆以水电、风电、垃圾填埋发电等清洁能源和可再生能源利用为主的温室气体（GHG）减排项目
中国绿色碳基金	2007 年 7 月	国家林业局、中国石油天然气集团公司、中国绿化基金会等	3 亿元人民币	以积累碳汇为主要目的的植树造林、森林经营管理、生物多样性保护及其他相关项目
中国清洁机制发展基金	2007 年 11 月	国务院批准财政部设立	—	减缓气候变化、服务于基金可持续发展业务运行的金融活动
中华环境保护基金会	1993 年 4 月	在政府的支持下成立	800 万元人民币	资助和开展保护环境等活动及项目
北京环境保护基金会	1996 年 8 月	在政府的支持下成立	400 万元人民币	组织开展有利于环境保护事业的活动
光大江阴新能源（低碳）产业投资基金	2010 年 2 月	光大控股（江苏）投资有限公司	30 亿元人民币	中国（该基金将专门从事新能源、资源及关联企业的股权投资项目）
浙商诺海低碳基金	2010 年 4 月	浙江浙商创业投资股份有限公司	2.2 亿元人民币	主要投资于低碳经济领域的节能、环保、新能源等行业的高成长性企业

资料来源：根据各碳基金官方网站整理。

二、低碳金融政策稳步推进

1. 绿色信贷政策逐步成熟

（1）国家层面的信贷政策。1995 年推出的《关于运用信贷政策促进环境保护工作的通知》、《关于贯彻信贷政策与加强环境保护工作有关问题的通知》是绿色信贷政策的里程碑，推动了绿色信贷章程的快速完善。特别是 2007 年以来，国家环境保护总局（简称国家环保总局）会同中华人民共和国银行监督管理委员会（简称银监会）、中华人民共和国保险监督管理委员会（简称保监会）、中国证券监督管理委员会（简称证监会）等金融监管部门不断推出“环保新政”（见表 3-12），相继出台“绿色信贷”、“绿色保险”、“绿色证券”等“绿色金融”产品，从而在中国掀起了一场“绿色金融”风暴。

表 3-12　国内绿色信贷宏观政策

部门	时间	绿色信贷政策
国家环境保护总局	1995 年 2 月	《关于运用信贷政策促进环境保护工作的通知》
中国人民银行	1995 年 2 月	《关于贯彻信贷政策与加强环境保护工作有关问题的通知》
	2007 年 7 月	《关于改进和加强节能环保领域金融服务的指导意见》
国务院	2005 年 12 月	《关于落实科学发展观加强环境保护的决定》
中国人民银行和国家环保总局联合	2006 年 12 月	《关于共享企业环保信息有关问题的通知》
国家发展改革委员会同 17 个政府部门	2007 年 6 月	《中国应对气候变化国家方案》
中国人民银行与国家环保总局、中国银监会联合	2007 年 7 月	《关于落实环保政策法规防范信贷风险的意见》
	2009 年 11 月	《关于全面落实绿色信贷政策进一步完善信息共享工作的通知》
原国家环保总局	2007 年 10 月	《首次申请上市或再融资的上市公司环境保护核查工作指南》
中国银监会	2007 年 11 月	《节能减排授信工作指导意见》
原国家环保总局与世界银行国际金融公司	2008 年 1 月	《绿色信贷环保指南》
中国人民银行上海分行	2008 年 4 月	《上海市信贷投向指引（2008 年修订）》
全国人大常委会	2008 年 8 月	《中华人民共和国循环经济促进法》
中国人民银行定西市中心支行	2009 年 4 月	《关于开展“绿色信贷”支持节能减排工作的指导意见》
中国人民银行、中国证监会、银监会、保监会联合	2009 年 12 月	《关于进一步做好金融服务支持重点产业调整振兴和抑制部分行业产能过剩的指导意见》

资料来源：根据财经频道网、新华网等整理。

(2) 区域层面的信贷政策。随着国家一系列绿色信贷政策的出台，各地方政府、中国人民银行、环保局、银监分局、环保厅等单独或者联合起来，响应号召，抓住低碳热潮，促进低碳金融制度建设的完善发展，如表 3-13 所示。

表 3-13　国内绿色信贷区域性政策

部门	时间	绿色信贷政策
河北银监局、省环保厅联合、中国人民银行石家庄中心支行	2007 年 5 月	《河北省绿色信贷政策效果评价办法(试行)》
榆树市环保局与中国人民银行榆树支行	2008 年 1 月	《关于加强环境保护防范企业信贷风险的意见》
	2009 年 4 月	《关于加强信息交流进一步落实“绿色信贷”制度的意见》
	2010 年 2 月	《关于落实“绿色信贷”制度，打造绿色金融环境的意见》
余杭区环保局与中国人民银行余杭支行	2008 年 3 月	《关于严格信贷要求促进污染减排的实施意见（试行)》
环保局、银监分局、徐州市人民银行	2008 年 8 月	《关于推进绿色信贷工作的意见》
北京市委、北京市人民政府	2008 年 4 月	《关于促进首都金融业发展的意见》
镇江市人民政府	2008 年 5 月	《推动“绿色金融”发展的指导意见》
泰安市环保局	2009 年 5 月	《推进“绿色信贷”具体办法》
中国人民银行石家庄中心支行、河北银监局、河北省环保厅联合	2009 年 7 月	《河北省绿色信贷政策效果评价办法(试行)》
湖南省环境保护厅会同有关部门	2009 年 12 月	《湖南省省级开发区、工业园推进规划环评的措施规定》
	2010 年 1 月	《湖南省推进规划环评实施办法》
四川省环保厅	2010 年 3 月	《四川省钢铁行业节能减排技术与能效投资潜力研究报告》
山西省有关部门与中国人民银行太原中心支行	2010 年 12 月	《山西省绿色信贷政策效果评价办法(试行)》

资料来源：根据财经频道网、新华网等整理。

(3) 各银行机构绿色信贷政策层出不穷。在国家和地方政府机构的指引下，各银行机构也紧紧跟着低碳步伐，牢牢抓住这一商机，出台了一大批绿色信贷政策和促进低碳经济发展的章程（见表 3-14)，进一步完善绿色信贷的制度建设。

表 3-14　商业银行主要绿色信贷政策

银行名称	推出时间	绿色信贷政策
兴业银行	2005 年 8 月	《能源效率融资项目合作协议》（《损失分担协议》）；对国家环保部的“信贷黑名单”“一票否决制”
中国建设银行	2006 年 5 月	《大中型客户授信审批五项基本原则》
	2009 年 12 月	《建设银行节能减排授信工作方案》
深圳发展银行	2006 年 12 月	环保“一票否决制”
	2007 年 12 月	对高耗能、高污染行业实行组合管理控制
	2008 年 7 月	《深圳发展银行节能减排信贷政策指引》
中国工商银行	2007 年 7 月	《关于落实环境保护政策法规防范信贷风险的意见》
	2007 年 9 月	《关于推进“绿色信贷”建设的意见》
浦发银行	2008 年 7 月	《绿色信贷综合服务方案》
招商银行	2008 年 9 月	严格的环保准入标准、贷前审核和贷后管理
中国民生银行	2008 年 9 月	《关于贯彻国家节能减排政策完善相关行业区域信贷政策的通知》、《关于贯彻落实银监会〈节能减排授信工作指导意见〉的通知》
	2010 年 6 月	《中国民生银行绿色信贷政策指导意见》
上海浦东发展银行	2009 年 12 月	《上海浦东发展银行信贷投向政策指引（2009 年度）》
交通银行	2009 年 12 月	《关于“赤道原则”与“绿色信贷”的基本情况》、《关于赤道原则的分析报告》、环保政策“一票否决制”
中国银行	2010 年 5 月	《支持节能减排信贷指引》；环保“一票否决制”
中国农业银行	—	环保不达标“一票否决制”；建立特色“绿色信贷”评价体系；2009 年对钢铁、水泥、有色金属、火电、煤炭等 8 个重点行业信贷政策进行了调整，并出台了造纸、汽车、水电、教育、电网 5 个行业信贷政策
华夏银行	—	一方面严格控制向“两高”行业贷款，按照国家标准限制介入“两高”和产能过剩行业；另一方面建立“节能减排专项贷款”

资料来源：根据兴业银行、中国建设银行网站等整理。

2. 直接融资政策日益完善

（1）碳基金章程逐渐完备。2010 年 11 月发改委官员表示，中国正考虑设立自己的碳基金。碳基金专门用于碳排放权的收购交易，从事节能减排的投资活动。碳基金还通过借鉴国外经验，由政府给予环保节能项目一定额度的贷款贴息；对金融机构开展绿色金融服务实行有区别的监管和税收激励；[①] 政府将每年拿出一定额度资金购买绿色金融服务，促进了碳基金

① 文婧、孙韶华：《发改委官员称考虑设立中国碳基金》，《经济参考报》，2010 年 11 月 29 日。

的快速发展。近年来，我国低碳相关的基金的成立如雨后春笋般，大大丰富了低碳金融的制度建设，如表 3-15 所示。

表 3-15 国内主要碳相关基金章程

名称	宗旨	管理模式	项目申报	基金收入	基金支出
中国绿色碳基金	宣传碳汇事业，倡导国内外企业、组织、团体和个人，通过捐资加入以积累碳汇为目的的植树造林和森林经营活动	执行理事会负责制；支持的项目实行项目管理，项目资金实行报账制或合同制管理；每年一会	碳汇项目原则上规模不少于 5000 亩；以县为单位申报，一个县只能申报一个项目；项目实施周期为 20 年	本金存入金融机构收取利息，也可购买有价证券，促安全增值	3%~10% 的管理费：1 亿元（含）以上按 3%提取，5000 万~1 亿元，按 4%；1000 万~5000 万元，按 5%；1000 万元以下按 10%
中国清洁机制发展基金	由国家批准设立的按照社会性基金模式管理的政策性基金；支持国家应对气候变化工作，促进经济社会可持续发展	由基金审核理事会和基金管理中心组成；赠款项目实行合同管理，有偿使用项目	赠款项目申请人应当是我国境内从事应对气候变化领域工作；有偿使用项目申请人应当是我国境内从事减缓、适应气候变化相关领域业务的中资企业、中资控股企业	基金使用采取赠款、有偿使用等方式；基金支出包括业务支出和基础管理费支出	有偿使用项目开发费用按照项目使用金额的一定比例提取；基础管理费支出按照基金上年末资产净值的一定比例提取
中华环境保护基金会	全国性公募基金会；资助和开展与环境保护相关的各类公益活动及项目，促进中国环境保护事业的发展	理事每届任期为五年，任期届满，连选可以连任；理事会每年至少召开 2 次会议；理事会会议须有 2/3 以上理事出席方能召开；理事会会议决议须经出席理事过半数通过方为有效	登记管理机关是中华人民共和国民政部，业务主管单位是国家环境保护总局	促进中国环保事业发展的募捐活动，接受海内外热心环保公益事业的有关组织和个人的捐赠；为增加本基金会资金而进行的基金保值、增值运作和投资活动	组织开展“中华环境奖”以及其他环境保护方面的表彰和奖励活动；资助和开展环境保护的管理、宣传教育、学术交流和培训活动及项目；开展和资助促进环境保护事业发展的国际交流与合作

续表

名称	宗旨	管理模式	项目申报	基金收入	基金支出
北京环境保护基金会	动员社会力量，为发展首都环境保护事业做贡献	基金会由 15 名理事组成理事会，理事每届任期为 5 年，任期届满，连选可以连任	开展公益资助项目，应当向社会公开所开展的公益资助项目种类以及申请、评审程序	组织募捐的收入；自然人、法人、其他组织的自愿捐赠；政府资助和政府有关部门及组织委托开展的环境保护科研、工作等专项资金；基金增值和投资、经营收益；其他合法收入	公益事业支出，不得低于上一年总收入的 70%
北京市企业家环保基金会	是资助型的非公募基金会；帮助中国民间环保组织成长，促进中国公民参与中国环保	是以 SEE 基金会支持环保 NGO 的战略目标为导向；每年 500 万~1000 万元的资金投入支持民间环保行动不指定环境议题	不指定项目手段，并且全年接收与审批，采取申请分散与审批集中相结合的方式进行运作	通过“SEE·TNC 生态奖”、“SEE 资助资金”、“绿色领导力”、“青国青城”4 个项目对全国的环保 NGO、环保人士、大学生环保社团进行项目资助、机构资助、能力建设	中国企业家资助

资料来源：根据中国绿色碳基金章程、中国清洁机制发展基金等整理。

（2）低碳概念股政策支持力度加大。根据证监会对低碳概念股的划分，主要包括三大板块：清洁能源板块、节能减排板块和中国向低碳经济、低碳生活方式转型过程中，为产业结构升级、消费生活模式转变提供相关配套支持的相关上市公司。政府也通过财政补贴、税收优惠等政策鼓励低碳概念股上市公司的运作和股票发行。

①财政补贴。为了加快低碳经济的发展，中央财政对部分低碳企业进行补贴或者奖励。例如，江西水泥收到江西省财政厅下拨的“2009 年和清算 2007~2008 年淘汰落后产能中央财政奖励资金”690 万元。另外，华茂股份和格林美公司项目列入国家发改委“十大重点节能、循环经济和资源节约重大示范项目及重点工业污染治理工程 2010 年中央预算内投资计划（第一批）”，分别获得财政补贴资金 750 万元和 630 万元。英力特在建的“电石炉节能环保改造项目”被评为 2010 年宁夏回族自治区节能减排

技术改造资金项目，石嘴山市财政局拨付该项目支持资金 300 万元。

②税收优惠。为支持节能减排，大力发展低碳经济，国家制定了相关扶持节能减排产业、限制高能耗、高排放产业发展的税收政策。对低碳概念上市公司来说，主要的税收优惠体现在企业所得税政策上，从事符合条件的环境保护、节能节水项目，包括公共污水处理、公共垃圾处理、沼气综合开发利用、节能减排技术改造、海水淡化等项目所得，自项目取得第一笔生产经营收入所属纳税年度起，第一年至第三年免征企业所得税，第四年至第六年减半征收企业所得税；企业综合利用资源，以《资源综合利用企业所得税优惠目录》规定的资源作为主要原材料，生产国家非限制和禁止并符合国家和行业相关标准的产品取得的收入，在计算应纳税所得额时，减按 90%计入收入总额；企业购置并实际使用《环境保护专用设备企业所得税优惠目录》、《节能节水专用设备企业所得税优惠目录》规定的环境保护、节能节水、安全生产等专用设备的，该专用设备的投资额的 10%可以从企业当年的应纳税额中抵免；当年不足抵免的，可以在以后 5 个纳税年度结转抵免。

（3）绿色证券立法初步见成效。2008 年初，国家环保总局出台的《关于加强上市公司环保监管工作的指导意见》。[①] 这一绿色证券的指导意见，将以上市公司环保核查制度和环境信息披露制度为核心，遏制“双高”行业过度扩张，防范资本风险，并促进上市公司持续改进环境表现；同年，北京市委、市政府正式下发《关于促进首都金融业发展的意见》，大力支持和倡导绿色信贷、绿色保险、绿色证券，鼓励和引导金融机构支持循环经济、节能减排环保项目融资；支持节能服务产业发展，限制高耗能、高污染行业贷款和企业直接融资；并选择环境危害大、最易发生污染事故和损失容易确定的行业、企业作为试点，研究建立环境污染责任保险制度。

3. 碳交易规章不断系统化

作为卖家的中国，在国际碳交易中缺乏定价权，没有话语权。为此，2008 年中国最早的三家环境权益交易机构——北京环境交易所、上海环境能源交易所和天津排放权交易所成立，开展碳交易，如表 3–16 所示。2009 年是中国低碳经济迅速发展的一年，中国的环境权益交易机构如雨后春笋般出现，如武汉、杭州、昆明、河北、大连等交易所，并伴随着大

① 张勇：《为碳交易计价是人民币成为国际货币的捷径》，《南方都市报》，2010 年 1 月 4 日。

表 3–16　三大环交所规则

名称	市场准入规则	市场交易标准	组织基础	监管机制	政策法律支持
上海环境能源交易所	需对排放权许可证交易市场的进入作必要的审检，包括市场主体的资格和排放权限的审核	“上海标准”：2009 年 12 月 6 日在上海市虹口区正式启动碳强度标准研究的试点	实行会员制，集聚各类会员，全力构筑以市场化方法推动节能减排运行的新机制	核定供求双方的具体排放权交易数额，并确认是否同意这宗排放权交易实施	《中华人民共和国环境保护法》第二十八条、《中华人民共和国水污染防治法》第十五条、《中华人民共和国大气污染防治法》第十四条、《中华人民共和国海洋环境保护法》第十一条、《中华人民共和国环境噪声污染防治法》第十六条
北京环境交易所	不得下放审批权限，严禁化整为零、违规审批	“熊猫标准”，适用于农业项目	由股东会、顾问委员会、董事会、监事会、总经理组成	未通过环境评价审批的项目，一律不准开工建设	《中国清洁发展机制基金管理办法》、《中华人民共和国节约能源法》、《中华人民共和国循环经济促进法》
天津排放权交易所	中国企业必须先向国家发改委提出申请，经过核准后，企业再通过第三方的评估合格后，并将项目报告送交联合国 CDM 执行理事会登记注册	天津的标准，适用于建筑领域	中油资产管理有限公司、天津产权交易中心、芝加哥气候交易所共同出资设立；设有董事会、监事会、总经理	开发了电子交易网络系统、温室气体自愿减排电子公示查询系统	《关于推进天津滨海新区开发开放有关问题的意见》、《关于天津滨海新区综合配套改革试验总体方案的批复》等

资料来源：根据上海环境能源交易所、北京环境交易所、天津排放权交易所网站整理。

量碳交易规则的系统化发展。2012 年 3 月 30 日，北京成为“7 个碳排放权交易试点省市”中首个宣布启动碳交易试点的城市。①

（1）环交所内部组织结构不断优化。其一，会员制的普遍实行。以组织结构为标准，环境交易所可以分为会员制证券交易所和公司制证券交易所，传统的交易所大多为会员制交易所，如上海环境交易所就是采取会员制。在所有权结构上，会员制交易所由会员所有；在治理结构上，会员制交易所属互助性组织，发扬民主，实行一人一票；在经营目标上，会员制

① 2012 年，北京市上报给国家发改委的《北京市碳排放权交易试点实施方案（2012~2015）》（以下简称《北京试点方案》）中，将有 600 余家企业（单位）被强制纳入北京市碳排放权交易。政策层面指令过渡到了对企业层面正式下达了强制交易指令。

交易所通常是非营利性的。其二，理事会和经理制度运行良好。现有的环境交易所基本上从上到下都设有股东会、顾问委员会、董事会、监事会、总经理。经理是公司日常业务的负责人，经理应由理事会或者董事会聘任或者解聘。

（2）环交所项目运行日趋规范化。环交所的项目运行从市场准入到交易过程以及到后续的监管机制，都在不断地完善制度建设。这主要表现在：第一，市场准入门槛不断提高。很多交易所对市场准入设的标准越来越严格，例如上海环境交易所需对排放权许可证交易市场的进入做必要的审检，包括对市场主体的资格和排放权限的审核；北京环境交易所规定不得下放审批权限，严禁化整为零、违规审批。第二，碳交易标准不断完善。为了争夺减排标准话语权，各环交所相继发布不同的碳交易标准，内容也越来越完善。2009 年 12 月 16 日，由北京环境交易所推出的“熊猫标准 1.0 版”，是中国作为发展中国家推出的第一个自愿减排标准，主要是研究农、林、牧、副、渔这些领域减排的标准、方法学、规则等。上海环境能源交易所 2010 年 10 月 19 日发布的“上海标准”，内容包括章程、碳减排技术标准、碳交易标准、登记注册核销流程、调解与仲裁规则等，是一个有更广泛使用领域的碳交易标准体系。第三，监管机制不断规范。由于碳交易市场是一个新兴市场，环交所的监管机制，仍在不断地摸索和进步之中。

（3）环交所所处的外在政策环境不断改善。碳交易市场离不开政策的指引，国家和地方关于减排和环境保护的政策、法律也相继出台。虽然还未制定出相关碳减排的强制性规范文件，但已经在《中华人民共和国环境保护法》、《中华人民共和国水污染防治法》、《中华人民共和国大气污染防治法》、《中华人民共和国海洋环境保护法》、《中华人民共和国环境噪声污染防治法》、《中华人民共和国节约能源法》、《中华人民共和国循环经济促进法》等法律文件中做出了明文的规定和正确的指引。

第三节　中国低碳经济与低碳金融国际接轨进程

一、低碳发展国际合作平台日益丰富

当前，中国参与低碳发展的国际合作平台主要有以下三种形式：以世界气候大会为主的各种国际气候会议、与低碳发展相关的国际论坛、专业性的国际合作平台（碳金融、低碳技术及产业等专业方面的合作）。

世界气候大会是世界各国共同探讨如何应对气候变化、实现地球可持续发展的一个国际性平台，其成效也非常显著，如达成《联合国气候变化框架公约》、《京都议定书》等条约。近年来，我国作为大国积极参加和推进世界气候会议，发挥着越来越重要的作用。在 2009 年 12 月 7 日召开的哥本哈根世界气候大会上，中国在会议期间平等协商，努力与各方密切沟通协调，会议达成不具法律约束力的《哥本哈根协议》。同时，中国也努力争取举办气候大会，体现大国责任感。2010 年 10 月 4~9 日，联合国气候变化框架公约第四次谈判在中国天津举行，[①] 是坎昆会议前最后一次多边谈判。这是中国第一次申请承办联合国气候谈判会议，展示了中国政府在气候变化问题上一直以来的积极态度。在这次会议上，中国 NGO 第一次整体亮相，将中国在低碳创新、气候变化适应等方面做出的行动，以第三方的独立视角展示给全世界。

除了积极参与世界气候大会，中国也积极举办了许多低碳经济或低碳金融的国际性论坛。2010 年 4 月 16 日，2010 年低碳发展国际论坛在深圳举行，来自中、美及中国港台地区的专家学者、企业家 400 人出席论坛就低碳交通和清洁燃油、半导体 LED 照明及节能技术、生物能源研究及技术开发、低碳发展中能源与环境的问题、低碳社区和低碳城市建设、低碳发展学术交流会进行集中讨论，本次论坛促成三项重大能源研究合作项目

---

① 林小春、熊平、刘元旭：《2010 年第四次联合国气候谈判天津开幕尽显中国诚意》，新华网，2010 年 10 月 4 日。

落户深圳。2011 年 10 月 31 日，由上海城市规划学会和复旦大学、英国东英吉利大学联合发起主办的第一届低碳城市发展国际论坛在复旦大学举行。来自低碳城市研究领域的中欧专家学者，共同探讨和研究中国城市化进程中如何借鉴国际经验，在推动中国经济的可持续发展、加快城市化进程的同时，创新性地实现低碳、节能可持续的系统设计和技术的有机结合。

在积极举办国际性低碳发展论坛的同时，专业性的国际合作平台也在加快建设。2009 年 7 月，北京环境交易所与欧洲最大的碳交易所——Blue Next 牵手合作，通过双方共建平台，中国的碳交易卖家直接面向全球公开，这对全世界 CDM 的发展将产生巨大的影响。2010 年 2 月，国家批准广东、南昌、湖北、重庆和保定 5 省市为低碳经济试点城市，积极鼓励试点地区积极开展与国际组织合作，旨在通过民间与市场层面的对话与交流，推动各国之间在应对气候变化、低碳金融创新方面的合作与业务拓展。同年 3 月，全国首个促进低碳经济技术交流的国际合作平台——泰达低碳经济国际合作平台在天津建立，该低碳经济国际合作实施机构的成立，将进一步推动中国与国际的交流与合作，充分借鉴国外先进做法，积极利用国际金融组织平台宣传我国促进低碳发展的政策与行动，与其他发展中国家分享中国发展经验。

二、低碳技术与产业合作逐渐加强

在低碳金融发展如火如荼的时候，伴随而来的是世界各国之间低碳金融联系日趋紧密。中国作为全球低碳金融的主要市场，和发达国家广泛地开展合作与交流。2009 年 11 月 18 日，中、美两国在北京发表联合声明，新能源成为最受关注的话题，双方表示将在电动汽车、清洁能源和可再生能源等方面进一步加强合作。2010 年 12 月 13 日，联合国气候变化谈判坎昆会议决议达成后的第一个工作日，北京环境交易所代表来到纽约参加第二届中美低碳经济会议，拜访了摩根大通投资银行就全球碳市场的前景进行交流学习，探讨了中国的绿色发展与实践，以及 2011 年美国气候变化政策的发展趋势以及中、美两国如何更加紧密合作领导全球温室气体减排。

随着对低碳技术的投入加大，以低碳为核心的产业也开始兴起。2010 年，首个具有外资背景的低碳基金，由瑞士 ILB Helios 集团和北京中清研信息技术研究院共同出资成立的新能源低碳基金也获得国家发改委的批准，该基金将主要用于捐助中国西部省份的新能源与低碳经济工程。2009年，中国政府确定了新能源产业的战略新兴产业地位。国家发改委将出台低碳经济振兴规划，在环保、清洁生产、振兴农业、创新文化等以新能源新材料为代表的低碳行业方面有所作为，以期发展整个低碳产业。目前，我国已成为世界上发展新能源、低碳技术最快的国家，新能源和低碳技术成为两个重要的增长极。随着低碳技术的创新和科研成果的产业化，我国必将成为在绿色投资和低碳发展方面全球的领先者。

三、低碳市场国际话语权逐步提升

1. 碳货币竞争优势增加

对于正在掀起的低碳经济热潮，业内专家指出，人民币成为碳交易货币的选择优势与日俱增。这种优势主要表现在两个方面：一是中国拥有巨大的碳排放资源。目前，中国已经成为世界上最大的碳减排指标供应国，稳稳占据世界上最大的 CDM 项目供应国的地位。据世界银行测算，发达国家在 2012 年要完成 50 亿吨温室气体的减排目标，预计至少有 30 亿吨来自购买中国的减排指标。二是人民币国际化进程日益加速。由于币值稳定及升值趋势，人民币已经成为一些国家和地区居民流通、结算、保值的重要货币。例如，马来西亚、菲律宾、韩国中央银行已将人民币作为其储蓄货币之一。这为人民币碳货币化提供了充分的竞争优势和前提铺垫。2008 年 4 月 8 日，国家发展改革委气候办《关于增加人民币为 CER 价格单位的公告》对于同年 5 月 1 日后申报的项目，[①] 申报单位采用新的行政许可事项申请表，即在填写申请表“减排量转让信息”时，除保留按美元或欧元计价的 CER 转让价格外，同时增加按填表之日汇率换算的等价人民币价格，以便专家和审核理事会在评估和审核时参考。

2. 碳议价能力得到提升

中国 CDM 项目所产出的 CERs 作为商品，价格当然会受到全球各交易市场价格的影响，但实际上这并非主要因素。鉴于欧盟市场碳货价格起伏较大，中国按自己的定价方式，规定了一个适中的 CDM 减排权价格水平。2006 年 10 月，国家发改委规定了不得低于 9.5 美元/吨的价格限制，对影

---

① 米川：《中国 CDM 现状与政策》，排污交易国际研讨会，2008 年 11 月 10 日。

响国际碳市场价格起到了一定的支撑作用。为了进一步增强中国在碳排放市场上的话语权，北京环境交易所和上海环境能源交易所也开始着手游戏规则的制定。2009 年 12 月 16 日，北京环境交易所在哥本哈根正式发布了与法国 Blue Next 合作开发的中国首个自愿减排标准——熊猫标准。[①] 上海环境能源交易所和上海人大人科学发展研究院共同制定的中国首个自主研发的自愿减排标准——《中国自愿减排标准》于上海世博会期间正式发布。该标准将率先适用于世博减排项目，应用此标准审核出来的碳减排量将具有国际权威性，为国内外市场所认可。

3. 碳预算方案获得广泛认同

"碳预算"最初是由中国专家提出的，在 2003 年"基本需求碳排放"的基础上，于 2006 年提出人均"历史碳存量"和"现实碳流量"的"碳标"方法，[②] 随后进一步发展演化为基于人均历史累积排放和保护全球气候的"碳预算方案"，并迅速得到了国内外的认可和借鉴。

2008 年波兰波兹南联合国气候会议"碳预算"专题边会后，印度、印度尼西亚和第三世界网络等发展中国家的机构对这一方案的基本思路和方法表示认同。印度资源与能源研究所和第三世界网络也提出了与碳预算类似的方案。

2008 年 11 月，中国社科院潘家华研究组在美国哈佛大学肯尼迪政府学院、华盛顿世界资源研究所等机构专题介绍碳预算方案，概念与方法构架得到原则肯定。2008 年 12 月，波兰波兹南联合国气候会议"碳预算"专题边会，美国的《科学美国人》、路透社、英国 BBC、法国《世界报》等西方主流媒体对这一方案进行了报道，给予了积极评价。[③] 2009 年 4 月，国务院发展研究中心和中国社科院的学者在澳大利亚国立大学"澳中气候论坛"上，宣讲了"碳账户"和"碳预算"方案，得到了澳大利亚学术机构和媒体的基本肯定。

2009 年初，英国政府正式推出五年碳预算管理；2009 年 8 月，德国

① 张皓雯：《中国在哥本哈根发布首个自愿碳减排标准》，新华网，2009 年 12 月 17 日。
② 杨骏、黄堃：《中国专家主张用"碳预算"方案使世界公平地减排》，新华社，2009 年 12 月 12 日。
③ 汤伟：《英国碳预算对中国的启示》，《中国科技财富》，2009 年第 19 期。

气候变化顾问委员会正式提交“预算途径”,[①] 概念与方法基本类同于中国社科院“碳预算”方案。日本政府现内阁顾问、前首席气候变化谈判代表西村善，也提出了碳预算与全球排放贸易体系的思路。瑞典斯德哥尔摩环境研究所正式加盟德国气候变化顾问委员会，主张碳预算途径。

① 潘家华、陈迎：《碳预算方案：一个公平、可持续的国际气候制度构架》，《中国社会科学》，2009年第5期，第83-98页。

第四章　中国低碳经济发展的市场机制

第一节　低碳经济发展的主要市场机制：碳排放权交易

一、低碳经济发展的核心：碳减排

走低碳发展之路，控制全球温室气体排放，减缓全球气候变暖步伐，是全球正面临的首要任务，是全球经济社会未来的发展趋势。正如导论所述，“低碳发展”是粗放式发展向集约式发展的转变，是从“低质、高耗、跃进”的发展形式向“高质、低耗、平稳”的发展形式转变。低碳经济发展与低碳发展不同，是低碳发展的一个重要组成部分，是指在可持续发展理念指导下，通过技术创新、制度创新、产业转型、新能源开发等多种手段，尽可能地减少煤炭石油等高碳能源消耗，减少温室气体排放，达到经济社会发展与生态环境保护双赢的一种经济发展形态；是经济发展的碳排放量、生态环境代价、社会经济成本最低的经济发展模式，能够改善地球生态系统自我调节能力，具有很强的可持续发展能力。它具有两个基本点：其一，它是整个社会再生产全过程（包括生产、交换、分配、消费在内）的经济活动低碳化，把二氧化碳（CO_2）排放量尽可能减少到最低限度乃至零排放，获得最大的生态经济效益；其二，它是整个社会再生产全过程的能源消费生态化，形成低碳能源和无碳能源的国民经济体系，保证生态经济社会有机整体的清洁发展、绿色发展、可持续发展。实际上，低碳经济发展的过程就是经济低碳化的过程，是整个社会再生产的碳减排过程，碳减排居于低碳经济发展的核心地位。尽管整个社会再生产过程都产生碳排放，但碳排放主要源自生产环节，尤其是高能耗、高污染、高排放“三高”企业的生产过程。因而，碳减排的重心应在促进“三高”企业的能效提升，新能源的开发与利用，减少碳排放。

减少碳排放，放缓全球气候变暖增速，有市场主导、政府行政主导两种模式选择。然而，市场本身在调节公共物品的供求方面失灵，需要政府的干预，但政府的干预不能代替市场本身的作用，过多的政府干预将导致市场效率的损失。因而，政府的作用在于制定完善的市场交易规则，包含两种规则，其一是征收碳税，进行价格干预；其二是控制碳排放总量，进行规模干预。当前，在全球范围内，除欧洲的瑞典、丹麦、意大利，以及加拿大的不列颠和魁北克在本国范围内征收碳税外，碳税的征收并没有全面铺开。但除国内碳税征收外，在全球范围内，部分国家为了削弱竞争对手，借“环境保护”的名义开始推行碳关税政策，实施新的贸易保护主义，这以美国最为典型。2009 年 6 月底，美国众议院通过一项征收进口产品“边界调节税”的法案，规定从 2020 年起，开始对进口的排放密集型产品，如铝、钢铁、水泥和一些化工产品，征收特别的二氧化碳排放关税。

当前，在全球范围内，为有效实现碳减排目标，最主要的市场机制还是碳排放权交易。从 2006 年 10 月巴克莱资本率先推出标准化的场外交易核证减排期货合同，到荷兰银行与德国德雷斯顿银行开发追踪欧盟排碳配额期货的零售产品，紧接着投资银行开始以更加直接的方式参与碳交易市场，涉足清洁发展机制的减排项目。随后，韩国光州银行作为新兴市场机构推出了“碳银行”计划，为企业减排提供咨询以及融资服务。当前国际碳交易市场形成了较为完善的交易制度、交易市场，市场容量大为扩增，据英国新能源金融公司于 2010 年 6 月发布的预测报告，全球碳交易市场 2020 年将达到 35000 亿美元的交易额。

二、碳排放交易制度

全球碳排放市场的兴起源于国际气候会议签订的《京都议定书》，在《京都议定书》的框架下逐步形成了不同国家、地区的交易制度，全球最具影响力交易制度是欧盟排放贸易体制。

1.《京都议定书》体制

《京都议定书》设定了发达国家（《公约》附录1中所列国家）在既定时期（2008~2012年）的温室气体减排目标，要求实现2012年底的温室气体排放量较1990年的水平降低5.2%；并具体规定各国应达到一定的具体目标，欧盟削减8%，美国削减7%，日本和加拿大削减6%。为降低各国实现减排目标的成本，提高减排的效益，《京都议定书》规定了三种补充性的市场机制，即国际排放权交易（International Emission Trading，IET）、联合实施机制（Joint Implementation，JI）以及清洁发展机制（Clean Development Mechanism，CDM）。IET是指附录1国家之间针对配额排放单位（Assigned Amount Units，AAUs）的交易。在《京都议定书》实施期初，各国将分配到既定的AAUs指标，之后可以按照自身的排放情况，来决定购入或卖出该指标。JI主要涉及《公约》附录1国家之间的减排单位（Emission Reduction Units，ERUs）交易。产生这种减排单位的方法主要有：建立低于标准排放量的项目（如采用低排放的技术），发展能吸收温室气体的项目（如植树造林），等等。CDM与JI机制相似，但是其仅涉及附录1国家和非附录1国家（主要是发展中国家）之间的交易。在这一机制下，发达国家可以通过向发展中国家进行项目投资或直接购买的方式来获得核证减排单位（Certificated Emission Reductions，CERs）。

2. 欧盟排放贸易体制

欧盟为了帮助其成员国履行《京都议定书》的减排承诺，于2005年1月1日正式启动了欧盟排放交易体系（EU ETS），这是世界上第一个国际性的排放交易体系。欧盟排放贸易体系的目标和功能是减排二氧化碳，它涵盖了所有欧盟成员国，一些非欧盟成员国，如加拿大、新西兰、日本也自愿加入，与欧盟成员国进行排放贸易。由于二氧化碳的排放量占全球温室气体的80%以上，所以目前欧盟交易的温室气体仅仅为二氧化碳，而不包含其他的温室气体。该交易体系采用的是总量管制和排放交易的管理和交易模式，欧盟每个成员国每年先预定二氧化碳的可能排放量（与《京都议定书》规定的减排标准相一致）。然后政府根据总排放量向各企业分发被称为“欧盟碳排放配额”（EUA）的二氧化碳排放权，1个EUA相当于1吨二氧化碳当量。如果企业在期限内没有使用完其配额，则可以“出售”套利。反之，如果企业超出了其获得的配额数量，就必须到市场上购买排放权，否则就会被处以重罚。通过类似银行的记账方式，配额能通过电子账户在企业或国家之间自由转移。

EU ETS 交易安排分为两个阶段。EU ETS 第一阶段是 2005~2007 年。因为不处于《京都议定书》规定时间段，所以在这个阶段是不用开展 CERs（核证减排量）交易的，但是开始 EUA（欧盟碳排放配额）的交易尝试。第二阶段是 2008~2012 年。这个阶段，EU-ETS 中的工业减排除了完成规定的减排量，剩余部分被允许购买 CERs 来进行碳抵消。对于可以使用的碳抵消份额，则依据不同的国家而定。例如在法国，工业减排中有权力在配额中使用 13.5%的碳抵消额度。假如从欧盟获得 EUAs 碳排放配额 100 吨/年，一旦超出这个排放额度，就只可以购买 13.5 吨的 CERs 或者 ERUs 减排量来抵消。

三、碳排放交易市场

1. 欧盟地区市场

欧洲气候交易所（ECX）。欧洲气候交易所成立于 2004 年，是芝加哥气候交易所（CCX）的全资子公司，总部在英国伦敦。ECX 是欧洲碳交易量最大的交易所，交易量占 EU ETS 交易总量的 80%。目前有欧盟配额（EUA）和注册减排量（CER）两种碳信用额度。ECX 于 2005 年、2006 年相继推出了 EUAs 的期货交易和期权交易，并于 2008 年推出了 CERs 期货与期权，成为国际新型碳金融工具的龙头，吸引了高盛、摩根士丹利。

（1）北欧电力交易所（Nord Pool）。北欧电力交易所位于挪威，是世界上第一个跨国的电力交易所，是欧洲从事碳排放权现货、期货交易的主要交易机构之一。Nord Pool 是欧盟排放交易体系中第一家推出 CERs 期货合约的交易所。

（2）欧洲能源交易所（EEX）。欧洲能源交易所是由德国 2002 年成立的，主要从事能源贸易、电力、天然气、二氧化碳排放限额和煤炭的现货及期货交易。2007 年 EEX 与欧洲期货交易所合作，实现了 EUAs 的期货和期权交易以及 CERs 的期货交易。

（3）其他交易机构。除上述主要的三个交易平台外，法国的 BlueNext 碳交易市场、荷兰 Climex 交易所、奥地利能源交易所、意大利电力交易所以及伦敦能源经纪协会等也开展了碳排放权的交易业务。

2. 北美地区市场

北美地区是全球温室气体排放量最大的地区之一，但由于美国尚未签署《京都议定书》，因此始终未能形成像欧盟那样统一的排放贸易体系，主要包括美国几个自愿型的交易市场和加拿大的减排市场。

（1）芝加哥气候交易所（CCX）。芝加哥气候交易所创立于2000年，是全球第一个也是北美地区唯一的自愿性温室气体减排交易机构。目前其拥有来自航空，电力、环境、汽车、交通等行业的200多个会员公司，其中包括5家中国会员公司。CCX拥有比较完备的碳金融产品，如CER期货、EUA期货与CER期权，涵盖了CO_2、CH_4、N_2O、HFCs、PFCs、SF_6等6种温室气体。

（2）绿色交易所（Green Exchange）。绿色交易所于2008年3月正式开始进行交易，是由纽约商品交易所、市场演进公司、摩根士丹利资本集团、瑞士信贷集团等公司共同设立的，也是一个自愿型的市场。绿色交易所提供的交易产品除EUA与CER的期货、期权外，还提供符合自愿减排标准的经核查的温室气体减排量（VER/VCU）。

（3）蒙特利尔气候交易所（MCEX）。蒙特利尔气候交易所是加拿大首家CO_2排放配额交易机构，由蒙特利尔股票交易所和CCX于2008年2月共同投资建立，并于2008年5月推出了首个碳期货交易。

（4）美国一些州或区域性的强制减排计划。这主要包括东北部地区的区域温室气体行动计划（RGGI）、西部地区的西部气候倡议（WCI）以及中西部地区的温室气体减量协议（MGGA）。

3. 亚太地区市场

亚洲和太平洋地区的碳市场交易虽然没有欧美地区成熟和发达，但近年来发展也十分迅速。

（1）澳大利亚。澳大利亚的排放贸易体系主要有新南威尔士温室气体减排计划（NGAS）、澳大利亚气候交易所（ACX）、澳大利亚金融与能源交易所（FEX）等。新南威尔士温室气体减排计划于2003年正式启动，是全球最早强势实施的减排计划之一。澳大利亚气候交易所于2007年7月正式投入运行，是澳大利亚第一家电子化排放交易平台。澳大利亚金融与能源交易所则定位于亚太地区的能源、商品、环境以及金融衍生产品。

（2）印度。印度走在发展中国家开展碳交易的前列，可以说是建立了发展中国家真正的碳交易所。目前，印度的多种商品交易所（MCX）和国家商品及衍生品交易所（NCDEX）均推出了CER期货交易，MCX还推出了EUA期货。2008年，在全球八大主要交易所中，多种商品交易所的CER期货及远期合约成交量仅次于ECX和Nord Pool，排名第三位。

（3）日本。日本的减排行动以自愿为主，国内没有形成统一的排放贸易体系和强制的减排目标。1997年，日本经济团体联合会执行了环境资源行动计划（KVAP），计划覆盖34个行业82%的工业排放。在日本的自愿行动计划中，可以无限制的使用3种信用指标单位，包括一级CER、二级CER以及ERU。2008年10月，由日本电力交易所（JEPX）筹备的日本试验排放交易体系启动。

4. 其他新兴市场

随着碳排放权市场的不断深入发展，近两年来全球各地涌现出了许多新兴力量，进一步丰富了国际碳排放权市场。

（1）新加坡。新加坡开展碳交易的交易所有两家。一是新加坡商品交易所（SICOM），该交易所是亚洲首家提供单一平台买卖多种产品的国际商品交易所，提供碳排放额度的期货和期权交易。二是新加坡碳交易所（ACX）。改交易所进行远期合约或已签发的CERs或VERs的拍卖。

（2）新西兰。新西兰于2010年2月1日正式宣布了该国未来10年的碳减排计划（NZ ETS），证实到2020年，使该国二氧化碳排放量与1990年的水平相比，减少10%~20%。由新西兰证券交易所和新西兰主要能源公司高层也在积极筹建碳排放权交易市场，交易《京都议定书》规定的碳排放指标和《京都议定书》外的志愿碳排放指标。

（3）韩国。目前，韩国成立了韩国碳金融公司（Korean Carbon Finance，KCF）。它由韩国投资安全部门和私募股权投资公司创建，主要负责由联合国清洁发展机制项目（CDM）及由韩国政府为使韩国企业主动减少碳排放而起草的减少排放认证CERs）。此外，韩国还有Foosung和Hu-chems两家签署《联合国气候变化框架公约（UNFCCC)》的公司，它们一直致力于减少碳排放量项目，分别在CER数量中排第二位和第三位，约占全国总量的20%。KCF与这两家公司积极合作，在提供CER认证上进展顺利，在国内外交易市场上获得竞争优势。

（4）巴西。巴西的碳交易主要是CERs的拍卖。由巴西唯一的交易所巴西期货交易所经营，该期货交易所也是拉丁美洲合同交易量最大的交易所。

5. 中国市场

近几年，我国积极探索碳排放权交易的市场机制。2008 年上海环境能源交易所、北京环境交易所、天津排放权交易所相继成立，迈出了构建碳排放权市场的第一步。

（1）上海环境能源交易所。上海环境能源交易所成立于 2008 年 8 月是在国内首个环境能源领域各类权益交易的平台。它主要从事组织节能减排、环境保护与能源领域中的各类技术产权、减排权益、环境保护和节能及能源利用权益等综合性交易以及履行政府批准的环境能源领域的其他交易项目和各类权益交易鉴证等。上海环境能源交易所已启动在上海市虹口区的碳强度标准研究试点工作，并于 2010 年 1 月 21 日开通了世博资源减排平台。

（2）北京环境交易所。北京环境交易所与上海环境能源交易所同天成立。它主要从事 CDM 信息服务与生态补偿（VER）、节能环保技术转让与投融资、排污权与节能量交易。北京环境交易所联合法国 BlueNext 交易所与美国纽约证券交易所启动了国内首个自愿减排标准——熊猫标准的开发研究。该标准从中国基本国情出发，致力于为中国碳减排项目提供一套完整的项目开发工具和规则体系。该标准将首先从农业、林业等行业出发，逐步向交通、建筑等节能减排领域拓展。2009 年 6 月，北京环境交易所与 BlueNext 签署战略合作协议，同时与美国纽约证券交易所、世界自然基金会、美国环保协会等建立了良好的合作关系。2009 年 8 月，北京环境交易所促成了国内首笔自愿减排交易。

（3）天津排放权交易所。天津排放权交易所是全国第一家综合性排放权交易机构，由中油资产管理有限公司、天津产权交易中心和 CCX 共同投资组建。它主要致力于开发二氧化硫、化学需氧量等主要污染物交易产品、能源效率交易产品以及提供温室气体信息服务平台和相关咨询服务。2009 年 9 月，天津排放权交易所联合天津经济技术开发区管委会、中国人民银行金融研究所联合发起了“企业自愿减排联合行动”，并与中国人民银行金融研究所等成立了中美低碳金融研究中心。2009 年 11 月，天津排放权交易所以上海济丰纸业包装股份有限公司的名义在 APX 登记处注销一笔总额为 6266 自愿碳指标，以抵消该公司自 2008 年 1 月 1 日至 2009 年 6 月 30 日期间产生的碳排放量，完成国内首笔基于碳足迹盘查的碳中和交易。

（4）香港交易所。2009年6月，香港交易所刊发了《核证减排期货咨询文件》，咨询香港发展排放权交易平台的商业可行性。同年8月，该所完成了第二期核证减排期货咨询。

此外，在全国各省市也涌现了大量的环境交易机构，如大连环境交易所、昆明环境能源交易所、长沙环境资源交易所、湖北环境资源交易所、广东省环境权益交易所、陕西环境权益交易所等。虽然国内的环境资源交易所风起云涌，但是这些交易所都只是企业的行为，只能从事清洁发展机制下的交易，交易均不是标准化的合约，与国外的碳交易所有很大差距，在国际市场上缺乏定价权，与我国在碳市场上的重要地位严重不符，国内统一碳市场的建立任重而道远。

第二节　碳排放权市场的流动性

流动性最早是一个物理学概念，指物质状态改变的难易程度。随着经济金融的发展，流动性逐渐被引入经济领域中，1936年，凯恩斯最早提出了流动性这个名词，但迄今为止，经济学界对流动性还没有一个明确的统一的定义。从现有的研究来看，目前对流动性的定义主要有两种。第一种是基于宏观经济学角度的流动性，即凯恩斯对流动性的解释，指在经济体系中货币投放量的多少。第二种是基于金融市场微观结构理论的流动性，主要包括金融市场的流动性、金融机构和企业的流动性以及金融资产的流动性三种。以金融市场微观结构理论为基础的流动性的解释一般包括速度（Immediacy）、宽度（Width）、深度（Depth）、弹性（Resiliency）等四层含义，即经典的流动性四维理论。流动性的四个维度从不同的角度分别衡量了流动性的特征，但它们并不是独立的，四者之间相互影响。如速度是以宽度为前提的，也就是说交易的及时性必须有尽可能小的交易成本为保障。同时，速度和宽度的衡量又必须是在一定深度的限制。这就意味着如果进行大额交易，交易时间和成本都大幅提高，或者在快速、低成本的条件下，只能进行小额的交易都不能说该市场具有很高的流动性。弹性则综合反映了流动性的时间和价格因素。因此，一个流动性较好的市场应该兼具这四个方面的特征。

一、碳排放权市场流动性的内涵

1. 碳排放权市场流动性的界定

碳排放权市场目前主要是一个以期货交易为主的市场，因此对其内涵的界定，主要参照期货市场对流动性的解释，并结合碳排放市场的特点进行。目前理论界中期货市场流动性的定义，主要以金融市场微观结构理论为基础，围绕流动性的四个维度展开。例如，Joost M. E. Pennings 和 Raymond M.Leuthold（1998）将其定义为交易者可以迅速地买卖期货合约，并且交易对市场价格基本没有影响。Joel Hasbrouck（2000）则认为期货市场的流动性是交易者所支付的成本与他们的交易对资产价格的影响的结合。国内研究方面，郭晓利、李慕春（2001）认为期货市场的流动性是指市场消化供求变化而不引发价格大幅度波动的能力。董宛生等（2001）则将市场流动性的定义为在期货合约价格没有明显波动的情况下，交易者按照自己的意愿迅速达成交易的难易程度。对于碳排放权市场，笔者认为，市场参与者能够以较低的交易成本，及时地完成一笔或数笔排放权的交易，且该交易不会引起市场价格的大幅波动，则这个市场的流动性较好。

2. 碳排放权市场流动性的衡量

目前，国际碳排放权交易市场有现货、期货和期权三种交易方式，而交易量和影响力最大的是期货交易。2005 年，欧洲气候交易所（ECX）最早推出了期货产品。类似于其他大部分国际期货市场，碳排放权交易的期货市场也是一个做市商市场，采用报价驱动的交易机制，也就是说做市商在交易时间内连续提供买卖双方报价，投资者在提交委托单之前可以获悉做市商报出的买卖报价，并按照买卖报价决定是否与做市商进行交易，而做市商则不断地调整买卖价差，避免交易过程中出现损失甚至破产。这种买卖价差的变化轨迹，就是碳排放权市场流动性的形成基础。

由此可见，碳排放权市场流动性的供应方是做市商，需求方是其他交易者，提供流动性的方式则是根据其对交易者指令流的预计设定买卖价差。因此，价差是本书衡量碳排放权市场流动性的重要方面。此外，作为一个新兴的期货交易市场，交易量的大小也是衡量市场发展程度的重要方面。据此，本书采用价量结合的方法，围绕碳排放权市场流动性内涵，从宏观和微观两个角度分别对该市场的流动性进行分析。前者是指排放权市场流动性的整体发展水平，主要考察碳排放权市场的交易活跃程度和交易难度，如成交量、持仓量、换手率的大小。根据这些指标的变化幅度，总体上把握排放权市场的流动性发展特征与市场的成熟程度。后者是指排放权市场流动性的微观特征，主要通过考察期货合约的特征来反映整个市场的发展程度，以及各种因素对合约流动性的影响。

二、碳排放权市场的宏观流动性分析

1. *碳排放权市场宏观流动性的演变过程*

根据欧盟碳排放体系（EU ETS）对成员国不同时期碳减排的不同规定，本书将碳排放权市场的发展划分为实验阶段（2005~2007 年）、京都时期（2008~2012 年）和后京都时期（2013~2020 年）三个阶段。在市场形成的初期，也就是试验阶段，市场的供应者和需求者几乎都是有减排义务的企业，而合约购买者的最大目的是在未来获得更多的碳排放权，较少有投资者参与其中，并将其视为一种投资工具进行买卖。此外，由于碳排放权期货的新颖性、超前性，短时间内还不能被大众所熟知，交易也只能在小范围内开展。因此，在碳排放权期货合约交易的初期阶段，市场的需求与供给均比较低迷，交易难以活跃，合约的丰富程度、交易数量和交易金额都很小，碳排放权期货的金融产品的属性受到抑制，金融工具的功能如投机、套利、避险等功能得不到发挥，市场的流动性自然就很低。然而，进入京都时期后，随着市场的逐渐成熟以及《京都议定书》中减排目标的逼近，碳排放权市场日渐被人们所知，越来越多的投资者发现了该市场蕴藏的巨大价值，纷纷涌入市场，合约的需求者不再局限于承担减排义务的企业，交易的目的也不单纯是获得碳排放权，更多的是趋向于投机、套利和避险等。碳排放权期货的金融产品属性逐渐凸显，需求量越来越高，交易也日渐活跃，交易的范围也日益扩大，成交量和成交金额以较快的速度开始增长，而且伴随着市场的发展，合约品种也越来越丰富，市场的流动性显著提高。

2. *影响碳排放权市场宏观流动性的因素分析*

目前，虽然碳排放权交易市场的成交量和成交金额在增长，但是与其他金融市场相比，碳排放权期货属于一个新兴的产品，大多数投资者持观望的态度，发展规模与速度较慢。同时，不同于其他传统期货合约，碳排放权期货的标的资产是各国政府根据一定法律协定分配的一项具有上限的排放权，市场的供给与需求运营受到当局政府的限制，具有较大的政治风险，这在很大程度上，又抑制了众多投资者的参与热情。最后，由于排放权市场的期货交易才刚刚开始，短短不过5年，正处于成长的时期，交易机制、产品设计必然还有很多缺陷，信息不能得到充分反馈，这些都会降低整个市场的流动性。尽管制约碳排放权市场宏观流动性的因素很多，但目前，国际气候政策的走向与排放权市场分割的局面是碳排放权市场流动性不足的主要原因。

（1）国际气候政策。碳排放权市场的产生与国际气候政策的制定密切相关，其合约的标的物是各国政府根据国际气候公约分配的碳排放权，其需求与供给受到政府的管制，具有较大的政治风险。因此，从这个角度看，碳排放权市场是一个政府主导的市场。假如未来某一天，各国政府因谈判失败，放弃承担现有国际公约（目前是《京都议定书》）中规定的义务，那么碳排放权就失去了存在的法律基础，变为一纸空文，也失去了货币价值，而依托于此的排放权期货合约也毫无意义。因此，国际气候政策的导向对碳排放权市场的存在与交易具有非常大的影响。目前来看，气候问题的恶化，引起了全球的重视，发展低碳经济俨然成为世界经济的主流，从《京都议定书》到“巴厘岛路线图”，世界对气候问题越来越重视，但是《京都议定书》之后，国际公约的延续性不能确定，各国政府何去何从不能知晓，特别是近期哥本哈根气候峰会谈判的失败更是增加了未来气候政策的不确定性。在这样一个大背景下，碳排放权市场的发展多少会有些保守，而投资者为避免大的政策风险，也会谨慎保守的进行投资与交易，所以整个市场的流动性不会太高。

（2）国际碳排放权市场。迄今为止，在全球已建立了欧洲气候交易所、奥斯陆北方电力交易所、法国未来电力交易所、德国欧洲能源交易所等20多个交易平台，遍布欧洲、北美、南美和亚洲市场。但是，国际碳排放权交易并未形成统一的市场。在碳交易计价和结算货币的问题上，欧元领先，美元稍显逊色。而且，不同国家或地区在相关制度的安排上存在差异，如制定及分配排放配额、受管制行业、是否接受减排单位、如何认定减排单位以及交易机制等，导致国际碳交易市场处于高度分割状态，阻碍了交易的发展，市场效率低下。此外，长期的市场分割状态，也降低了投资者的热情，直接影响了市场的活跃度。这些都降低了碳排放权市场的流动性。

三、碳排放权市场的微观流动性分析

1. 碳排放权市场微观流动性的演变过程

任何一个期货合约都有一定的期限，并且因到期日的远近不同表现出不同的特征。我们把合约从上市交易的第一个交易日到实物交割期结束的这段时间视为期货合约的生命周期，那么在这一个生命周期内，期货合约一般都要经历一个从交易不活跃到逐步活跃、比较活跃、非常活跃，继而再到比较活跃、不活跃，最终交易结束的过程，这一个过程也是期货合约流动性不断变化发展的过程。因此，把期货合约在其生命周期里的变化发展过程视为其流动性的一个周期过程。也就是说，期货合约的流动性也会经历一个类似于生命周期的从初生到成长到鼎盛，继而萎缩，最终随着交割的结束而消失的过程。

碳排放权期货作为一种新兴的金融衍生工具，理论上应当具备一般金融市场与期货市场的特征。据此，我们依据时间的推进，把碳排放权期货合约的流动性周期划分为初生、成长、鼎盛、萎缩和消失五个阶段，在不同的阶段，合约的流动性表现出不同的特征。在初生期，期货合约刚刚上市，交割日还很远，交易往往比较清淡，流动性比较差。随着时间的推移，交割日期逐渐临近，合约的交易量和未平仓合约量会逐步上升，流动性慢慢增强，也即增长期；随着又一合约交割的临近，合约的流动性达到鼎盛期，此时合约的交易最活跃，交易量和未平仓合约量均达到最高值；随后，该合约的交易量和未平仓合约量开始减少，进入流动性萎缩期；最后，在实物交割前，合约的流动性逐步消失。这就是通常所说的合约的到期日效应。然而，合约的流动性受到诸多因素的影响，因而在其生命周期内的演变速度并不是均匀的，在某些时段比较快速，某些时段却又比较缓慢。就像证券市场价格的变化一样，碳排放权期货合约的流动性也可以表现出如月度效应、周内效应、日内效应等特征。虽然，碳排放权期货合约总体表现出一种周期发展的特点，但是不同品种的合约在不同的阶段也会表现出不同的流动性特点，也就是合约的特性。

2. 影响碳排放权市场微观流动性的因素分析

碳排放权期货合约流动性的周期演变受到很多因素的影响。这包括政府宏观经济政策、突发事件等宏观层面的因素，也包括碳市场成熟度与市场微观结构等微观层面的影响因素。在宏观环境稳定的前提下，排放权期货的流动性则与市场微观结构密切相关。微观结构健全、交易制度完善的市场，稳定性好、信息披露好、有效性强、流动性高。处在成长时期的碳排放权市场在交易机制与交易制度方面，还存在一些缺陷，降低了市场的流动性。

（1）交易机制。作为一个做市商市场，国际碳排放权市场主要采用报价驱动机制，近乎 70%的碳交易在场外 OTC 市场进行。因为对于规模较大的交易而言，许多公司和银行仍愿意私下完成，以免把消息泄露给竞争对手，或是在这个刚刚起步的市场上引起剧烈波动。在报价驱动市场，做市商通过连续的双向报价可以在一定程度上维护交易量、活跃市场和稳定市场价格，从而为市场提供连续性和流动性，具有更高的稳定性，尤其是在冷门交易和大额交易方面。但是，做市商享有交易信息优势，在指令信息获得、成交信息获得等方面享有特殊权利，透明度不够，监管难度较大，容易形成对市场的垄断。此外，做市商在为市场提供流动性的同时也增加了交易成本，其报价变动、价差幅度等受到市场规定的限制，从而影响市场深度，降低了市场的流动性。例如，欧洲气候交易所（已被美国洲际交易所 ICE 收购），在其做市商计划中，做市商需承担的义务包括：①每日必须保证最小 10 个单位买入和卖出数量，其中接近 2012 年 12 月的 EUA 期货双边报价不能超过 0.08 欧元，CER 不能超过 0.15 欧元；其他临近 2012 年 12 月的 EUA 期货双边报价不能超过 0.2 欧元，CER 不能超过 0.25 欧元。②在伦敦时间 7~17 时，上述合约至少有 85%在 ICE 平台交易。

（2）合约设计。合约的设计对市场的流动性有着重要影响，包括合约规格、最小交易数量、最小变动价位、交割日期、交易方式的设计均能不同程度的影响市场的流动性。例如，如果合约的规格过大，那么实力较小的交易者则难以进入市场或构造投资组合，市场的活跃程度则降低，流动性也随之减少。小的最小变动价位则有利于价格调整到均衡价格的位置，有利于市场的价格发现功能，增强了交易者的积极性，市场的流动性得到提高。此外，合约的设计应以满足市场参与者的需求为前提，不应千篇一律，而应根据需求者的偏好与差异，设计不同类型的产品，满足不同层次、不同类型市场参与者的需要。目前，碳排放权市场交易的期货合约主要是 EUA 期货，其基本情况如表 4-1 所示。

表 4-1 ICE ECX EUA 期货合约基本规定

最小交易量	一手
最小报价单位	0.01 欧元/吨 10 欧元/手
最小/最大价格波动	0.01 欧元/无限制
合约月份	合约按季度循环上市，即 3 月、6 月、9 月、12 月合约一直持续上市到 2013 年 12 月，年度 12 月份合约 2013 年和 2014 年到期
到期日	合约月的最后一个星期一，如果最后一个星期一不是工作日或者之后的未来四天都不是工作日，那么交割月的最后一个星期一将作为最后交易日
交易系统	ICE 期货电子交易平台 WebICE 或者通过认证的独立软件供应商
交易方式	交易时间内持续交易
交易时间	伦敦当地时间 7~17 时
结算价	每日收盘时间的加权平均价（16:50:00 -16:59:59 伦敦当地时间）。如果流动性低则为结算报价
保证金	初始保证金与变动保证金由 ICE 欧洲清算按一般方式收取

注：一手为 1000 欧盟排放权，每一单位的欧盟碳排放权意味着可以排放一吨二氧化碳气体。
资料来源：欧洲气候交易所。

此外，欧洲气候交易所交易的期货合约还有 CER 期货。可以发现，目前排放权期货产品合约类型还不是非常丰富，合约的设计基本类似于一般的期货合约，有待在实践中进一步完善与提高。

（3）交易者数量与类型。交易者数量的多少与类型的差异也会影响市场的流动性。一般来说，市场成员的数量和类型越多，产生差异性的交易需求可能性越大，市场的流动性越好。相反，如果市场成员的数量较少、类型单一，市场行为同质性强，就比较难形成供需交叉的市场需求，降低了市场的流动性。目前，碳交易市场的参与者主要是大型工业温室气体排放者、国际金融机构、大型对冲基金、清洁能源科技供应商和专业经纪商、交易商以及专业服务供应商。其中，大型工业温室气体排放者占大多数，商业银行、保险公司、证券投资基金及证券公司等大型的投资机构还比较少，而且数量上，市场的参与者的总量还比较低，合约持仓主要集中在少数大机构手中，中小机构持仓数量很少，这些都在一定程度上制约了碳市场的流动性。

（4）信息透明度。透明度是指市场参与者通过合法公众渠道能够得到决策所需的各种信息的难易程度以及这些信息的完整、全面、真实和可靠的程度。在市场交易过程中，参与者一般所需要的信息包括交易价格、单位报价、成交量、市场监管以及财政、经济和金融的各种政策。透明度是改善市场信息环境的核心，对于市场交易的公平和效率具有重要意义。信息透明度高，有利于降低交易者的交易成本，有助于交易者更加理性和准确地进行投资，从而降低价格的波动性，增强市场的流动性。大量的虚假交易信息则使得投资者在判断市场价格时的难度加大，交易成本增加，市场流动性降低。目前的碳排放权市场上，排放权的核准机构与政府赞助的部分机构以及做市商往往享有信息优先权，容易造成市场信息不对称，也影响了碳市场流动性的提高。

第三节　碳排放权价格的形成机制

根据国际排放交易的分类，CDM 机制下的碳排放权交易市场由一级市场与二级市场组成。一级 CDM 市场专指发达经济体购买发展中经济体碳减排量的直接交易市场，二级 CDM 市场则指这类碳减排量交易的衍生品交易市场。CDM 一级市场的交易本质上是一种远期交易。交易过程中，买卖双方根据需要签订合约，约定在未来某一特定时间以某一特定价格购买特定数量的碳排放交易权。目前，有限排、减排需求的国家参与 CDM 项目多属于 CDM 远期项目，因为在双方签署合同时，项目还没开始运行，从而也没有产生碳排放权。CDM 二级市场，即二级交易市场，是发达国家将所获得的 CERs 核证拿到欧盟、美国等气候交易所内进行再转让，包括 CERs 现货、期货等交易的二级市场。二级市场上的 CERs（secondary CER，简称 sCER）交易也就是指 CDM 项目远期合同签订后而 CERs 尚未产出时又发生的交易，或者在 CERs 已由联合国执行理事会（Executive Board，简称 EB）签发后又发生的交易。[①] 二级 CERs 交易与一级 CERs 交易最大的不同之处在于，二级 CERs 交易中的买方不需要投入资金、技术和设备建设 CDM 项目，买卖双方都不需要承担项目建设过程中涉及的风险。当前，国内参与国际碳排放市场交易的形式主要是基于 CDM 项目提

① 戚婷婷、鲁炜：《核证减排量现货市场与期货市场的价格发现》，《北京理工大学学报》（社会科学版），2009 年 11 月第 6 期，第 71–77 页。

供的 CERs，作为 CERs 的供给角色参与国际碳排放权交易。碳排放权价格形成，简单而言，是供求平衡形成的均衡价格，而供给与需求的平衡又有它自身的形成过程，这个过程因为碳交易市场参与主体的复杂性和市场结构内部的复杂性而烦琐、多变。

一、碳排放权的需求分析

碳排放权需求是指国家或者企业在某一特定时期和一定碳交易市场上，在每一种价格水平上愿意并能够购买的碳排放权的数量，包括购买碳排放权的欲望和有支付能力两个方面。微观企业的碳排放权需求分为 3 种类型：排放额度需求、交易需求和投资需求。[①] 在三类需求中，排放额度需求是基础，具有决定性作用，交易需求和投资需求是引致需求，是由排放额度需求派生的。

1. 影响碳排放权需求的因素分析

在一种商品市场上，影响该商品的市场需求的因素一般有以下几种：消费者的收入、消费者的偏好、相关商品（替代品、互补品）的价格、消费者对商品未来价格的预期、政府消费政策等。[②] 对于 CERs 这样一种特殊的商品，影响市场需求量的主要因素包括两类：一是影响需求方配额总量的因素，包括国际气候制度、法律法规的调整，气候环境（如温度）的变化等；二是影响参与国的温室气体排放量的因素，碳排放量的多少，在很大程度上受到能源价格、经济环境以及工业生产活动等众多指标的影响。据此，两类因素的综合作用最终决定市场总需求。

（1）国际气候制度。《京都议定书》制订的第二期减排计划将于 2012 年结束，2009 年 12 日哥本哈根气候变化会议的谈判结果，即 2012 年后国际应对气候变化的体制，此结果将对欧盟、美国等议定书附件 B 国家，即发达国家和经济转型国家的气候政策的制定起着决定性作用，而这些政策正是碳市场发展的基础。2004 年 11 月 14 日生效的欧盟连接指令（EU Linking Directive），允许欧盟排放交易体系管辖的各区域或成员国从 2005

① 冯亮明、肖友智：《企业碳排放权需求变量及其影响分析》，《福建农林大学学报》（哲学社会科学版），2007 年 10 月第 5 期，第 47-51 页。

② 刘辉煌：《西方经济学》，中国金融出版社 2004 年版，第 27、30-31、33-34 页。

年起使用核证减排量（CER）来完成减排承诺，相应的，欧盟排放交易体系中也出现了以核证减排量（CER）为标的物的交易市场，这大大促进了CER的市场需求。接下来，2008年，欧盟委员会、欧盟成员和联合国气候变化公约委员会成功完成了所有联合国国际碳额度登记处的连接测试，并于当年10月16日实现了欧盟独立交易日志及其成员国家和联合国国际交易日志的连接，[①] 该连接将意味着CDM签发的碳减排额度能够直接交付到欧盟成员国的国家登记处。两个系统的连接使得欧盟各成员国能够进口清洁发展机制（CDM）项目产出的核证减排量（CER），也就是实现了EUA与CER之间的对接，CDM一级市场产生的CER可以像EUA一样在二级市场中交易。不过，EU ETS法令规定，排放配额不能跨越EU ETS的阶段使用，即2005~2007年度的配额不能在2008~2012年度使用，但在每个阶段内的各个年度可以储存并任意使用。

（2）气候变化。Carlo Carraro（2009）等指出碳排放权额度的需求主要是由经济增长和气候状况两方面决定的。[②] 可见，二氧化碳排放量的多少，或者衍生的碳排放权需求，很大程度上受气候变化的影响。如果气候变化趋于极端，必令碳排放权需求逐步提升。近几年，平均气温逐步提高，水平线升高，以及北半球雪覆盖率下跌持续的情况，正反映气候变化的情况加剧并转趋明显，很大程度上迫使更多国家加入减排机制以防止恶化，使碳排放权需求有相当的增长空间。温度是造成碳排放权需求量波动的关键因素之一，较冷的冬天与较热的夏天均使得电力及碳排放量增加，尤其是温度出现异常的变化时，能源需求会急剧提高，由此产生的温室气体也会更多，碳排放权市场需求量也随之攀升，最终引起的二级碳交易市场上CER需求量也增加。另外，降雨量也影响碳排放权的价格，水力发电行业受天气和降雨量多少等自然因素的影响较大。干旱会导致水库储水量不足，迫使生产商燃烧更多的化石燃料，以保障充足的电力供应。同时，核和化石燃料的电力生产商也受到干旱天气的负面影响，因为发电涡轮需要大量的水资源进行冷却。在2003年欧洲热浪期间，由于缺水，法国的核

① 欧盟独立交易日志（CITL）和联合国国际交易日志（ITL）是电子记账系统，它们能够记录碳市场中公司的排放配量和碳额度。CITL从2005年开始运行，是欧盟排放交易系统（EU ETS）中记录配量所有权的中心登记处。ITL记录着来自加入《京都议定书》国家的各种欧盟额度。

② Carlo Carraro，Alice Favero. "The Economic and Financial Determinants of Carbon Prices"，*Journal of Economics and Finance*，2009，59（5）：pp.396–409.

电站不得不关闭，意大利北部的燃煤电厂也被迫关闭。[①]

（3）宏观经济形势。CER 的大部分需求源自欧盟国家的企业、个人投资者或者机构投资者。如果把一个国家当做单独的消费者来看，其经济发展水平也就相当于其收入水平。因此，一国的经济活动状况也是影响 CERs 需求的主要因素。在欧盟配额体系中，各个成员国所能使用的碳抵消额度不同，但平均额度是 13%，有的国家可以是 20%，如德国，有的是 10%，如波兰。总体上，在第二阶段，整个欧洲可以每年使用 CERs（或 ERUs）信用额 2.8 亿吨。当欧盟国家经济持续增产时，电力、工业、交通运输等需求提高，这三大行业皆为碳密集部门，碳排放量约占排放总量的 60%~70%。[②] 因此，这三大行业的生产需求上升必将导致温室气体的排放量增加，最终使得碳排放权的需求也增加。相反，在金融危机爆发后，减排企业购买 CER 用以抵消减排额的数量开始减少，CER 市场上的成交量非常低。如果全球经济无法在短时间内走出金融危机的阴影，全面的排放减少将使得发达国家的议定书减排目标很容易实现，从而造成发达国家对 CER 的需求大大减少，碳市场的交易量和活跃程度将大大降低，最终导致 CER 供过于求。

（4）能源价格。能源价格主要包括电力价格、石油价格、煤炭价格、天然气价格等。二氧化碳的排放主要来自于化石能源的使用，尤其是电力、石油、天然气和煤炭。在 EU ETS 体系所涵盖的排放源当中，大约有一半的温室气体排放来自于发电厂。而且，为了防止高能耗行业，如钢铁，造纸等，受到来自国际竞争的压力，这些行业现在仍全额免费获得排放配额。欧盟向周边国家进口的电力有限，因此以化石燃料为主的电力系统成为承担减排任务的“主力军”。根据欧洲统计局的数据，目前 EU-27 各种能源发电的比重如下：核能（30%）、煤（28%）、天然气（21%）、再生能源（14%）与原油，核能与煤占比接近六成。一般而言，在市场较为成熟的条件下，天然气与原油价格为正相关，当天然气与原油价格上扬时，导致发电行业增加使用价格更为低廉的煤炭，由于每单位的煤电比天然气发电多排放超过一倍的二氧化碳，大量使用煤炭发电就意味着二氧化

① ［美］索尼亚·拉巴特、罗德尼 R.怀特：《碳金融——碳减排良方还是金融陷阱》，石油工业出版社 2010 年版，第 81–93 页。

② 魏一鸣：《中国能源报告（2008）——碳排放研究》，科学出版社 2008 年版。

碳的排放量将大幅上升，从而导致碳交易市场增加对碳排放权的需求。由此看来，煤和天然气（或石油）发电成本的差距影响着电力企业的决策，而且企业的选择决定了它们会产生多少温室气体排放，最终决定它们对减排指标有多少需求。这样一来，在碳捕获和封存技术（CCS）广泛运用之前，能源之间的价差仍将是一个影响碳排放权需求十分重要的因素，一个相对短期的化石能源价格走势将导致减排指标需求量的变化。

2. 需求因素影响碳排放权价格的机理

需求的变化是 sCER 价格波动的主要驱动因素。一般来说，能源价格、碳排放权价格预期水平、国际气候制度等因素对 sCER 价格的影响比较直接，这些因素通过直接作用于 sCER 需求量进而驱使 sCER 价格变化，其作用过程比较简单、明显。以能源价格为例，按照碳市场与能源市场供求状况的传导机制，能源价格与碳排放权价格之间应该是同向变化的。

而气候环境变化、宏观经济形势等将不对 sCER 价格产生直接影响，但它们可以通过影响其他因素进而影响到 sCER 需求，最终作用于碳排放权价格，而且传导的时间相对较长、范围广。当国家宏观经济景气时，工业生产规模增加，温室气体排放量上升，碳排放权需求量增加，sCER 价格随之上涨。例如，2009 年初，受金融危机影响，欧洲经济衰退，最终买家业务收缩，实际排放量有所下降，减排压力降低，碳信用额刚性需求减少，sCER 价格出现了倒挂，欧洲市场已经跌破发改委的最低限价 10 欧元/吨，这对 CDM 行业产生了重大的冲击。通过以上分析，需求影响价格的作用过程如图 4-1 所示。

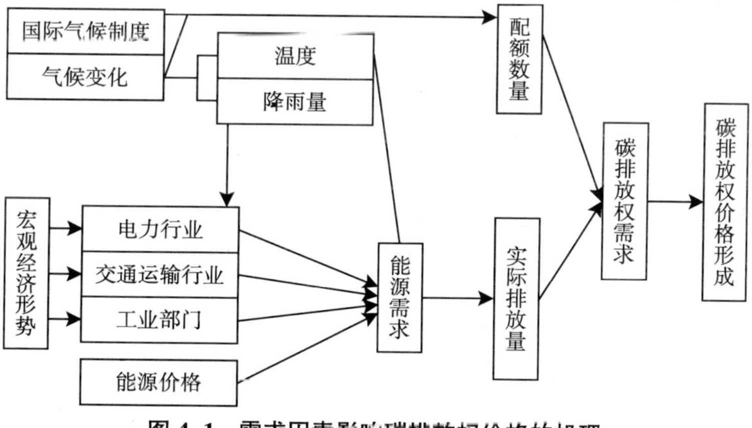

图 4-1 需求因素影响碳排放权价格的机理

二、碳排放权的供给分析

碳排放权供给是指在特定时间内发展中国家CER生产商或者发达国家减排企业愿意并有能力提供的碳减排额的数量，是温室气体减排能力和减排意愿的统一。

1. 影响碳排放权供给的因素分析

影响商品供给的因素很多，主要包括生产成本、生产技术和管理水平、相关商品的价格、生产者对未来的预期、政府的经济政策等。[①] 由于碳排放权生产行业类型呈现多元化，项目类型涉及风力发电、水电、生物质能发电、工业节能和提高能源效率、燃料替代、甲烷回收利用、低排放的化石能源发电、消除HFC-23、消除NO、造林和再造林等，[②] 因而影响碳排放权供给的因素比起影响需求的因素相对复杂。sCER的供给来源于CER一级市场，因此从宏观上，sCER的供给也就是由CDM项目开发能力和开发意愿的共同决定。开发能力主要受成本和技术因素影响，成本主要包括技术成本、交易成本和其他风险成本，而不同的项目类型开发成本具有差异性，难以进行统一核算，因此本书不单独考虑成本因素对供给的影响，而是通过CER实际签发率来综合反映市场的供给能力情况；技术主要包括CDM项目的认证技术及生产技术，由于生产技术短期内不会有大的变动，因而，认证技术是影响供给的主要因素，通过联合国CDM方法学小组会议来进行分析。开发愿望主要受CDM项目业主对碳排放权价格的预期的影响，预期sCER价格越高，利润越大，项目开发意愿也越大。但本书中没有考虑sCER价格预期对供给的影响，这是因为CDM项目业主没有直接参与二级市场，对碳交易市场的信息掌握不充分，而且CDM项目的开发周期较长，对技术的依赖性很强，这样一来，项目开发业主实际上对sCER价格预期的依赖较小，故预期对供给的影响也较小。

因此，市场上碳排放权供给量的变动主要取决于联合国CDM方法学小组会议、发展中国家（提供CDM项目的国家）的气候政策、CDM项目在联合国执行理事会的签发率等因素，此外国际气候制度通过影响市场预

① 刘辉煌：《西方经济学》，中国金融出版社2004年版，第27、30-31、33-34页。

② 中国清洁发展机制，http://cdm.ccchina.gov.cn/web/网。

期，也会影响碳排放权的市场供给量。

（1）联合国 CDM 方法学小组会议。联合国 CDM 执行理事会（EB）通过新的方法学，无疑为全球范围内 CDM 项目的开发起到了十分积极的推动作用。事实上，方法学的重要性在《京都议定书》正式生效和欧盟排放交易体系的政策明晰后将更加凸显。每一个获准通过的方法学都意味着一批项目可以自动通过同一项方法学的审核，从而节约了大量时间和成本。这必将促进 CDM 项目的发展，从而使得碳排放权供给量增加。

（2）CER 实际签发率。CDM 机制下的碳减排额是一种虚拟产品，其交易规则十分严格，开发程序也比较复杂，参与过批准后还需要经历联合国的项目审定、EB 注册、项目执行与监测预报、减排量的核查与核证、CERs 签发、转让等诸多步骤。新项目的提交是 CER 供给变化的源头，据 UNEP Risoe 的最新统计资料显示，截至 2010 年 8 月，全球 CDM 项目中，通过注册的有 2344 个（含签发）。其中，拿到签发的只有 759 个，签发率不到 40%，相对应的签发实施总量约 42.4 亿吨二氧化碳当量的 CERs。较低的签发率限制了二级 CER 市场的规模，使 sCER 供应量处于较低水平。签发率的变动在很大程度上反映了市场供给情况的变动，随着签发率的扩大，市场规模将逐渐增加。

（3）供给方政策和国际气候制度。碳排放权与其他商品一样，都受相关制度政策的影响。碳排放权市场是各国二氧化碳减排协议下的政策产物，而减排的幅度及架构由法律约束各国共同遵守，所以与其他商品市场，如石油等类似，均受政策决定及减排的运作模式所影响。一方面，当前附件 A 国家节能减排技术的研发和推广、减排政策措施的实施无疑加快了开发 CDM 市场供给潜力的步伐。在现阶段，政府制定符合节能减排总体要求的能耗标准、技术标准、排放标准、准入标准，对耗能产品和落后工艺实行强制淘汰制度；加强对节能减排新产品、新工艺的知识产权保护，完善相关知识产权政策和法律体系，保护研发单位或个人的合法利益。另一方面，国际气候政策的预期也在很大程度上会影响 CDM 项目的开发进程。从长期看，未来几年新的 CDM 项目的提交量，在很大程度上取决于有关 2012 年以后国际气候制度的谈判。[①]

---

① 庄贵阳：《中国发展低碳经济的困难与障碍分析》，《江西社会科学》，2009 年第 7 期，第 20–26 页。

2. 供给因素影响碳排放权价格的机理

一级 CDM 市场上 CER 已经成为构成 sCER 供给的一个重要组成部分，对 sCER 价格具有一定程度的影响。CER 出口国的环境政策、财政政策等将影响 CER 的供给量，进而影响 sCER 的供给，最终影响其价格。相对于碳排放权额度需求，CERs 供给量更难以确定：一方面，在 CER 一级市场上，由于受到很多风险因素的影响，其供给量很难估计。如监测不力，导致实际减排量少于预计值，或者由于市场行情的变化，导致一些买家不按时支付 CERs 款项，甚至直接毁约，这些相关问题都使 CDM 市场供给中存在产出风险。另一方面，一级市场上的 CER 流通到二级市场的数量无法精确核算。①

CDM 项目业主的开发成本是 CER 定价的首要考虑因素，对一级 CER 的价格产生最直接的影响，但是由于中国在国际碳交易市场上的议价能力较差，尚还处于卖方市场，从而成本因素的影响程度比较微弱，这种影响传导至二级市场价格的力量更加弱小。而且，由于在短期内，CDM 项目的开发成本变动不是很大，所以短期内对 sCER 价格的波动影响较小。减排技术水平的变动会影响成本和减排量，一般情况下，低碳技术的引进将影响 CER 的供给，推动 sCER 价格走低。由于技术水平变动的周期较长，因而对价格的影响也是一个长期的过程。综合上述分析，供给因素对 sCER 价格作用过程如图 4-2 所示。

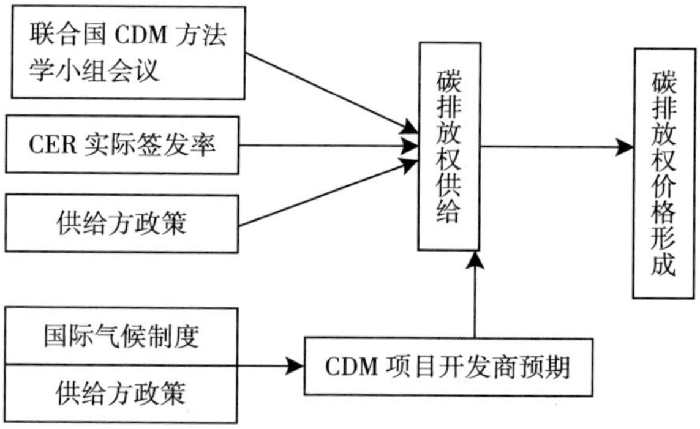

图 4-2 供给因素影响碳排放权价格的机理

① Trotignon, R., and Leguet, B.. How Many CERs by 2013. Mission Climat Working Paper, 2009-05.

三、碳排放权均衡价格的形成过程

碳排放权价格具有一般商品价格特点，其价格随着供求关系的变化由市场竞争形成，当国家宏观经济景气时，由于工业生产造成碳排放增大，对碳排放权的需求也会随之上升，需求曲线右移；当碳交易市场的供给量增大，供给曲线向右移动，碳排放权价格的波动取决于市场供给和市场需求双方的变动幅度。同时，如前文所述，碳排放权具有特殊性，价格的形成又有特殊性，主要表现在三个方面：

第一，即期内供给无弹性，价格由需求决定。由于碳排放权不能脱离温室气体减排行为而存在，而温室气体减排量在短时期内受技术或资金等约束，其供给是有限的，特别是减排量的开发程序也比较复杂。一个典型的 CDM 项目从前期准备、设计实施到最终有效减排量的认定，需要经历项目识别、项目设计、参与国批准、项目审定、EB 注册、项目实施、监测预报、减排量的核查与核证、经核实的减排额度签发等诸多步骤，周期相对较长，所以即期内 CER 的签发额度不可能发生变化，使即期内碳排放权供给出现无弹性的状态，供给曲线接近于与横轴垂直的线，碳排放权价格主要由需求决定。图 4-3 是即期内的市场供给曲线和需求曲线，初始的均衡价格为 P。当即期内需求增加时，需求曲线右移，达到新的均衡点（P′，Q），新的均衡价格 P′高于初始均衡价格 P。

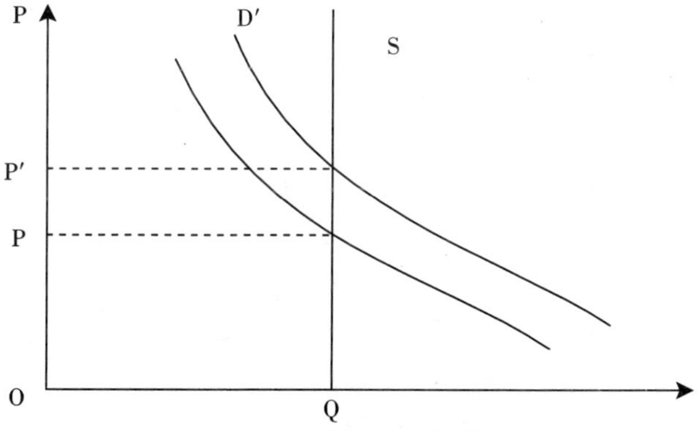

图 4-3　即期市场均衡模式

第二，短期内供给缺乏弹性，价格主要由需求决定。随着欧盟标志性的气候政策——减排交易计划（EU ETS）的实施，为了完成《京都议定书》所规定的欧盟成员国的减排目标，大多数企业开始采取一系列措施减少碳排放。除此之外，这些企业还可以从附件 B 国家购买 CER（核证减排量）来冲抵未完成的减排额，由此导致 CER 需求不断增加，需求曲线会由 D 移动到 D′，与此相适应，价格由 P 上升到 P′，交易量为 Q′，如图 4–4 所示。正是由于碳排放权价格具有不断上升的趋势，市场投机者往往会受到上一期价格和预期利益的驱使。在需求发生了较大变化的情况下，短期内可以刺激发展中国家开发 CDM 项目，通过有限增加或减少可变要素来改变供给，但受到碳排放权供给特殊性的限制，其变动的幅度不可能太大，这就导致了在短期内碳排放权价格供给弹性较小，即 $0 < ES < 1$。

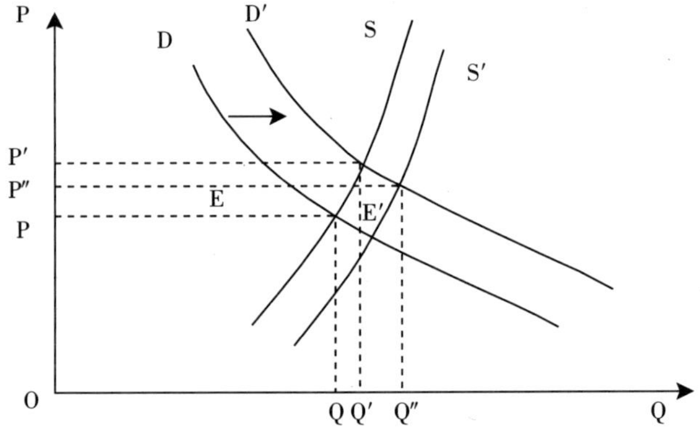

图 4–4　短期市场均衡模式

第三，长期内供给富有弹性，价格由供求变动的相对幅度大小决定。从一个较长的时间段来看，碳排放权的供给量是可以变化的，其供给是具有弹性的，即 $ES > 1$，这是因为 CDM 项目业主有一定的开发周期对需求的变化做出反应。当碳排放权需求快速减少时，即需求由 D 下降到 D′时，由于碳排放权供给变化的滞后性，此时供给曲线仍然是 S，于是碳排放权价格暂时由 P 下降到 P′，交易量为 Q″，但随着时间的推移，S 逐渐变化到 S′，碳排放权价格又会回升到 P。这时，供给曲线 S′与需求曲线 D′相交，其所决定的均衡价格为 P，交易量为 Q，如图 4–5 所示。碳排放权需求增加的情况与此类似，只是变化的方向相反。

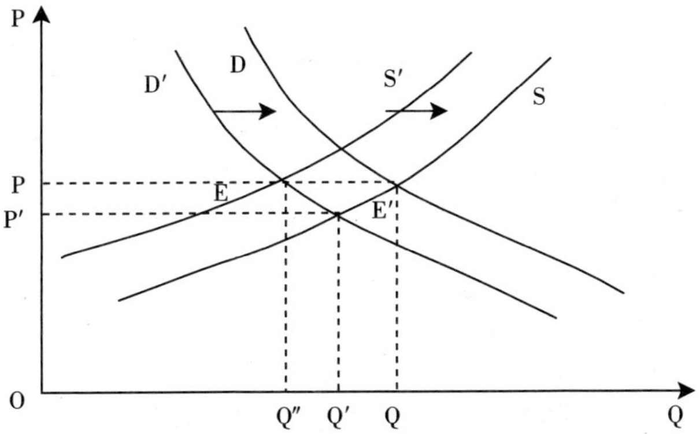

图 4-5　长期市场均衡模式

第四节　碳排放权交易的市场体系建设

当前，作为全球碳市场第二大组成部分的 CDM 市场正在迅速发展，CDM 机制为发展中国家从发达国家获得资金和技术支持，以实现其自身和全球的碳减排提供了一个很好的机会。根据《京都议定书》的规定，我国不承担强制的碳减排义务，作为全球 CDM 项目供给量最大的发展中国家，拥有较大的 CDM 一级市场份额，现阶段也正享受着 CDM 机制带来的经济利益等一系列好处。然而，正如前文所述，由于国内相关配套设施的欠缺，使得中国企业在国际碳交易中缺乏定价权，巨大的减排潜力没有得到充分利用，反而成为了廉价的“卖炭翁”。同时，随着《京都议定书》规定的期限临近，国际气候谈判将展开新一轮博弈，我国将面临强制碳减排的可能性。因而，无论是从获取碳排放合理的价格、应对国际强制碳减排要求还是我国低碳经济发展、促使产业升级等，都需要我国构建完善的碳排放权交易市场体系。为此，要制定碳排放权市场的交易规则、建立统一的碳排放权交易平台、鼓励多方主体参与碳市场交易、健全碳排放权市场中介服务体系。

一、制定碳排放权市场的交易规则

目前，我国不需要承担强制减排责任，碳减排市场潜力巨大，在全球项目碳减排市场中提供的减排量居于首位，但这种“最大卖家”的优势作用并未得到显现。一个重要原因在于，碳排放权市场交易规则都掌握在欧盟等发达国家手中，我国只能是被动地参与到国际碳排放交易市场中。要改变这种被动局面，需要我国掌握碳排放权交易市场的主动权，由我国制定交易规则，让其他国家来适应我国的交易规则。

首先，应借鉴国际经验，在相关法规中建立起严密的交易运作规则及制度。目前，我国公布了首个自愿排放标准——“熊猫标准”。“熊猫标准”是专为我国市场设立的自愿减排标准，它从狭义上确立了减排量的检测标准和原则，并从广义上规定了市场交易流程、评定机构、限定规则等，用以完善市场机制。特定项目实现的温室气体减排或者清除，只要遵循“熊猫标准”的原则、被合格的第三方机构核证，并通过注册，就可以获得相应数量的可以买卖的“熊猫标准”信用额。为了更好地规范和完善我国碳交易市场的交易制度，可以参考“熊猫标准”的内容，制定《碳排放权交易管理办法》及《碳排放权交易规则》。其次，设计合理的、具有相互协调性的注册、交易及清算系统。以规范交易流程，促使碳交易顺畅、有效率地完成。[①]

二、建立统一的碳排放权交易平台

首先，发挥政府政策宏观导向作用。碳排放权交易是一项复杂的系统工作，涉及多个主体、多个部门，须有一个良好的信息沟通和工作协调平台来落实提高政策的实施效率。因此，必须加强政府构建温室气体排放量监测平台、企业信息平台以及碳排放权交易平台的力度，全面管理和协调参加碳排放权交易的企业。相关政府部门应着手开展碳排放权管理机构的建设，包括组织管理机构、许可证发放机构、排放权交易机构等，以建立

① 邹亚生、孙佳论：《我国的碳排放权交易市场机制选择》，《贸易与环境》，2009 年第 5 期，第 15-16 页。

严格的监测考核体系，改进技术条件，核定实际减排量。

其次，国家可以试点建立区域性交易平台。当前国内由于碳排放权交易平台过于分散而造成了不利于管理和平台职能重叠、浪费资源等问题，统一的碳排放权交易市场，一方面可以保证市场效率，另一方面也有利于监管机构对交易所进行监督管理。只有在统一的市场中，环境交易机制才能不断完善和实现创新，才能通过整合资源，发挥市场交易机制最大的作用。[①]

最后，应加强通信计算等基础设施的建设，打造全国统一的交易平台。碳排放交易的成功运作对信息、结算、流通等的及时性和准确性都有很高的要求，必须要有现代化的通信计算设备，如网络、信息处理系统、结算系统等作为支撑基础。如果交易过程不畅通，交易的流动性和风险分散都会受到很大的影响，最终导致交易市场发展缓慢。

三、鼓励多方主体参与碳市场交易

碳排放交易市场是一个多方参与的市场，市场的正常运行需要有众多机构和组织的参与，包括碳排放权的供给方、购买方和交易中介，更是涉及企业、项目开发者、金融机构、碳交易所等机构。

首先，建议开辟 CDM 项目融资平台，出台优惠政策，吸引金融机构成为碳交易所会员，作为市场流动性提供商，提高市场流动性，拓展市场容量，围绕交易平台完善节能减排投融资体系。随着国际上碳指标商品属性的不断加强以及市场的愈发成熟，越来越多的金融机构看中了碳市场缊藏的巨大商机，商业银行、投资银行、私募基金以及证券公司等金融机构在碳市场中扮演着不同角色。金融机构的参与使得碳市场容量扩大，流动性加强，市场也愈发透明；一个迈向成熟的市场反过来又吸引更多的企业、金融机构甚至私人投资者参与其中，且形式也更加多样化。[②]

其次，在已有四大交易所的基础上，利用我国碳交易资源大国优势，

---

① 周文波、陈燕:《论我国碳排放权交易市场的现状、问题与对策》,《江西财经大学学报》，2011 年第 3 期，第 12–17 页。

② 李万业、何雁明：《我国碳排放贸易及其金融市场发展》，《金融电子化》，2009 年第 12 期，第 21–22 页。

吸引国际碳交易主体在我国碳交易市场进行交易，提升我国碳交易市场的影响力，逐步打造一两个国际性碳交易市场。[①] 通过加强国际合作，消除排放交易的资金和技术转让障碍，加强我国在排放交易领域的金融化运作和项目执行效率与效果的提升，积极探索适合我国国情并能与国际接轨的减排量衡量与检验标准，不仅有利于减少买卖双方寻找项目的搜寻成本和交易成本，还将增强中国在国际碳交易定价方面的话语权，让碳交易信息、资金和技术在我国形成“漏斗效应”，为大力发展我国碳金融打好基础。

最后，引导企业和个人主动参与碳交易，以扩大和繁荣市场，减小投机资本造成的风险，积极鼓励碳交易市场参与主体及交易产品的多元化，对参与碳排放交易的个人所得税和企业所得税进行减免和优惠。

四、健全碳排放权市场中介服务体系

首先，制定配套的政策支撑体系。发展“碳金融”是个系统工程，需要政府和监管部门根据可持续发展原则制定一系列有针对性的标准、规则，建立成熟的碳交易制度以及科学合理的利益补偿机制，并提供相应的投资、税收、信贷规模导向等政策配套，鼓励金融机构参与节能减排领域的投融资活动。

其次，创新金融机构服务模式。碳金融作为一项全新的业务，客观要求金融机构创新业务运作模式、金融产品服务和风险管理方式。碳交易项目中蕴涵着对金融服务的巨大需求，应鼓励金融机构向项目业主提供融资租赁、财务顾问、资金账户管理、购买或者参与联合开发 CDM 项目等服务。如对已完成 CERs 的 CDM 项目，商业银行还可以借助其海外分行推荐买方，进而带动银行的海外业务发展。另外，对于项目业主来说，商业银行的介入为其 CDM 项目提供了信用增级，[②] 经银行担保的 CERs 必将更受市场青睐。

最后，加快碳排放权交易的金融衍生产品的创新。由于碳排放权的定价在国际上尚未达成一致的标准和模式，该类交易中存在着较大的价格风

---

① 周卫锋：《我国碳金融体系构架研究》，吉林大学，硕士学位论文，2009。

② Davies，A..“Credit Spread Determinants：An 85 year Perspective.” *Journal of Financial Markets*. 2008，11（2）：pp.180–197.

险。碳排放权交易衍生产品在一定程度上可以降低价格变动的风险，使更多的碳减排企业或其他主体能够进入该市场，促进碳排放市场环境的不断完善。[①] 因此，要快速发展碳金融，必须以金融衍生产品为载体，融入低碳经济内涵、特征和技术等要素，创新碳掉期交易、碳证券、碳期货、碳权质押贷款、碳基金等各种碳金融衍生品。

① Carchano，O.，Pardo，A.. "Rolling Over Stock Index Futures Contracts." *Journal of Futures Markets*. 2009，29：pp.684-694.

第五章 中国低碳经济发展的制度建设

第一节 低碳经济发展的制度“瓶颈”

在全球低碳经济发展趋势下，我国低碳实践尚处零散性和尝试性阶段，尚未形成系统的低碳经济发展框架，并且面临高碳制约下的“锁定效应”实情。在此背景下，当前我国低碳经济主体行为存在偏差：政府作为低碳经济发展“规则”的制定者、监管者、引领者，本身行为失范，存在严重的缺位、越位行为，有些该做的不做，不该做的却做了；企业存在尾随的非低碳自利行为和公众存在非低碳消费行为，这些行为偏差的存在严重违背了低碳经济发展的长远目标。之所以会产生如此行为偏差，其根本原因在于我国低碳经济发展制度存在缺陷。具体而言，我国的低碳经济发展的法律体系不完善，政府管理机制存在偏差，低碳经济发展的社会监督机制缺失。

一、低碳经济发展缺乏法律保障

我国已经制定出台了《中华人民共和国节约能源法》、《中华人民共和国可再生能源法》、《中华人民共和国清洁生产促进法》、《中华人民共和国循环经济促进法》、《中华人民共和国大气污染防治法》等促进低碳经济发展的法律法规，如表 5–1 所示。初步形成了低碳经济发展的法律框架，为提高能源效率、清洁生产、减少污染物排放提供了制度保障。

表 5–1　我国低碳经济发展主要法律及规划

时间	法律/规划名称	主要内容	与低碳经济发展相关的条款
1989 年 12 月	《中华人民共和国环境保护法》	强调环境监督管理、保护和改善环境，重点在防治环境污染，规定了应承担的法律责任	第二十八条　排放污染物超过国家或者地方规定的污染物排放标准的企业事业单位，依照国家规定缴纳超标准排污费，并负责治理
2000 年 4 月	《中华人民共和国大气污染防治法》	强调大气污染防治的监督管理，制定了燃煤产生的大气污染、机动车船排放污染、废气、尘和恶臭污染等防治规定	第三条　国家采取措施，有计划地控制或者逐步削减各地方主要大气污染物的排放总量。地方各级人民政府对本辖区的大气环境质量负责，制订规划，采取措施，使本辖区的大气环境质量达到规定的标准
2002 年 6 月	《中华人民共和国清洁生产促进法》	制定相应的鼓励措施，鼓励清洁生产的推行、实施，规定应承担的法律责任	第十八条　新建、改建和扩建项目应当进行环境影响评价，对原料使用、资源消耗、资源综合利用以及污染物产生与处置等进行分析论证，优先采用资源利用率高以及污染物产生量少的清洁生产技术、工艺和设备
2005 年 2 月	《中华人民共和国可再生能源法》	制订了资源调查与发展规划、产业指导与技术支持、推广与应用、价格管理与费用分摊、经济激励与监督措施五个方面的制度及应承担的法律责任规定	第十六条　国家鼓励清洁、高效地开发利用生物质燃料，鼓励发展能源作物
2006 年 3 月	“十一五”规划	—	提出“十一五”期间单位国内生产总值能耗降低 20%左右，主要污染物排放总量减少 10%的约束性指标
2007 年 10 月	《中华人民共和国节约能源法》	强调节能管理，采取激励措施，鼓励节能技术进步，推动合理使用与节约能源，规定了应承担的法律责任	第十六条　对超过单位产品能耗限额标准用能的生产单位，由管理节能工作的部门按照国务院规定的权限责令限期治理。对高耗能的特种设备，按照国务院的规定实行节能审查和监管
2008 年 8 月	《中华人民共和国循环经济促进法》	强调减量化、再利用和资源化，利用激励措施及承担法律责任，促进循环经济发展，提高资源利用效率，保护和改善环境，实现可持续发展	第二十一条　国家鼓励和支持企业使用高效节油产品
2011 年 3 月	“十二五”规划	—	提出“十二五”期间单位 GDP 二氧化碳排放降低 17%；单位国内生产总值能耗下降 16%；非化石能源占一次能源消费比重达 11.4%

但从整个低碳经济发展法律体系看，仍然很不完善，存在的缺陷有：

（1）现有的相关法律以原则性规定为主，缺乏具体措施，导致难以执行。

（2）石油、天然气、原子能等主要领域的能源单行法律仍然缺位，同时也缺少能源公用事业法。①

（3）没有专门的《中华人民共和国碳减排法》，也没有统一的减排标准，对碳减排的强制只体现在行政目标上，没有对具体的行业、企业提出要求。

（4）由于我国《行政诉讼法》和《民事诉讼法》中都没有关于公益诉讼的规定，使得低碳经济的发展缺乏公众监督手段。

（5）没有具体而明确的排放权交易办法，排污权交易市场和碳排放权交易市场都缺乏统一的标准和依据。

（6）没有形成完整的环境税体系，主体税种缺位，环保资金难以保障；作为环境税替代品的排污收费制度又存在立法层次低，征管不到位的情况。

（7）对行政行为起到重要监督作用的环境影响评价听证制度，也普遍存在公众参与不足、听证官独立性欠缺、听证会走过场、听证结果无法改变行政决定等问题。

二、政府管理政策存在偏差

1. 低碳经济发展的规划及标准缺失容易导致无序发展

我国尚未出台低碳经济发展的专门法案，从根本上、宏观上明确低碳经济发展目标，对低碳经济发展进行总体规划，也未建立低碳经济发展标准，对当前的低碳经济发展的实质进行评判，因而容易带来无序的低碳经济发展以及伪低碳经济发展。光伏产业是典型的清洁、高质产业，但由于国家缺乏总体的规划，在国家强调节能减排，“努力建设以低碳排放为特征的产业体系和消费模式”的影响下，各地纷纷上马光伏产业，尽管从单个地区低碳经济发展来看，的确实现了以低碳排放为特征的发展，但从全国整体来看，光伏产业产能严重过剩，带来能源资源的浪费，是高耗的发展。

---

① 韩学广：《我国发展低碳经济的制度保障体系构建》，《产业经济》，2010年第4期，第25–28页。

2. 单位 GDP 能耗的减排标准容易引发伪低碳经济发展

我国政府现在对节能减排是以单位 GDP 耗能为参照标准，而单位 GDP 耗能的降低需要建立一套以产业结构升级、技术革新、碳市场自由化为依托的科学、全面、长远的发展战略，需要建立一套合理规范和激励各低碳主体行为的制度，这是有计划、分阶段逐步进行的一个渐进式过程。但是，现在很多政府在具体执行节能减排目标时，减排目标的完成并不是建立在低碳经济发展的配套制度和经济基础改善的基础上，而是通过短期的、简单粗暴的方式强制行政执行来完成目标，如通过行政手段强制拉闸限电，干预企业正常生产，从而达到减排目标。其结果往往是治标不治本，低碳经济发展名不副实。

3. GDP 主导的行政考核制度制约低碳经济的长远发展

目前，我国政府仍采用 GDP 主导的绩效考评体系，以湖南省政府的政绩考评为例，GDP 增长指标值差不多占整个考评体系一半的分量，节能降耗指标值仅占 1/30 的分量。在这种强化 GDP 增长指标、弱化节能减排指标的考评体系下，地方政府主政官员为了自己能够尽快升迁，对 GDP 的增长具有强大的需求，怎样能尽快增加 GDP 就怎么进行运作。[①] 形象工程层出不穷，低质、快速地发展本地经济是理想选择。对高能耗、高排放、高污染的企业"睁只眼闭只眼"以增加就业，从而增加 GDP，符合地方政府自身利益。这种发展模式能够快速地增加 GDP，能够迅速成就有关领导的升迁，但是资源遭到了巨大的浪费、环境遭到了巨大的破坏，锁定了中国的高碳发展模式，不利于中国经济社会由低质、快速、高耗的发展模式向高质、中速、低碳的发展模式转变。政府作为低碳经济发展的制定者和引领者，必须要承担低碳经济发展的责任和义务，必须要改革政府目前的考核制度，建立一种政府人员升迁与低碳经济发展同进退的制度。

4. 政府激励政策不到位致使企业的低碳化发展缺乏动力

在我国碳锁定的现实下，企业的低碳化发展需要政府在技术和资金领域给予一定的扶持，从而激励企业由低质、高耗向高质、低耗的低碳化发展。然而，现有的政府扶持与激励政策还存在诸多缺陷，尚未建立国家低

① 柳庆刚、李殊琦：《GDP 政绩考核制度下的重复建设和地区竞争》，《武汉理工大学学报》（社会科学版），2011 年第 2 期。

碳技术创新体系和低碳技术交易平台，[①] 支持企业低碳技术发展，突破制约中国低碳经济发展的关键性“瓶颈”；尚未对企业进行低碳经济发展的融资给予一定的政策倾斜，为低碳企业提供多渠道的融资机会，为企业低碳经济发展提供资金保障；也没有建立低碳产品的市场准入机制和完善低碳产品的价格补贴制度，为企业低碳经济发展创造有利的市场竞争地位。政府未能替企业营造一个有利于企业低碳化转型的良好的技术、资金及市场发展环境，严重制约企业的低碳经济发展。

三、低碳社会监督机制缺乏

低碳长远发展离不开社会的监督，然而低碳经济在我国刚刚起步，低碳相关信息不透明，公众与媒体的低碳意识薄弱，公众监督低碳经济的渠道不畅通，以及国家低碳标准尚未推广使用，目前我国公众与媒体对其监督相对弱化，不能有效发挥作用。

1. 低碳公示制度缺失致使“信息不对称”

对于低碳公示制，本质上是信息公开化，将政府部门与低碳相关的行政行为和企业的生产营销活动全置于广大人民群众眼下，从而解决低碳发展的“信息不对称”问题。但在我国公示制建立尚属起步阶段，各个领域的公示制各自为政，没有一个统领。低碳公示制度更是一片空白，公众监督低碳发展缺少信息基础，造成公众无法知道被监督对象的行为到底是高碳还是低碳，是否影响到自己的利益。

2. “渠道不畅通”制约公众监督

我国目前存在信访、听证、举报等监督手段，但当公众真正使用这些渠道维权时却面临诸多问题，即群众监督手段仅停留在形式层面，虽具其“形”未具其“神”。关乎群众切身利益的监督渠道尚流于形式，不畅通，低碳经济发展的群众监督手段更无从谈起。此外，高碳排放并不会直接给公众带来经济损失，目前没有法律、法规明确规定公众对于高碳排放或高碳行为有监督的权力，我国也没有类似欧美国家的环境公益诉讼，公众很难通过法律途径来监督企业的排放行为。

① 纪念：《如何激励和约束“低碳经济”主体的行为》，《环境保护》，2010 第 11 期。

3.《新闻法》缺失制约舆论监督的效力

随着网络的普及，舆论监督的作用越来越大。舆论监督的有效利用不仅可以充分解决低碳经济发展中信息不对称的问题，还可以将公众监督低碳的影响力深化。但在我国，舆论监督尚未法律化，《新闻法》千呼万唤终未出台，使得舆论监督权力、义务及责任得不到有效的规范。因而，舆论监督要么受到权力的压制，要么为了“点击率”或“收视率”而过分夸张现象导致政府正常行政行为受到严重干扰。

第二节　低碳经济发展的国际经验研究

“他山之石，可以攻玉”，从低碳经济发展的角度而言，我国尚处于初级探索阶段，实现“高耗、低质、快速”的发展模式向“低耗、高质、中速”的发展模式转变需要制度支持，而我国目前低碳经济发展制度缺陷较大，配套措施缺失。综观国际，目前已经有不少国家在低碳发展的某些方面取得了较好的成果，对我国的低碳经济制度建设有重要的借鉴意义。

一、日本：法制约束低耗、高效

在节能减排方面，日本是典型的“法制先行”的国家。由于日本的特殊国情，国土面积较小而人口众多，人均资源占有量很小，是个资源匮乏的国家，约90%资源依赖进口。因此，日本政府一直都致力于资源节约和能源利用效率的提高。在政府的引导下，企业将节能减排视为企业的核心竞争力，重视节能减排技术的开发和应用。日本一系列的由法律确定并强制推行的节能制度，较好地推动了日本产业能源效率的提高，减少了因耗能产生的二氧化碳的排放，同时达到了节能和碳减排的目的。

1. 完备而具体化的法律体系

完备的法律体系是构建低碳循环型社会的基础。日本以构建低碳循环型社会为主旨，将低碳经济、循环经济提高到战略高度，其重要手段就是加强立法。在节能方面，早在20世纪70年代日本政府就颁布了《节约能源法》（《能源使用合理化法》），明确了各责任主体，尤其是企业的节能义务。20 世纪 90 年代后期，日本提出“环境立国”口号，集中制定了资源可再生利用、家电及包装容器循环利用、废弃物处理、化学品管理等一系列法律法规，① 成为发达国家中低碳循环经济立法最为全面和成熟的国家。

日本促进低碳经济发展的途径主要有两条，即节约能源以减少耗能过程中的碳排放和资源循环利用以降低消耗。因此，日本的低碳法律体系可以分为两个部分：循环经济促进法律体系和节能法律体系（见图 5-1 和图 5-2）。日本促进低碳循环型社会发展的法律包括三个层次：一部基本法，两部综合性法律，六部专门法（见图 5-1）。在《循环型社会形成推进基本法》的统领下，包括生产、消费、再利用各个阶段都有法律规制确保最大限度的实现资源的有效利用。

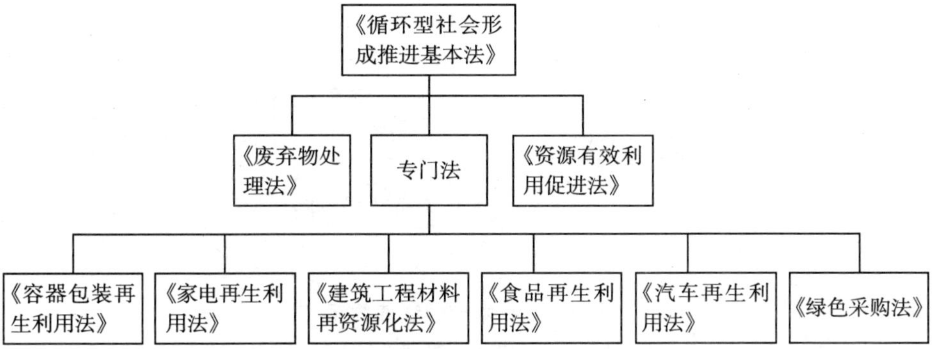

图 5-1　日本促进循环经济法律体系

日本的节能法律体系则由基本法和配套法规构成，其中配套法规又包括省令、政令和告示，如图 5-2 所示。

以上两个法律体系共同构成了现行日本促进低碳经济发展法律体系的重要部分。日本低碳经济发展法律体系具有四个明显的特点：一是覆盖面广。法律对生产、消费、回收、再处理及再利用、安全处理等各个环节都有明确规定。二是操作性强，法律从生产、设备、运输、建筑等各领域规定了节能减排对象的职责，明确了节能目标，并将任务细化到单位，有效保证法律的实施。三是各方责任明确。法律对政府、企业、公众的责任和义务进行了明确规定，如《家电再生利用法》对制造商、消费者、再生利

① 刘华：《发达国家循环经济立法的模式及借鉴》，《中国科技投资》，2007 年第 7 期。

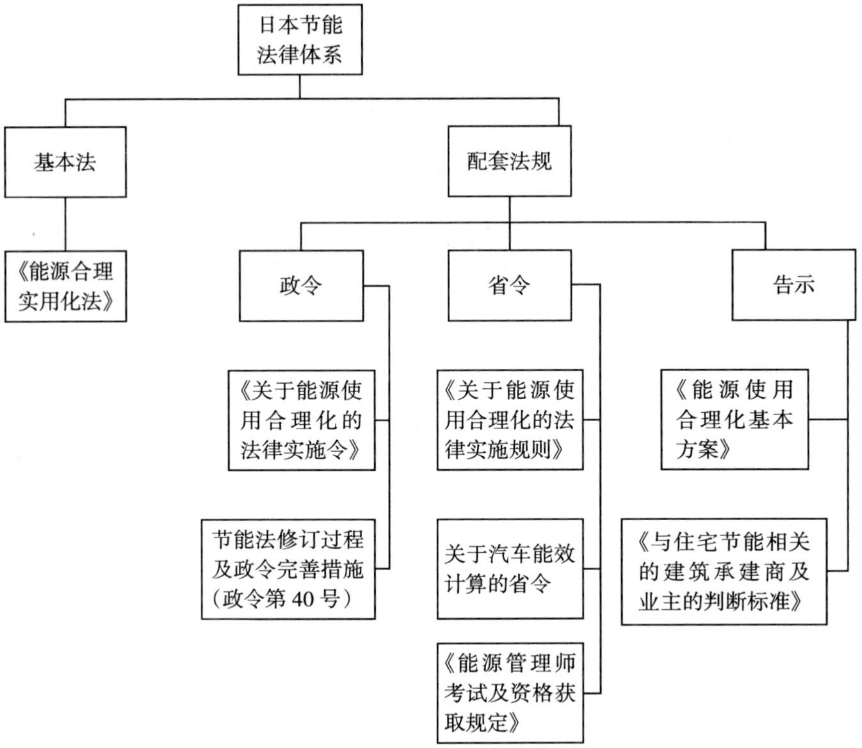

图 5–2　日本节能法律体系

资料来源：根据日本节能中心网站节能相关法律整理，2010 年 3 月 4 日。

用者分别规定了需要承担的费用，《汽车再生利用法》设置了管理处置费的中介机构及责任等。四是更新完善快，根据形势的变化和现实的需要，迅速地修改和完善相关的法律条款，保证法律的与时俱进。

2. 强制推行的节能制度

日本探索性地建立了一套颇具特色的节能制度，并以法律的形式确立下来，经过十多年的实践已经逐渐发展成熟，对日本降低能源消耗、提高能源利用率起到了极大的助推作用。择其重要且具有普遍使用性的制度介绍，主要有“能源管理师”制度、“领跑者”制度和能效标识制度。

（1）强制聘用节能管理专业人士——“能源管理师”。根据各企业自身状况设计的节约能源、提高能效的方法具有很强的专业性，中国的大部分企业虽然有通过节能、提高能源利用率的方式节约成本的意图，但由于缺乏专业指导往往心有余而力不足。这也是日本企业曾经遇到的问题，为了解决这个问题，日本政府牵头设立了“能源管理师”培养机构，对通过系统培训合格的人颁发“能源管理师执业证”。《能源使用合理化法》规定年耗能一定规模以上（折合原油 3000 升以上或耗电超过 1200 万千瓦/时）的用能单位必须聘用能源管理师，并建立节能制度，必须依法律规定每年减少至少 1%的能耗，定期报告能源使用状况。能源管理师对耗能设备进行维护，提出改进用能方案，并指挥和监督其他有关节能的业务。当企业看到通过节能机制给企业节约了成本后，就更加积极配合国家制度。责任机构每年对被管理企业实施现场检测，对检测不合格的企业可采取通报、责令改正或罚款等措施。对于节能达标企业，政府将给予一定期限的税收优惠。

（2）与时俱进的节能行业标准——“领跑者”制度。如何建立一套切实可行的节能行业标准一直是摆在各国政府面前的难题，中国目前仍然没有一个权威性的行业标准，这给节能制度的推行带来了很大的障碍。若是由政府或研究机构给出的行业标准可能存在不符合行业现有的技术状况，过高难以实现，过低又达不到节能目的，且行政性标准或学术性标准具有滞后性，不符合市场快速发展的要求。日本的节能行业标准——“领跑者”制度具有市场性质，是一种刺激企业在节能技术上不断与时俱进的制度。

在该项节能法律制度下，节能指导性标准按当时最先进的水平——领跑者（是指在汽车、电器等生产领域能效最高的行业标兵）制定，5 年后这个指导性标准就变成强制性标准，达不到标准的产品不允许在市场上销售，而新的指导性标准又同时出台。“领跑者”制度意味着，相关产品最多 5 年后均必须超过现有商品化的同类产品中节能性能最好的产品。

该制度下的行业节能标准并不是一开始就强制实施，而是给予了生产商一定期限的过渡期，通过设定基准目标、提升改进幅度要求、设立达标年度不断刺激企业去追赶“领跑者”。一定期限后，标准改为强制性实施，未达标企业将被警告、罚款和禁止产品销售。“领跑者”制度实施以来日本的产品技术更新速度大大提升，形成了以技术为导向的市场竞争，日本各种耗能产品都实现了超出当初预想的节能效率提升。比如，汽车行业，原计划 2010 年能效提高 23%，实际上，在“领跑者”制度实施后，这个目标在 2004 年就实现了，比原计划整整提前了 6 年。

（3）明示便于公众理解的能效信息——节能标识制度。产品的能效从外观无法判断出，为了便于公众理解和选择，日本政府设计了一种简易的节能标识，将节能产品使用能够给消费者节省的能源以金额的形式表现出来，如“使用本产品可节省能源费用 4000 日元/年”，标识信息由日本节能中心检测出具，并由零售商粘贴。此外，标识包含的信息还包括节能效果和完成节能计划的程度（以所出售的产品与“领跑者”的差距），该标识可以使得普通消费者不需要任何专业知识便可了解产品的节能效果，便于将该产品的能效与其他同类产品进行比较，为消费者的选择提供直观的依据，进而增强节能产品的竞争力。

3. 促进再制造产业发展的“3R 体系”

在大规模的制造和消费过程中会产生大量的废弃物，废弃物处理不当会给环境造成严重的负面影响。在全球原材料价格不断攀升的背景下，为保护环境、节约资源、降低生产成本，日本政府制定了“3R 体系”，即减量化（Reduce）、再利用（Reuse）、再循环（Recycle）政策，在《能源合理实用化法》的基本框架下，包括《关于能源使用合理化的法律实施规则》、《关于汽车能效计算的省令》、《能源管理师考试及资格获取规定》、《能源使用合理化基本方案》和《与往宅节能相关的建筑承建商及业主的判断标准》，从而保障 3R 政策的实施。[①] 在该政策的刺激下，形成了蓬勃发展的再制造产业。

再制造产业以废旧产品的零部件为毛坯，主要以先进的表面工程技术为修复手段（在损伤的零件表面制备一薄层耐磨、耐蚀、抗疲劳的表面涂层），因此无论是毛坯来源还是再制造过程，对能源和资源的需求、对废物废气的排放相对传统生产方式都要小得多。它具有如下重要特征：再制造产品的质量和性能达到或超过原型新品，成本不超过原型新品的50%，节能 60%，节材 70%，对环境的不良影响显著降低。[②] 再制造产业使产品的全寿命周期得到延伸和拓展，赋予了废旧产品新的寿命，形成了产品的多寿命周期循环，在提高资源利用率的同时又解决了环境污染问题。

二、德国：“智造”保证制造质量

中国是世界制造大国，制造业碳排放量占全国碳排放总量的 80%以上，降低制造业的碳排放对实现低碳经济发展至关重要。其中，最关键的

① 任爱平：《环境安全及中日环境合作》，《石家庄经济学院学报》，2006 年第 6 期。
② 徐滨士：《再制造工程的现状与前沿》，《材料热处理学报》，2010 年第 1 期。

便是通过技术创新提高产品的附加值，实现制造业发展由“量的增长”向“质的提升”转变，即以产品“智慧含量”的上升来保障质量。2009 年中国产品出口量超过德国，成为世界第一大出口国，但这仅仅是总量上的超越，与“中国制造”被看做低质廉价的标志截然相反的是，“德国制造”是高质、一流产品的代名词，其政府对“智造”的推动，从增加产品附加值和技术含量的角度，促进了发展的低碳化。

（1）高度重视职业教育。不同于中国职业教育“高投入、低产出”且在社会上普遍受到轻视的状况，德国的职业教育属于国家免费教育的重要组成部分，每年德国政府都会投入大笔的教育经费用于发展职业教育。为了使职业教育的内容能够及时服务于社会，满足日益变化的社会需求，政府设有专门的职业调查和研究机构，跟踪各个行业领域的发展趋势，以便于职教学校及时调整、更新教学内容。德国的职业教育采用“双轨制校企联合培养”的模式，学生一边在职业学校学习理论知识，一边以学徒的身份到企业实习，基于行业技能要求安排理论课和实践课的课时比例，对于实践操作能力要求高的职业，学生每周在校学习 1 天的理论课，然后在企业做 4 天的学徒。经过双轨制职教的学生能够马上胜任相关工作，且普遍具备较强的独立性、操作执行能力和团队精神。

（2）以创新技术为国家战略。德国称为“Land der Ideen”（德语：创意之国），国家将创新技术提升到战略的高度，制定了一套完整的创新促进和保障体系。

首先，德国市场经济体制为制造业的创新提供了良好的法律环境和制度框架。德国经济体制的核心是竞争秩序，政府制定竞争政策保障企业竞争的有效性，避免垄断造成企业缺乏创新动力和停滞现象。[①] 德国完善的社会保障体系能够为创业失败者提供“缓冲”，减轻负担。

其次，国家通过科研和技术政策的制定，对推进技术进步各环节的企业创新提供支持和保护。这就包括：其一，通过知识产权制度对专利及其他创新性研发进行保护，激励企业创新，并制定环境保护等标准给予必要的约束；其二，国家通过研发资助对企业的技术创新提供支持，对特定产业部门的技术研发进行直接补贴，对于一般领域的企业研发活动实行税负减免、资助企业聘用研发人员；其三，在促进知识向产能转化方面，德

① 史世伟：《纠止市场失灵——德国中小企业促进政策解析》，《欧洲研究》，2003 年第 6 期，第 129 页。

国政府大力推进校企合作，支持产学结合的科技园和技术中心的建立。工程技术专业学生在大学拿到博士学位后，在企业工作 7 年即可申请大学教授。[①]

最后，德国政府还通过支持地方企业网络的发展来促进知识和技术的转化和扩散。

（3）“限大促小”鼓励竞争。不同于中国很多行业领域一家独大或者几家“三分天下”垄断严重的情况，德国经济真正的支柱在于富有活力的中小企业。垄断会抑制产品的创新和技术的进步，德国政府施行“限大促小”的政策，禁止大企业的合并和对中小企业的兼并，对中小企业一以贯之的特别扶持。在政策的支持下，德国中小企业占到企业总数的 99.7%，吸收就业人数达全国总数的 70%，公司净产值占全国总量的一半。[②]

不同于大型企业产业链向整个行业的延伸，德国中小企业以“精确定位”为制胜法宝。它们往往只生产单一的专业产品，却努力将该产品做到世界顶尖水平。在“精而专”的理念引导下，通过市场充分的竞争，最终代表着最高生产技术和最优质量的产品，打上“德国制造”的标签，销往全球。

三、美国：环境保障机制高效运行

低碳经济发展是有关环境友好、资源节约、循环经济、能源可再生、和谐共生的综合概念，环境保障机制是低碳经济制度的重要组成部分。美国作为西方发达国家的代表，其环境保护观念形成较早，已经有了较成熟的保障机制，包括财税保障、法律保障、公共监督保障等。

1. 环境税制调整企业环境行为

通过环境税的征收和环保税收优惠政策，可以将污染这种外在影响内化到成本和市场价格中去，从而借助价格机制控制污染，使得污染者主动实施控制污染。美国的环境税（或称生态税）种类繁多，涵盖面广，包括损害臭氧层化学品的消费税、汽车使用相关税收、开采税、环境收入税、

① 史世伟：《德国国家创新体系与德国制造业的竞争优势》，《德国研究》，2009 年第 24 卷第 1 期。
② 袁雪：《解密“德国制造”神话：中小企业撑起一片天》，《中小企业管理与科技》，2010 年第 2 期。

二氧化硫税、噪声税、塑料袋使用税等，对每一种税的税率和征收办法在税法中都有详细的规定。[①] 此外，对再循环产业的投资进行地面扣除，对再制造产品的购买免征消费税；环保产品享受出口退税；对于防治污染的项目也有一定的财税优惠政策。对征收的税费的使用途径有两个方面：专款专用或划入一般财政收入。专款专用是指将收上来的税费直接投入相关污染的治理和消除污染影响的技术研发上，如对征收的水污染废物税主要投入水污染的控制和治理中。划入财政收入的那部分税费又有大部分投入到补贴那些因为征收环境税引起消费品售价提高，进而提高生活成本导致可能降低生活质量的低收入人群中，以实现“环境公平性”。

2. 环境公益诉讼维护公共环境权益

美国环境公益诉讼最早出现在1970年的《清洁空气法》中。此后，一些环境保护的法律也都制定了公民诉讼的条款，如《清洁水法》、《噪声控制法》等。这些实体法的相关条款与《联邦地区民事诉讼规则》相结合，构成一套较为完整的环境公益诉讼制度。该项制度的特点体现在以下几方面：

其一，任何公民、组织均可提起诉讼。美国的环境公益诉讼原告资格十分宽泛，根据《清洁空气法》的规定，任何因为环境问题而使利益受到影响，或者有受严重影响可能性的公民、组织都可以提起公益诉讼，且经法律授权的当事人，可以为未参加诉讼的诉讼受益人的权利以自己的名义起诉；[②] 在符合法律规定的特殊情形下，为他人行使权利或为其权利的诉讼可以美国国家名义提起。在这种法律制度的安排下，任何人都可以通过诉讼维护自己的环境权益，在自己无法参与诉讼时，还可由他人代为参诉，最大程度上实现公民的环境监督职能。

其二，企业、公民个人及政府均可作为被告。美国《清洁水法》规定，公民诉讼的被告大致分为两类：一类是任何人，包括违反法定排污标准或限制的个人、公司、联邦或州政府；另一类是不能根据法律完成自己职责的环境保护局局长。[③] 由此，公民诉讼实际上包括两类：一是针对排污者的

---

① 杜放：《浅谈美国环保税收政策及其借鉴》，《深圳职业技术学院学报》，2008年第7期。

② 崔华平：《美国环境公益诉讼制度研究》，《环境保护》，2008年第24期。

③ 贾志民等：《从美国环境公益诉讼制度谈中国环境保护问题的法律对策》，《华北电力大学学报》（社会科学版），2007年第4期。

公益诉讼；二是针对行政机关的公益诉讼，即对行政机关的不作为提起的行政诉讼。在环境事故发生时，公民即可对污染主体提起诉讼，也可对监管不到位的政府部门提起诉讼。

其三，严格的赔偿责任和惩罚措施。美国法律中对引起重大环境损害的企业制定了严厉的惩处措施，除了有高额的行政处罚罚金外，可由于因企业污染行为而受到严重损害的公民提出的侵权诉讼而被法院处以巨额的赔偿金额。美国的环境污染行政处罚大多不设罚金总额最高限额，而是设每日罚款上限，这是一种动态罚款限额，基于违法时间加总处罚，违法的时间越长，罚款数额越高。在重大环境污染事故中，污染损害赔偿和行政罚款的金额加总可高达数百亿美元。

另外，政府对严重污染企业可实行行政和法律接管。严厉的污染处罚措施能较有效地阻止企业环境违法行为，让企业把更多的精力投入到事前预防上，阻吓为了节约成本牟取暴利而抱有的冒法律风险的侥幸心理。

中国诉讼法律中尚没有关于环境公益诉讼的相关规定，除环境事故中造成直接重大经济损失的受害人外，其他主体不能对构成污染的企业提起诉讼，这就使得公众的权利受到极大的限制，污染、排放企业往往得不到应有的惩罚而更加猖獗。

3. 环境影响评价听证防范损害环境的行政行为

举行听证会是公众参与的重要形式，对保证公共利益，遏制行政权滥用发挥着重要的作用。美国关于环境影响评价听证制度主要规定于美国《国家环境政策法》和《联邦行政程序法》中，对于政府有可能损害公众利益的环境决策，任何公民和社会团体都有提出举行听证的权利。在听证之前和听证的全过程中，政府都有通告义务，使公众明了政府环境评价各阶段进展的情况和获知每一个参与机会及途径，保证公众的充分参与权。在听证主持人制度方面，美国的听证主持人为听证审查官（行政法官），由行政法官办公室任命，不受听证所在机关的影响。听证审查官在生活和编制上是所在工作机关的职员，在任命、工资、任职方面，不受所在机关的控制。以保障听证审查官能独立行使职权，提高决策的公正性。[①]

① 彭光明、宋占新：《美国环境影响评价听证制度及对我国的启示》，《商业时代》，2009 年第 35 期。

四、欧盟："三分而治"的碳市场顶层设计

欧盟有着全球最发达和成功的碳交易市场，它的碳交易管理制度对低碳经济发展的促进成效显著。该交易制度的特点可以概括为"三分而治"，即"分解减排配额"、"分权化治理模式"和"分阶段管理运行"。

（1）分解减排配额。欧盟碳交易机制采取总量交易、配额分解的模式，即对一定区域内的碳排放量划定上限（该上限按照一定比例逐年降低），将允许的总排放量指标化，按既定标准把排放指标分解给区域内部的各个排放源，各排放源可在允许的指标范围内进行碳排放活动。超过指标范围的排放，则需从有结余的排放单位那里买入碳指标，从而将减排压力内部化到各排放源中。通过排放源之间以商品交易的形式自发调节排放量，达到在总量上控制碳排放、保护环境的目的。

该模式运用到欧盟碳排放体系中的具体做法是：欧盟委员会制定"国家分配计划"及相关规则（National Allocation Plan，NAP），各成员国根据该计划设置本国碳排放量总量上限，确定纳入排放交易体系的企业，向这些企业分配一定额度的排放许可权——EUA（欧洲排放单位），未纳入排放交易体系的企业要进行排放活动，则需购入EUA。企业在生产、运行活动中实际产生的排放量小于分配到的排放许可量，可在欧洲排放交易市场上出售剩余的EUA；反之，则必须从交易市场上购入EUA，否则其超额排放将受到重罚。[①] 在这种排放机制的激励下，个体部门将最大可能地追求以最经济的方式实现减排。

（2）分权化治理模式。分权化治理模式实际上就是系统内的自主管理决策模式，在欧盟排放交易规则内，将具体决策权分派给各个成员国。欧盟排放交易体系覆盖欧盟全部成员国及冰岛、列支敦士登、挪威共30个主权国家，这些国家在经济发展水平、产业结构、体制制度等方面存在较大差异。采用分权化治理模式，欧盟可以在总量上控制排放，同时兼顾各成员国差异性，有效地平衡各方利益。

EU ETS体系实际上可以看成是共同标准和规则下的30个独立交易体

---

① 李布：《欧盟碳排放交易体系的特征、绩效与启示》，《重庆理工大学学报》（社会科学版），2010年第24卷第3期。

系的结合。各国遵守同样的排放权分配原则，自主确定本国排放总量（以NAP 国家分配方案的形式提交欧盟委员会审议通过），根据自身情况确定产业间排放权分派比例以及纳入本国排放交易体系的企业名单，对排放权登记、申购交易过程、实际排放量监测等流程自主监督和管理。

（3）分阶段管理运行。欧盟排放体系的形成并不是一蹴而就的，而是分阶段逐步推进，不断获取经验，完善体系。欧盟委员会在 EU ETS 形成初期制定了三个实施阶段：2005 年 1 月初到 2007 年 12 月底的试运行阶段（第一阶段），2008 年 1 月初到 2012 年 12 月底的正式运行阶段（第二阶段），以及 2013~2020 年后京都阶段（第三阶段）。第一阶段（2005~2007年）以获取经验及为正式运行奠定基础为目标，采取“干中学”（Learning by Doing）的方式；排放控制范围涉及核心温室气体——二氧化碳；覆盖产业包括能源、冶炼、钢铁、水泥、陶瓷、玻璃及造纸业；排放总量控制在 22.98 亿单位，各成员国各自制定本国限值；对减排配额 EUA 的 95%以上进行免费分配。第二阶段（2008~2012 年）与《京都议定书》第一承诺期重合，排放控制范围扩大到航空业的二氧化碳排放和硝酸制造业的一氧化二氮排放；排放总量上限下降到 20.86 亿单位，仍由各成员国制定本国限值；免费分配 90%以上的减排额度 EUA。第三阶段（2013~2020 年）是 EU ETS 的深化运行阶段，控制范围将进一步扩大到石油化工、碳捕获等行业的二氧化碳排放，以及铝工业的氟化碳排放；排放限值将由欧盟委员会统一制定；EUA 的 50%以上将进行拍卖，到 2027 年实现 100%拍卖。①

欧盟的碳减排成功经验对中国的启示在于：其一，市场经济制度是基础；其二，强制减排是前提；其三，阶段性管理可参考。只有在完善的市场经济和产权制度的基础上，才能实现排放权商品化和自由买卖，这也是目前成本最低的减排方式。中国缺乏强制性碳减排制度的约束，无法出台以强制减排为前提的总量交易和碳配额分解制度，这是导致中国碳交易市场冷清、有价无市，碳交易所“只开花不结果”的根本原因。阶段性管理能让市场逐步接受和适应，对交易机制的不断完善亦有重要意义。

---

① 赵霞、朱林、王圣：《欧盟温室气体排放交易实践对我国的借鉴》，《环境保护科学》，2010 年第 36 卷第 1 期。

第三节　构建低碳经济发展的制度保障

低碳经济发展实际上是高能效、低能耗、低排放发展模式的建立，中国特色的低碳经济发展道路是一个由“表面低碳”转化为“实质低碳”、由“眼前低碳”转化为“长远低碳”、由“局部低碳”转化为“系统低碳”的过程。这意味着中国要真正发展低碳化，由过去粗放式发展转为集约式发展，成功实现低碳转型，必须要权衡经济发展与气候保护、近期目标与远期目标的关系，自上而下地建立一套全局的、长远的现代化战略，促进低碳经济发展的渐进转型。现存的一些现象凸显了低碳经济制度上的种种缺陷，应从制度着手，通过制度创新建立低碳经济发展的长效机制。

一、建立健全低碳法律体系

低碳经济的发展需要有相应的法律法规制度保障。低碳经济涉及生产、消费、流通诸多环节，在我国“碳锁定”现象严重的背景下，企业装备低碳设备的重置成本高，他们没有动力也不愿意去承担改造成本，在这种情况下需要制定具有长远、战略性的法律规范，通过科学性和强制性保障低碳的稳步进行。低碳立法为发达国家发展低碳经济提供了法律保障，我国也需要建立适合本国发展低碳经济的政策法规，对低碳经济的行为主体进行有效约束和规范，更好地推动低碳经济的发展。我国的节能减排法律体系可以从基本法、相关专门法、配套法律制度三个层级来构建，如图5-3所示。

在这个法律框架下，可以设计如下节能减排法律法规体系，如表5-2所示。该体系旨在弥补现行法律法规中强制性减碳的缺失，进一步完善低碳领域的辅助性法律法规和行政条例，将低碳发展上升到法律法规的高度，以保障低碳政策的顺利执行。

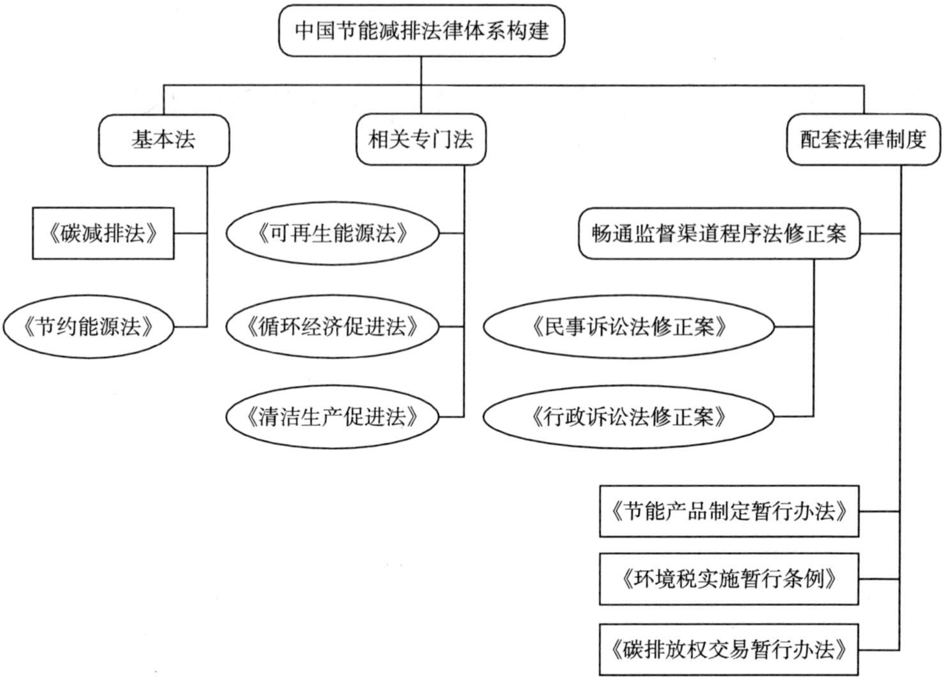

图 5–3　我国节能减排法律体系框架构建

注：条形框表示需要新建立的法律法规，圆框表示修正已有的法律法规。

二、改革政府管理机制

在发展低碳经济的过程中，法律手段虽然能使低碳发展沿着法制规定的方向前进，但是立法的过程往往由于各种利益的博弈、各种因素的考虑而进展缓慢，需要政府制订切实可行的规划和行动方案作为补充，细化政策。同时，政府应充分认识到低碳经济发展的实质，建立服务于“高质”、“低耗”、“中速”的低碳经济发展模式的战略规划，从制度上促进经济由“粗放式发展”向“集约式发展”转型。

1. 制订低碳经济发展规划

我国应抓住当前国际金融危机的契机，对低碳经济发展进行系统完备的顶层设计，从能源、产业、科技人才、环境方面制订发展规划。

（1）能源的可持续发展规划。通过差别定价手段，税收、补贴政策等

表 5-2 我国节能减排法律法规体系的构建

法律/法规	性质	权力机构	主要内容		属性
前期《碳减排暂行条例》	国务院制定、颁布具有法律效力的行政法规	环保机构、能源管理机构	政府机构管理职能、权限；各主体责任；碳减排目标分解和标准（国家层面、地方层面、行业领域层面、机构个体层面）；减排责任承担方式、惩处标准、强制执行机构	主要包括排污权交易和碳交易；其中碳交易包括前期（自愿交易期的碳补偿制度）和后期（强制减排期的碳配额制度），交易规则等	碳减排基本法
后期《碳减排法》	全国人大通过的强制性法律				节能基本法
《排放权交易暂行办法》	国务院偕同有关部门制定，由国务院发布的行政法规	排放权交易管理部门、交易所	明确管理机构及职责；将全国性节能基本标准写入法律，地方可根据自身经济状况和用能状况制定高于国家标准的地方标准；执行方案；提高处罚标准		配套制度
《节能产品标准制定暂行办法》	国务院制定行政法规	能源综合管理机构	汽车、主要家用电器等耗能性产品的节能标准；参考日本节能制度建立的产品节能标准“领跑者”制度和节能标识制度		配套制度（标准制定）
《环境税实施暂行条例》		国税、地税部门	污染税、碳税、资源使用税等的设计及征收办法		配套制度（税收）
《民事诉讼法修正案》、《行政诉讼法修正案》	全国人大制定的程序性法律	各级法院	建立社会公益诉讼机制和代物诉讼机制，包含对污染、排放超标企业提起的民事诉讼（规定于《民事诉讼法》中）和对管理机构行政不作为提起的行政诉讼（规定于《行政诉讼法》中）		配套制度（畅通公众监督渠道）
《节约能源法修正案》	全国人大通过的对现有法的修正案，效力等同法律	能源综合管理机构	将代际公平权、环境权入法；明确自然资源物权内容；建立节能减排保险机制和社会责任分担机制		
《可再生能源法修正案》		能源管理机构、发改委	以低碳能源结构调整为主导，可再生能源产业化，制定可再生能源开发计划，设定目标及完成年限，对目标进行区域划分，中央和地方政府职责等		相关专门法
《循环经济促进法修正案》		各部委、各级政府协调配合	促进再制造产业的发展，制定产品回收再制造的技术标准、管理制度、各环节责任及处理方案等		
《清洁生产促进法修正案》		环保部门、各级政府	制定煤炭清洁生产标准，明确企业和政府责任；环境信息公开；强制措施		
以上各法、暂行条例及暂行办法的实施细则	地方性法规、地方性规章、部委规章	国务院部委及各级地方政府	根据全国人大制定的法律和国务院制定的法规，由地方人大制定地方性法规和国务院部委、地方政府制定规章，对于以上法律、法规中没有规定的标准和实施细则进行规定；对法律、法规中已有的标准按照本地区自身状况可指定高于全国标准的地方性标准规		配套制度

方法对不可再生能源的获取进行控制，通过增加不可再生能源获取的难度和成本，从源头上控制碳的使用和排放。

（2）低碳产业发展规划。第一，建立科学的市场准入标准，对一些高能耗、高污染的企业或行业实行市场准入限制，将高能源消耗或严重污染生态环境的产品生产排除在市场之外；建立技术生产标准，对特定产品的生产程序及过程提出要求，不达标者不得进入生产环节。[①] 在准入标准的制定上，可以借鉴日本的“领跑者”制度，[②] 即按当时国内产品生产最先进的水平制定节能指导性标准，五年后把这个指导性标准变成强制性标准实施。第二，推动产业升级，设计合理的落后产能退出机制，鼓励并支持再制造业的发展。

（3）科技人才发展规划。科技人才发展是低碳经济发展规划体系最关键也是最基础的一部分。要建立低碳技术的研发和扶持体系，并上升到战略高度；培养低碳经济的专业化人才，建立能源管理师制度，对企业员工进行低碳职业教育。

（4）控制碳排放的环境规划。第一，建立健全碳排放的技术监测、预警和核算体系，这是对二氧化碳量控制的基础。第二，减排目标的分解和碳排放权的分配。减排目标的分解采用自上而下层层分解的方式。首先是国家制定全国碳排放的总量，为碳排放设置一个上限，将排放总量分解到各个省市；各地政府根据各地情况，制定碳排放交易体系，该体系包括纳入该体系的产业和企业，以及各个企业和产业具体的减排指标，并给予其一定数量的排放许可权。第三，逐步建立碳配额制度。我国可以借鉴欧盟在碳交易市场的“三分而治”，分阶段来实施碳交易，建立先“碳补偿”后“碳配额”的碳减排战略规划。前者适用于在中国没有国际上的强制减排义务时期，由发达国家提供资金技术支持，投资于我国的节能减排项目，由此产生的温室气体排放当量归属于发达国家，这是中国碳减排的过渡阶段；到达碳排放的总量控制阶段，再实行“碳配额”制度。最后，在以上三个基础上完善碳交易市场，通过市场手段完成节能减排的目标。

① 曾国平、张甲庆：《低碳经济发展中的政府责任及其实现路径》，《理论导刊》，2010 年第 9 期，第 13–15 页。

② 陈海嵩：《日本的节能立法及制度体系》，《节能与环保》，2010 年第 1 期。

2. 改革政府的管理方式

（1）建立绿色 GDP 考核制度。发展低碳经济，意味着以公共利益为导向的政府要代替传统的以 GDP 为导向的政府，将低碳经济纳入政府绩效管理无疑会推进社会主义市场经济发展，从而与行政改革形成合力，成为政府管理体制创新的一个着力点。[①] 要加快低碳经济发展的步伐，必须尽快设计符合科学发展所需要的政绩考核指标体系，克服“唯 GDP 论英雄”的导向。合理设计“显绩”与“潜绩”的测评方法，引导干部正确处理短期与长期的关系，消除各种追求短期政绩的行为，建立绿色 GDP 考核制度。第一，考核地方和部门的业绩要将环境保护及污染减排完成率指标列入考核指标，包括环境保护投资指数、主要污染物减排完成率等具体指标等。第二，将污染物排放率达标列入企业单位主要责任指标，将改变过去只注重经济指标而忽略环境效益的业绩评价方法。把考核结果与干部的提拔任用、奖惩晋级、职务调整、教育培训、监督管理相结合，形成与低碳经济发展相适应的考核评价体系，引导企业、政府树立正确的政绩观，调动支持低碳改革的积极性。

（2）强化行政问责制。第一，对于基础设施和重大项目的实施，实行能耗和质量监管问责制。政府和企业的短视规划和重复拆建，浪费了大量资源，要建立健全项目规划、决策、审批、建设各环节终身责任追究制，一旦出现影响生态环境、建设质量等问题，即使责任人晋升、调离、退休都要追究责任。第二，建立“谁污染谁负责”的企业问责机制。为达到节能减排的目标，英国政府采取了一系列强制性手段，如确定了“污染者支付原则”，规定防治污染的费用和减轻因污染造成环境损害的费用应由造成污染的企业承担。第三，建立低碳执法责任追究制度。政府要严格按照法律法规的规定，对未完成节能减排指标的地方、企业和相关责任人必须处罚到位；对行政不作为、执法不力、徇私枉法、权钱交易等行为，依法追究有关主管部门和执法机构负责人的责任。如“区域限批”、“加大处罚力度”、“限制提拔”等，以责任换执行。

3. 提高低碳政策保障能力

（1）构建低碳经济税收体系。为了充分调动企业节能降耗、资源综合

---

① 黄栋、胡晓岑：《低碳经济背景下的政府管理创新路径研究》，《华中科技大学学报》（社会科学版），2010 年第 24 卷第 4 期。

利用的积极性，要建立激励与惩罚相结合的税收制度，鼓励和促进市场利益主体节约资源、减少排放。第一，建立和完善与节能有关的税收体系，完善环境税、能源税和碳税机制。通过这类税收的实施，可以从源头上对资源使用进行调节，同时促进企业在使用碳资源过程中的技术创新，节约资源，降低能耗，减少二氧化碳的排放。第二，对大型公共建筑限定能耗标准和建筑使用期限，实施超能耗加价的政策，[①] 对重复拆建的建筑征收高额土地税等，增加能源的使用成本，减少资源浪费和降低能耗。

（2）完善低碳技术扶持政策。低碳技术的创新能力，在很大程度上决定了我国是否能顺利实现低碳经济发展。组织力量开展低碳关键技术的科技攻关，并制订长远的发展规划，优先开发新型的、高效的低碳技术，鼓励企业积极投入低碳技术的开发、设备制造和低碳能源的生产。当前，我国迫切需要在节能和清洁能源、煤的清洁高效利用、可再生能源、核能、碳捕集和封存、清洁汽车技术、农业和土地利用方式、控制温室气体排放技术等领域开发有效控制温室气体排放的新技术。

由于“信息外部性”的存在，创新活动会受到抑制，[②] 因此政府需要制定产业政策对新技术和低碳产业进行必要的支持，以保持技术和产业结构不断进步。政府要加强对低碳技术研发的前期投入，将低碳技术研究列入国家科技规划，列入科技建设项目。完善成果转化机制和对低碳技术的专利保护，激励低碳技术的发展。我国可以建立类似于英国的“碳基金”或德国的“经济—科学研究联盟”等的专项基金和组织（碳基金的主要来源是气候变化税）对我国低碳技术的研究和促进节能减排的企业提供贷款，给予他们资金支持。

（3）建立能源低碳化价格机制。政府可以对能源行政性限价，实施价格调节政策，用价格杠杆和机制引导低碳消费，资源节约。政府的最高限价应施加于垄断性自然资源及其相关产品（如水、电等），以保证公众日常生活的基本需求。最低限价应用于不可再生的或紧缺的自然生态资源产品（如石油、煤炭、稀有金属等），以促使该废弃物能被再利用。通过政府限价能够有效减少污染和浪费，也就是以提高价格的方式增加能源使用成本，限制高碳行为、浪费行为，也可以实行阶梯式水价政策、用电差别定

---

① 杜明军：《构建低碳经济发展耦合机制体系的战略思考》，《中州学刊》，2009 年第 6 期。

② 金乐琴：《中国低碳发展：市场失灵与产业政策创新》，《北京行政学院学报》，2010 年第 1 期。

价政策，对超过能源效率、能耗限额标准的企业或个人实行超耗收费。[①]

三、“硬化”舆论监督机制

1. 加强信息披露力度

在低碳经济的监督体系中，信息披露是基础，只有完善了信息披露制度，公众监督和舆论监督才有落脚点，才能起应有的作用。建立对高碳行为和高能耗的信息披露和举报制度，同时对一些积极进行节能减排、降低能耗的企业进行宣传和表扬。强化企业家责任和企业社会责任，引导企业生产高质量和低能耗产品，在公众中树立良好的“低碳经济”形象，促进政府、企业完成低碳经济的目标和指标。

实行低碳信息公开，第一，实行白名单、黑名单制，将构成环境损害和不符合清洁生产最低指标的企业公布，将之放入大众视野；第二，将环境法规、许可证审批规定公之于众，充分实现公众的知情权和参与权；第三，定期向社会公布 GDP 能耗、主要污染物排放量等，引入第三方评估，以透明换监督。

2. 打通低碳监督机制渠道

公众监督是社会监督的重要方面，公众监督无时不在，无处不有。在现实生活中，许多企业过度使用化石能源，向大气中排放二氧化碳等废气，但由于这些行为没有直接侵犯特定的公民、法人或组织的权益，或者造成的损害难以量化为经济损失，限于我国法律构成要件中的“直接利害关系”或者“直接受到经济损害”的制约，会导致无人享有诉权，只能寄希望于环保部门。同时，由于政府在经济利益中依赖于经济体和企业，对于破坏环境者和“三高”企业，环境保护行政部门因行政体制方面的限制和缺乏强有力的执行手段，心有余而力不足，致使许多环境违法行为长期得不到有效制止。因此，要完善公众监督机制，丰富低碳监督机制的手段，从真正意义上“打通”监督渠道。可借鉴美国建立环境公益诉讼和环境影响评价听证制度来保证公众监督的有效实现。

美国的环境公益诉讼主体不限于因污染行为而受到直接经济损失的个

---

① 朱秦：《低碳经济发展的政府应对之策：能力建设与管理变革》，《大连干部学刊》，2010 年第 26 卷第 5 期。

人或组织，只要是受到了影响（包括经济损失和非经济损失），或者有受到严重影响的可能，任何人、任何组织都可以对污染行为主体提起诉讼。宽泛的诉讼主体范围充分保障了社会公众的诉权，加之严厉的惩罚措施，遏制并防范企业的污染行为。我国应建立主体范围宽泛的公益诉讼制度，并将二氧化碳超标排放也作为环境破坏行为纳入可诉范围。同时，美国较为完善的环评听证制度为我国相关制度的完善拓宽了思路，可以借鉴并建立适合我国的环境听证制度，提升公众的参与度、保障听证的独立性以及听证结果的公开和执行，控制行政权力的滥用，保证群体利益。

3. 保障媒体舆论监督权力

舆论监督是通过新闻传播载体为民立言，反映群众意愿，维护法律尊严，推动社会发展的特殊社会监督形式。它虽不具备法律强制力，但会对被监督对象形成巨大的压力。马克思称它为“第三种权利”，因此要充分发挥舆论监督在社会监督中的作用。我国有 2000 余家公开发行的报纸、3000 多家电视台、1000 多家广播电台、近 1000 家期刊。但到目前为止，我国的法律体系中，仍没有媒体监督方面的直接法律。媒体监督处于无法可依的窘态，这给其监督效果的发挥带来了非常大的困难。媒体监督作为我国监督机制的重要组成部分，只有在法律法规的保障下才能够健康发展，才能够取得有效的监督效果。①

因此，要深化舆论改革，完善监督体系。一是舆论监督法律化。我国法律虽多，但新闻法律仍不健全。在舆论管理上，人治色彩浓厚。舆论监督迫切需要制定《新闻法》，规定舆论监督的权利、义务、性质、任务，以及对违法者的制裁等，保护新闻、通讯单位的合法权益。二是创造良好的舆论监督环境。社会各界对舆论监督要实事求是地支持和配合，不能求全责备，压制监督。三是保持舆论监督的相对独立性。新闻工作者要在宪法、法律的范围内活动，但在舆论监督上要有具体操作权。在内部管理上有人事、经济自主权；在业务上有采访、发稿决定权。②

---

① 杨韵：《媒体监督权力缺失与法律保障机制研究》，《科技与出版》，2012 年第 3 期。
② 马洪申：《完善社会监督机制的思考》，《商丘职业技术学院学报》，2004 年第 4 期。

第六章　低碳经济发展与金融的关系

发展低碳经济是一项系统而复杂的工作，涉及国家经济发展方式的全面转型和各个产业的升级调整以及低碳技术的全面应用，在此过程中，金融的支持必不可少。用金融机制来帮助解决气候危机问题，这属于环境金融的外延，属于环境金融和绿色金融在应对全球气候变化问题上的创新发展和延伸，有成熟的理论基础。本章希望进一步丰富和发展金融支持低碳经济的相关理论，促进金融在低碳经济发展中发挥更大的作用。

低碳经济发展就是经济低碳化的过程，而碳排放强度的降低则是此过程的核心。因此，本章将通过论证金融发展有助于碳减排以揭示金融对低碳经济发展的影响，论证低碳经济决定金融发展方向以揭示低碳经济对金融的影响，从而提出金融低碳化助推低碳经济进入“快车道”的战略选择。

第一节　金融发展对低碳经济影响的理论分析

一、金融与低碳经济的耦合效应

金融发展与经济增长之间的耦合效应研究，始于金融发展理论。其中，部分经济学家认为金融发展是经济增长的必要条件（Goldsmith，1969；Mckinnon，1973；Shaw，1973），这便是Patrick（1966）所概括的金融发展的“供给主导”（Supply–Leading）作用。金融发展在储蓄动员、风险管理、交易便利等方面的积极作用有助于经济增长。Patrick（1966）则提出，金融发展相对于经济增长处于一种“需求遵从”（Demand–Following）

地位，并认为金融的发展源于经济增长所引致的新增金融服务需求。[①] 结合以上两种理论观点和现实状况，金融发展与经济增长间存在双向关系。低碳经济作为一种以低污染、低能耗、低排放为基本特征的经济形态，它与金融的关系必然离不开金融发展理论所既定的范畴。

1. 低碳经济内生金融需求

首先，作为一种全新的经济形态，发展低碳经济面临诸多机遇和挑战，其中巨大的资金缺口产生了巨大的金融需求。根据最新的世界银行《2010 年世界发展报告:发展与气候变化》的报告称，当前发展中国家适应气候变化与减排的资金存在巨大缺口。目前，发展中国家每年的气候融资仅为 100 亿美元，而该报告预测，到 2030 年时每年所需的适应资金为 750 亿美元，减排资金为 4000 亿美元。如果考虑新技术的研发，则每年还需要额外的 1000 亿~7000 亿美元。作为最大的发展中国家，中国在向低碳经济转型中同样面临着巨额资金难题。根据《斯特恩报告》测算，以全球每年 GDP 的 1%进行低碳经济投资，就可以避免将来每年 GDP 5%~20%的经济损失。以中国 2009 年的 GDP 4.91 万亿美元为基数计算，中国向低碳经济转型所需要的投资大约为每年 491 亿美元合 3000 多亿元人民币，目前这方面的资金缺口还非常巨大。[②]

其次，低碳经济的发展促进了“碳交易”市场机制的形成。以发展低碳经济为目的的国际公约《京都议定书》利用市场机制作为解决以二氧化碳为代表的温室气体减排问题的新路径，即把二氧化碳排放权作为一种商品，从而形成了二氧化碳排放权的交易，即“碳交易”。随着全球“碳减排”需求和碳交易市场规模的迅速扩大，碳排放权进一步衍生为具有投资价值和流动性的金融资产。为了让碳减排获得持续不断的融资和资金流，更为了从碳减排权中获得能源效率和可持续发展的收益，全球开始建立碳资本与低碳金融体系，从此碳金融逐渐成为抢占低碳经济制高点的关键，以发展低碳经济为目标的碳金融成为金融机构尚未挖掘的“富矿”。[③]

---

① Patrick, H.T.. “Finacial Development and Economic Growth in Undeveloped Countries”, *Economic Development and Cultural Change*, Vol.34, 1966, pp.174–189.

② 汪陈、何圣财、金利娟:《构建低碳经济创新型金融支持体系实证研究》,《金融论坛》, 2010 年 (S1)。

③ 初昌雄、周丕娟:《碳金融: 低碳经济时代的金融创新》,《金融与经济》, 2010 年第 2 期。

2. 金融供给推动低碳经济发展

金融创新是促进经济发展、提高经济效率的重要机制。随着各国应对气候变化政策力度的不断加强，金融市场也对此做出了迅速而强有力的反应。银行业积极加大对低碳消耗项目的贷款；通过开发各种连接不同市场的套利产品，如碳排放信用（CERs）和欧盟碳排放配额（EUAs）之间以及 CERs 与 ERUs（欧盟联合履行机制下的减排单位）之间的互换交易，基于 CERs 和 EUAs 价差的价差期权（Spread Option），等等，用来锁定、隔离、规避与气候变化相关的风险，使对未来预期更为稳定，还可提高价格机制的效率；同时，通过金融市场，碳排放指标的透明定价，完善了包括直接投资融资、银行贷款、碳基金、碳指标交易、碳期权期货等一系列金融工具为支撑的碳金融体系。这一系列创新一方面直接左右了产业发展的方向，促进和鼓励节能环保产业的兴起和发展；另一方面，金融机构将资金投向低碳经济就可以带动这个行业技术创新，乃至制度变革，最终推动低碳经济发展壮大。

3. 金融与低碳经济互利共生

金融作为现代经济的核心，在低碳经济时代也将发挥无可替代的作用；金融作为现代服务业的重要领域，其自身的发展必须以经济环境为依托。根据金融共生理论的观点，金融与低碳经济之间是一种相互依存、交互作用的关系。一方面，由于我国长期以来依赖于传统经济发展模式，很多企业的投资因“锚定效应”已经形成巨额的沉没成本，转向利用绿色能源、发展清洁能源、研发新的技术、引进新的设备等，都需要大量的资金，无论是风险投资的进入还是信贷资金的投放，都需要金融的大力支持；另一方面，经济在由高碳向低碳转变过程中，也为金融体系提供了全新的发展空间，低碳产业、低碳能源和低碳技术的发展都将为金融带来巨大的交易市场。从而，金融与低碳经济在相互促进中实现了可持续发展。

二、金融影响低碳经济的机制分析

金融发展可通过技术进步和产业结构调整影响低碳经济发展。其中，技术进步是促进低碳经济发展的动力因素，而产业结构调整则可表现为低碳经济发展的结果。

1. 金融发展的技术进步效应

所谓金融发展的技术进步效应，是指金融通过其各种功能的发挥促进技术进步。它一般通过调节社会资源配置、影响外商直接投资（FDI）的技术溢出和增加人力资本积累等渠道进行。首先，金融通过对自身资源的配置，能够调节其他社会资源要素的优化配置。金融资源的有效配置对整个社会的资源配置具有极其重要的引导作用。例如，通过信贷和资本市场，金融实现了国民的储蓄到投资的转化，将社会闲置资金进行集中后，投资于那些有利于技术进步和经济发展的项目中。此外，金融通过资源的配置，也可以进一步引导人力、物力等社会资源在经济体中的流动，实现优化配置，促进技术进步。其次，FDI 的技术溢出是指外商对东道国进行直接投资的同时，会带来更加先进的生产工艺、管理手段，再通过技术扩散对东道国的技术进步产生影响。国际技术外溢已经成为开放经济技术进步的重要来源，所以急需实现技术进步的发展中国家都会采取积极的政策吸引 FDI。金融发展水平则是影响 FDI 的技术溢出效应的重要因素。最后，人力资本积累对于技术进步具有举足轻重的作用，而金融的支持对人力资本的积累更具有无可替代的作用。人力资本的积累离不开发达的教育、培训体系的支持，而发达的教育、培训体系需要金融发展和相关金融制度的支持。人力资本的形成需要进行教育投资，建立发达的教育、培训体系，教育投资因为其回收期较长、风险较高、资本要求较高等很难通过自由资金来解决资金问题，因此需要较为发达的金融体系，通过信贷市场、资本市场为教育投资提供金融支持。

2. 金融发展的产业结构调整效应

所谓金融发展的产业结构调整效应，是指金融通过其功能的发挥实现产业结构的优化升级。金融对于产业结构的调整效应，贯穿于金融发展的始末。首先，金融对于产业结构调整的支持很大程度上是在国家的产业政策指导下完成的。特别是在我国，政策性金融（包括一切规范意义上的政策性贷款，一切带有特定政策性意向的存款、投资、担保、贴现、信用保险、存款保险、利息补贴等一系列特殊性资金融通行为），已经成为我国实现产业政策的重要调节手段。产业政策通过指导金融资源的分配，进而引导社会资源的分配，实现国家的产业调整目标。比如，支持新兴战略产业发展、支持“三农”以及解决中小企业融资难题等。

其次，金融所特有的渗透规律能够引导产业结构进行自发性的调整。

金融渗透是指金融参与到经济运行过程之中，并且通过金融资源的配置对经济的运行产生重要影响的过程。金融渗透的程度决定了不同的产业、企业、区域、人群所能够得到的金融支持的多寡。由于金融资本自身的逐利性、避险性等特征，从行业角度看，那些国家支持的新兴朝阳产业相比那些国家限制的夕阳产业更容易获得金融的支持，从企业角度看，那些盈利能力强、稳健的企业更能获得金融的支持。这就导致了金融渗透自发的实现产业、行业、企业的优胜劣汰，从而实现产业结构调整和产业升级。

再次，金融业资源配置效率的提高也会带来产业结构的优化。金融的发展能够通过发展多层次金融市场、开发多样化的金融工具、发展多样化的机构和交易机制，提高对资源的配置效率，对产业结构的调整和升级产生有利的影响。比如，一般的金融体系中，银行机构更倾向于大额贷款和大客户；日益增多的金融机构和不断创新的金融工具能为更多的企业、个人提供金融服务。这也是我国进行金融改革、促进金融发展的重要方向。

最后，金融体系的风险管理功能也将促进产业结构的调整。经济结构的调整是经济发展过程中必然面临的问题，却也是经济波动和经济风险的重要来源。经济结构的调整，必然会导致经济体系中原有的某些均衡被打破，从而引发经济调整和转型的“阵痛”，可能引发经济风险。然而，随着金融的发展，可以利用金融工具分散、转移、管理风险的能力来解决经济结构调整带来的各种问题和风险。金融发展所带来的金融对于风险管理能力的加强，将有助于产业结构调整的实现。

第二节　金融发展对低碳经济影响的实证分析

一、数据选择和模型构建

1. 数据选择

碳排放强度降低是低碳经济发展的核心，因此低碳经济以碳排放量来衡量。选取 1979~2009 年我国的金融发展与碳排放量相关数据，利用 VAR 模型对金融相关率、碳排放强度两个变量之间的关系进行实证研究。

（1）金融相关率选择戈氏指标，表达式为 FIR =（M2 + L + S)/GNP（GDP)，式中 M2 为 M1（现金和活期存款）加短期存款，L 为非货币性银行存贷款，指较长期的存贷款，S 为有价证券。其中，非货币性银行存贷款以金融机构定期存款额衡量，有价证券以债券（国债、企业债、金融债）余额和股票市值加上保险公司总资产衡量。部分数据和计算结果如表 6-1 所示。

表 6-1　中国金融相关率戈氏指标计算

年份	M2（亿元）		L（亿元）	S（亿元）			GNP（亿元）	FIR（%）
	M0	存款		股票市值	债券余额	保险公司总资产		
1999	13456	106442	44955	26471	12506	2390	88479	231
2000	14653	119958	46142	48091	19651	3374	98001	257
2001	15689	142613	51435	43522	23113	4591	108068	255
2002	17278	167729	58789	38329	26790	6320	119096	265
2003	19746	201477	68499	40110	30259	9088	135174	273
2004	21468	231739	78139	37056	30935	11954	159587	258
2005	24032	274724	92264	32430	34942	15286	184089	257
2006	27073	318505	103011	89404	39491	19704	213132	280
2007	30334	373067	104934	327141	62790	29327	251483	367
2008	34219	440948	139300	121366	65302	33000	300670	277
2009	38246	567979	160230	243939	86643	41000	335353	339

数据来源：根据中国人民银行、中国银监会、证监会、保监会与国家统计局网站公开数据整理。

（2）碳排放强度指标：碳排放强度的计算公式为 $GOC_t = \frac{\text{年度 } CO_2 \text{ 排放量}}{\text{当年 GDP}}$，本书中的中国二氧化碳排放量来源于美国能源部二氧化碳信息分析中心（CDIAC）发布的关于各国年度二氧化碳排放量报告中中国 1979~2009 年的排放数据；GDP 数据则是采用以 1978 年我国基准物价水平，消除了物价影响后的 1979~2009 年的各年度实际 GDP 数据。

2. VAR 模型构建

为了研究中国金融发展对于碳排放的影响，选取中国的金融相关率数据和碳排放强度数据作为两个时间序列变量构建 VAR 模型，通过研究这两个变量的动态关系来分析中国金融发展和碳排放之间存在的关系。VAR 模型的表达式为：

$$Y_t = A_1Y_{t-1} + A_2Y_{t-2} + \cdots + A_pY_{t-p} + \varepsilon_t \quad t = 1, 2, \cdots, T \qquad (1)$$

（1）式中 Y_t 为 $\begin{bmatrix} FIR \\ GOC \end{bmatrix}$，$\varepsilon_t$ 为随机扰动列向量，A_P 是待估计得系数矩阵。

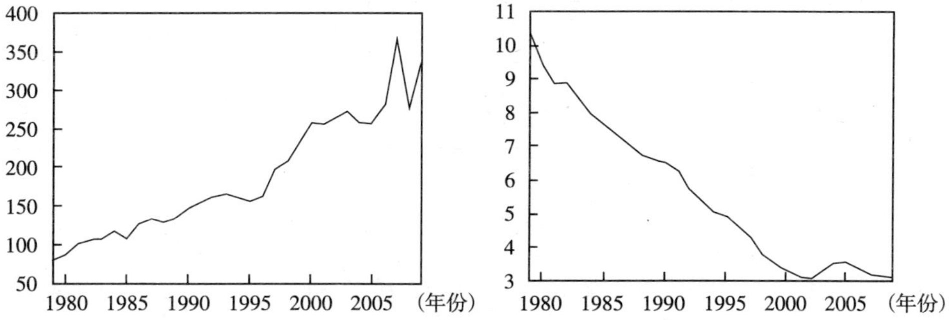

图 6-1　1979~2009 年中国金融相关率、年度碳排放数据趋势

二、基于 VAR 模型的实证

1. 数据平稳性检验

书中将金融相关率和碳排放强度两个变量分别记为 FIR 和 GOC，序列的一阶差分记为 DF 和 DG。笔者采用 ADF（Augmented Dickey-Fuller Test）检验法来检验这两个时间序列变量的平稳性，检验结果如表 6-2 所示，两个时间序列都是一阶单整的，记作 I（1）。

表 6-2　序列平稳性检验结果

变量	检验形式（C，T，L）	ADF 统计量	1%临界值	5%临界值	10%临界值	结论
FIR	（C，T，1）	-2.334582	-4.309824	-3.574244	-3.221728	非平稳
DF	（C，T，1）	-3.557701	-2.650145	-1.953381	-1.609798	平稳
GOC	（C，0，1）	-0.374349	-4.309824	-3.574244	-3.221728	非平稳
DG	（C，0，1）	-2.394945	-2.650145	-1.953381	-1.609798	平稳

检验类型中的 C、T、K 分别代表常数项、趋势项、滞后阶数。

2. 确定模型滞后阶数

为了模型进行各项检验的便利和准确性，需要确定模型的最大滞后阶数。根据模型滞后期确定的信息准则可知，模型的滞后阶数为 3。

表 6-3　确定向量自回归模型滞后期的信息准则

	LogL	LR	FPE	AIC	SC	HQ
0	-176.4645	NA	3141.194	13.72804	13.82481	13.75590
1	-108.0406	121.0576	22.16831	8.772353	9.062683	8.855958
2	-97.86486	16.43772*	13.89100	8.297297	8.781180*	8.436638
3	-91.96060	8.629298	12.21024*	8.150815*	8.828252	8.345893*
4	-89.39452	3.355638	14.08369	8.261117	9.132107	8.511931
5	-87.56905	2.106313	17.56771	8.428389	9.492932	8.734939

注：* 代表最优滞后期。

3. 格兰杰因果检验

VAR 模型的另一重要应用是因果关系检验，即检验一个变量的变化是否引起另一个变量的变化。由 Granger（1969）提出，Sims（1972）推广的因果关系检验方法有着非常广泛的应用，即格兰杰因果性检验。这种检验实际上是检验将一个变量的滞后量引入到其他变量方程中的合理性。

在这里进行格兰杰因果检验，可以考察两个变量之间是否存在格兰杰因果关系，如果存在，是单向的还是互为格兰杰因果关系，以及彼此间的格兰杰因果关联程度。检验之前，要保证序列是平稳的，所以选用一阶差分数据 DLF、DLC 进行格兰杰因果检验，选取滞后阶数位 3，并根据惯例设置显著性水平为 5%的情况下进行格兰杰因果检验，如表 6-4 所示。

表 6-4　格兰杰检验结果

Null Hypothesis	Obs	F-Statistic	Prob.
DF does not Granger Cause DG	29	5.50375	0.0144
DG does not Granger Cause DF	—	1.18148	0.2736

检验结果显示：在 5%的置信水平下，DF 是 DG 的格兰杰原因，且格兰杰因果关系较为明显，而反过来则不明显成立，因果关系较弱，DG 不是 DF 的格兰杰原因，这说明金融发展水平的变动是碳排放强度变化的格兰杰原因。

4. 模型稳定性检验

由于未验证两列数据是否存在协整关系，应对所构建模型进行稳定性检验，以保证将要进行的脉冲响应等检验结果的正确和稳定。图 6-2 所示为模型的 AR 根检验结果表明，模型是稳定的，可以进行脉冲响应分析。

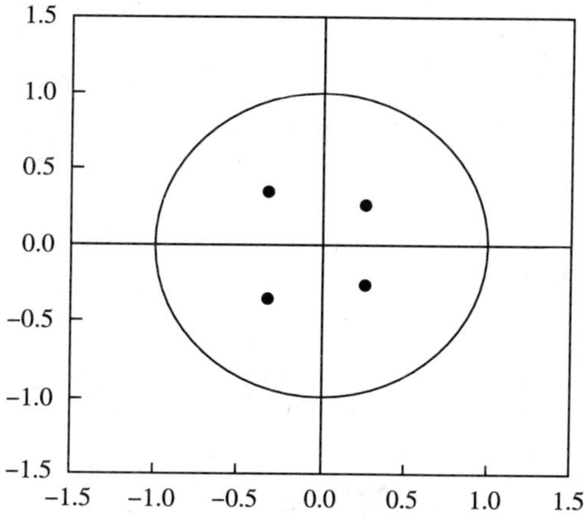

图 6-2　模型稳定性检验的 AR 根

5. 脉冲响应分析

为了具体的描述变量间的相互作用过程，需要进一步通过脉冲响应函数进行脉冲响应分析。格兰杰因果检验是向量自回归检验的基础和前提，如果数据不能通过格兰杰因果检验，则说明变量间不存在因果关系和相互影响，那么进行 VAR 分析也没有意义。但是格兰杰因果检验有其不足之处，它只证明了变量间因果关系的存在性，属于定性的检验，还需要通过脉冲响应函数分析等手段进一步验证变量间具体的关联关系、相互影响的方向、程度等。

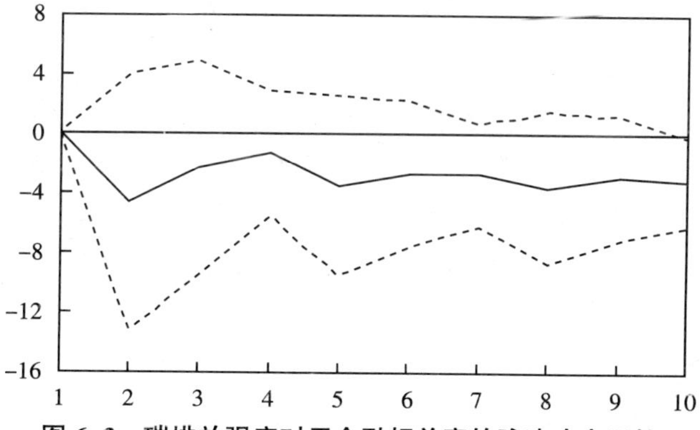

图 6-3　碳排放强度对于金融相关率的脉冲响应函数

由图 6-3 可以看出，当在本期给予金融相关率一个正向冲击后，碳排放强度将会受到反向影响，这种反向的影响在第 2 期达到最高值，之后出现一定的波动性，在第 5 期开始比较稳定，而且这种反向的影响具有较长的持续效应。这说明了我国的金融发展对于我国的碳排放强度具有反向影响，即金融发展能够促进碳排放强度的降低，而且这种效应具有很长的持续效应，当期的金融发展会对之后很长时间的碳排放强度产生反向影响。换句话说，我国的金融体系通过对经济的影响，对碳排放强度的降低做出了贡献，金融成为我国实现碳排放控制的重要手段和机制。

三、结论及进一步分析

1. 金融对低碳经济产生持续积极影响

通过构建 VAR 模型对我国的金融发展和碳排放强度进行分析，对二者之间的动态关系进行的实证研究发现：首先，我国的金融发展是碳排放强度变化的格兰杰原因，二者之间存在格兰杰因果关系；其次，在实证数据的时间段内，我国的金融发展促进碳排放强度的降低；最后，我国金融发展对于碳排放强度的反向影响具有较长的持续效应。

本书的理论分析结合本节中的实证分析结果表明，我国金融发展通过影响金融资本和社会资源在不同产业和企业间的配置，对于产业结构调整、技术结构调整、能源使用结构以及能源的碳排放系数产生了间接的影响，从而为我国的碳排放强度下降做出了贡献，促进了低碳经济的发展。

2. 对结论的进一步分析

必须指出，实证部分不能说明金融具体通过何种途径，对于哪个或哪几个关键性的中间因素产生影响，从而促使了碳排放强度的降低，因此必须做进一步的分析，以期探讨原因，找出金融支持低碳经济的制高点。

（1）金融资本引导产业结构低碳化作用有限。根据《中国能源报告（2008）：碳排放研究》对碳排放强度的结构分解，① 1980~2005 年由于能源强度下降导致物质生产部门碳排放强度下降 1.39 吨碳/万元，产业结构变化导致碳排放强度增加 0.24 吨碳/万元，终端能源消费结构变化导致碳排放强度增加 0.15 吨碳/万元，碳排放系数变化导致碳排放强度减少 0.04 吨

① 魏一鸣：《中国能源报告（2008）：碳排放研究》，科学出版社 2008 年版。

碳/万元，综合以后碳排放强度在此期间下降了 1.03 吨碳/万元。

因此，产业技术进步带来的能源强度的下降是导致我国碳排放强度下降的决定性因素，碳排放系数的降低对碳排放强度下降也有一定贡献，而产业结构调整和终端能源消费结构的变化事实上不利于碳排放强度的下降，有一定的反向影响。由此认为，我国金融发展主要是通过发挥金融的功能，促进了产业技术的总体进步，从而影响能源强度，进而影响了碳排放强度；我国金融通过引导资本投向对我国产业结构低碳化调整的作用其实没有实现，或者说金融发展的这种作用因为比较有限，可能被其他因素的作用抵消。

（2）成本与风险约束限制金融资本的低碳业务开展。要实现金融领域的低碳发展和生态创新，金融企业面临较大的机会成本和交易成本。一方面，由于低碳经济尚处于初期发展阶段，所需投入的资金巨大，而其收益却面临着较强的不确定性。传统经济发展模式虽社会效应较差，却仍然具有较强的经济效应。在流动性稀缺的前提下，金融业将资金及其他资源投向低碳业务，则相当于放弃具有较高的经济回报的业务，其机会成本较高。另一方面，由于缺乏碳交易定价权和统一的碳交易平台，我国参与 CDM 项目及其他碳交易过程中需要支付巨大的交易成本。此外，基于项目的交易涉及跨国项目的报批和技术认证等问题，监管部门要求指定的国际运营机构来负责项目的注册和实际排放量的核证，所涉及的费用高昂。在政策缺失的情况下，CDM 机制和节能减排所蕴涵的巨大商业价值短期内无法有效转化为现实利润，金融机构发展低碳金融业务的经济目标与生态目标存在矛盾。

一般来说，投资的收益往往与风险相伴而生。但是，目前来说，金融的低碳业务却存在风险与收益不对等的局面。首先，在政策法规缺失的条件下，金融低碳业务存在着较高的市场风险。其次，在 CDM 机制下以项目融资为主的低碳金融业务向碳基金、碳期货和碳证券金融衍生品的交易范畴扩展和延伸过程中，往往涉及跨国交易，这就无法回避东道国政策法规和国际规则的约束。再次，项目建设和评估过程中，项目可行性分析是否通过、项目是否按期建成投产、碳排放量的评估测算是否符合要求等均存在不确定性，使得高端低碳金融业务面临较大的项目风险；同时，由于缺乏必要的低碳金融业务知识和专业人才储备，国内金融机构难以独立胜任发展低碳金融的重任。最后，由于低碳金融项目需要依托国际市场，国内金融机构在交易中需要频繁与国际金融组织、专业评估公司和金融中介机构等进行接触，业务往来中存在较多不确定性因素。

（3）发挥政府规制作用有助于金融支持低碳经济发展。在低碳经济发展及金融向低碳转型的初期，控制碳排放往往具有较强的“社会责任”特性。企业向低碳转型初期，并非出于利润最大化的目的，而是出于向社会树立其“勇于承担社会责任”的形象。特别是在金融业开展低碳业务需要支付巨大的机会成本和交易成本，同时其收益还面临各种市场风险、项目风险及操作风险的情况下，金融企业一般不会主动开展低碳业务。因此，碳排放机制在其发展初期具有公共品性质。低碳经济发展过程中，尤其是发展初期不可能完全依靠市场化模式。政府作为宏观经济运行的管理者和引导者，必须适时介入低碳经济的发展过程，利用法律、经济等各种手段，健全低碳经济领域的法律体系，促使金融业积极创新，大力推出低碳金融业务，以加快优化能源结构、调整产业结构的步伐。同时，金融业应加强与国际间的合作，在宣传低碳经济，倡导绿色消费，改变人们的高碳生活方式，支持企业进行低碳经济的技术创新上发挥其杠杆作用。

（4）金融支持低碳经济表现为金融低碳化。首先，金融支持低碳经济的过程，本身就是金融低碳化的过程。低碳经济的发展，需要巨额的配套资金和配套的风险管理工具。金融低碳业务正是在这种需求之中逐步创新、开展的。其次，金融低碳产品通过渗透规律，深入到经济的各个层面，通过资源配置作用，引导经济低碳化水平向纵深方向发展，伴随着这种发展，必然引致更多、更复杂、更先进的低碳金融需求，从而促使金融向低碳方向发展。

第三节 低碳经济决定金融发展方向：金融低碳化

一、金融低碳化的内涵解读

1.“金融低碳化”体现为金融碳含量下降

金融低碳化就是要金融的发展与金融的运行逐步降低对环境、气候的影响，使金融机构的资金运用对实体经济产生碳减排的效果。因此，金融资产与金融业务实现低碳即是金融低碳化的过程。众所周知，金融自身并不与二氧化碳排放直接相关，它只有进入实体经济，在金融资本层面上使金融的配置影响到许多经济部门的运行，从而间接地导致二氧化碳排放量的变化。因此，若单位金融资源通过实体经济所产生的二氧化碳在减少，即金融含碳量的降低，便是在宏观整体上反映出金融的低碳化发展。这种发展是一种大势所趋，是在环境约束下，金融模式与结构的进步。该进步趋势所要显现的是污染排放的增长速率应该逐渐低于金融发展的速率，逐步实现金融发展与环境压力的“解耦”，使金融发展与碳排放之间的相应关系尽早地“分道扬镳”，让金融因素对实体经济所发挥出的作用不再是正向、同步地引起二氧化碳排放增长，而是扭转这种关系，使二氧化碳的产出随金融发展呈现下降趋势。

2. 金融碳含量量化为“金融碳强度”指数

为了对金融低碳化的程度进行数量刻画与衡量，可将金融含碳量量化为“金融碳强度”指数。这样，使一个国家金融低碳化的程度由社会融资总量的碳排放强度予以衡量。该指数公式设计为：金融碳强度（K）= 碳排放量（C）/社会融资总量（Q）。其中，社会融资总量表示金融机构通过资金运用对实体经济提供的全部资金支持，既包括银行体系的间接融资，又包括资本市场的债券、股票等市场的直接融资。该指标度量了一国金融的资金运用对碳排放量的贡献程度。如果一国的单位融资量所造成的二氧化碳排放量在下降，那么说明该国正在实现一个低碳的金融模式。

"金融碳强度"的指数设计，意在能直观、形象地描绘出金融低碳化的演进轨迹。对金融低碳化演进轨迹的把握则有助于识别低碳金融发展的状态，并对预测其发展阶段和前途有着不可或缺的作用。当然，"金融碳强度"指数并不能完全精确地描述金融低碳化的细节，这不影响指数在此所起的作用，其目的并不在于对一些特定的、具体的金融业务或金融情况做精确的描绘，而在于揭示金融低碳化演进的一般规律，探寻这一演进过程中可能展现的阶段性特征，并能对未来发展趋势做出基本预测。

二、金融低碳化发展过程

1. 金融低碳化的"三阶段"假说

经济由高碳向低碳转变必然导致金融的低碳化发展。一国随着经济结构调整、产业结构的优化升级及消费结构的转变不断向低碳方向发展，而金融作为现代经济的核心，其发展方向必然随经济结构、产业结构及消费结构的转变而转变。

在一国经济发展初期，以高增长为主要目标的工业化与城市化过程决定金融的低碳化尚无存在空间。工业化和城市化成为一国经济发展的主要推动力，但工业化过程又以大量能源与资源的消耗来完成其积累过程，高消耗与高污染产业的蓬勃发展，碳排放量自然会居高不下；国家发展此时专注的是建立自己的工业基础与工业体系，看重重工业对经济的贡献力。由此，第二产业会在此时成长较快，并且有着强化重化工业的发展趋势。金融行业作为理性的经济主体，追求的是利润最大化和风险最小化，必然不会置身事外。因此，金融资源被集中分配到重化工业等高碳排放的行业，增加了污染排放。

随着经济的进一步发展，产业结构升级和生产方式转变的要求使金融开始转向低碳化发展过程。当一国已经基本完成工业化目标，经济继续发展形成了产业结构再升级的要求时，政府开始引领产业结构向高价值含量、低碳产出的第三产业攀升。技术密集型产业与服务业等高端产业在经济中的地位上升，改变了第二产业在产业结构的重心位置。自然，产业结构的升级使新经济增长点迅速形成强烈的投资需求，资本的逐利性必然使金融资源的分布逐渐从传统工业中移出，被重新分配到新的产业上；并且随着新兴产业的发展，金融从环境保护的行为中发现更多的商机，金融资源会越来越倾向于此，直到传统产业被淘汰出局，金融资源完全在新兴产业之间分配。

总之，金融伴随着经济结构、产业结构及消费结构的优化调整而不断向低碳方向转变，从而导致金融碳强度呈现出逐步下降的趋势。金融碳强度的变化规律以经济结构、产业结构、消费结构的优化速度和进程为基础，依次表现为缓速下降阶段、快速下降阶段和平缓收敛阶段，如图 6-4 所示。

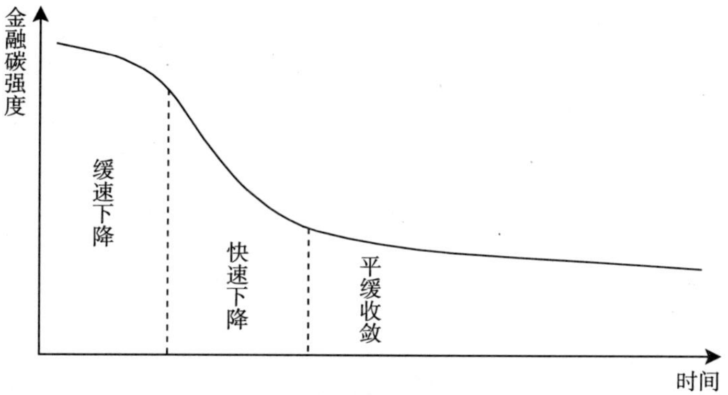

图 6-4　金融低碳化演进阶段

2.“金融碳强度”缓速下降阶段

在这一阶段，金融只注重经济效益，忽视节能减排和环境问题。金融机构对环境的关注获取收益的可能性很低，只能增加成本，因而会对环保采取抗拒的态度。在依靠消耗资源能源的经济增长方式下，环境恶化程度在很大程度上随金融发展而加剧，这一阶段称为金融的“环境红利”阶段。“环境红利”表明金融和经济的发展是建立在消耗能源和污染环境的基础上的，且金融机构并没有积极采取措施改善环境。[①] 由此使得金融的碳强度在曲线表现出了下降程度小、难度大、速率慢的外在形态。

1950~1970 年的 20 年间，是日本工业高速增长和快速城市化的阶段。1956~1973 年是日本工业发展的黄金时期，18 年间工业生产增长 8.6 倍，平均每年增长 13.6%，重化工业的平均增长率上升到 15.80%，其对制造

① Qiao Haishu, Zhu Juan, Huang Hao. “The Impact of Financial Development on Environment: An Empirical Analysis from 1996 to 2005 in China”, *Procedia Engineering*, Elsevier LTD, 2011.

业增长的贡献度也不断提高，在1956~1970年达到66.3%。同时，1960~1970年的城市化水平以年均2.51%的速度增长，是整个国家增长速度的两倍多，到1970年，72.1%的日本人口居住在城市中（见表6-5）。因此，这一经济阶段中的产业发展特点、企业类型和融资需求内生地决定了特定的金融服务需求（林毅夫等），这也从根本上决定了在此阶段这种对重化工业支持的金融结构；金融并未给予环境可持续的关注，在金融碳排放强度上呈现一个较为平缓的下降过程。

表6-5 日本重化工业增长率及其对制造业增长的贡献

年份	增长率（%）	
	全制造业	重化工业
1921~1938	6.53	9.83
1956~1970	11.83	15.80
1971~1987	3.85	5.20

资料来源：［日］南亮进：《日本的经济发展》，经济管理出版社，1992年版。

3.“金融碳强度”快速下降阶段

在第二阶段，金融业关注经济效益的同时，开始探索与低碳相关的金融活动。金融机构开始意识到必须同实体经济一样共同关注环境问题带来的负面影响，以此来降低经济发展与自身运营的风险，由此金融业开始引入环境保护理念，强调金融业需要关注生产过程和人类生活中的污染问题，为环境与生态发展提供相应的金融服务和产品，逐步形成有利于节约资源、减少环境污染的金融发展模式，以使金融的运行减小对环境的影响。从此阶段起，低碳金融相关的业务制度基础开始形成，逐渐有了信贷业务许可或准入、监管制度；经济向高层次方向的发展形成了对低碳金融业务的市场需求，出现银行低碳信贷和低碳产业直接融资的金融支持。表现在金融碳排放强度上，则开始加速下降，下降的速率和幅度均较大。

在20世纪70年代，日本已经完成工业化目标，第三产业逐渐成为国民经济的重要组成部分（见表6-6）。差不多同一时期，石油危机使日本对经济发展的资源与环境约束有了“切肤之痛”。因此，日本迅速出台一系列法律法规以适应低碳发展的要求，逐步加快产业结构的升级调整。在政府的规制与引导下，企业将节能减排视为企业的核心竞争力。因而，在经济结构与增长方式调整的“倒逼”及政府规制下金融机构被动采取了新的应对策略，金融资源的配置开始发生转移，使资金分布从高碳、高能行业转出，向低碳的第三产业倾斜，“低碳”领域资金供给水平和配置结构的变化助推了经济的低碳化和碳排放强度的下降。

表 6-6　日本 20 世纪 60~80 年代产业结构变化

单位：%

时间	第一产业占比	第二产业占比	第三产业占比
20 世纪 60 年代	14.9	36.3	48.8
20 世纪 70 年代	5.9	43.1	51.0
20 世纪 80 年代	3.6	37.8	58.6

资料来源：日本总务厅。

4.“金融碳强度”平缓收敛阶段

此阶段，金融全方位开展低碳实践，建立支持低碳经济的金融体系。随着金融观念与金融技术的进步，创新的碳金融盈利模式也逐步被参与者熟悉，因而金融机构会积极地采取一些手段开展环境友好的业务，会主动在投融资过程中突出环境影响评估及其透明度。因此，当金融机构主动并希望将资金放到适应可持续发展的投资方式中来时，新的投资产品（如碳权交易及其衍生品）就此出现，并创造出多样化的投资与交易机会；金融机构加深参与碳市场增容并增强其流动性，市场也由此愈发透明；一个迈向成熟的市场反过来又吸引更多的企业、金融机构甚至私人投资者参与其

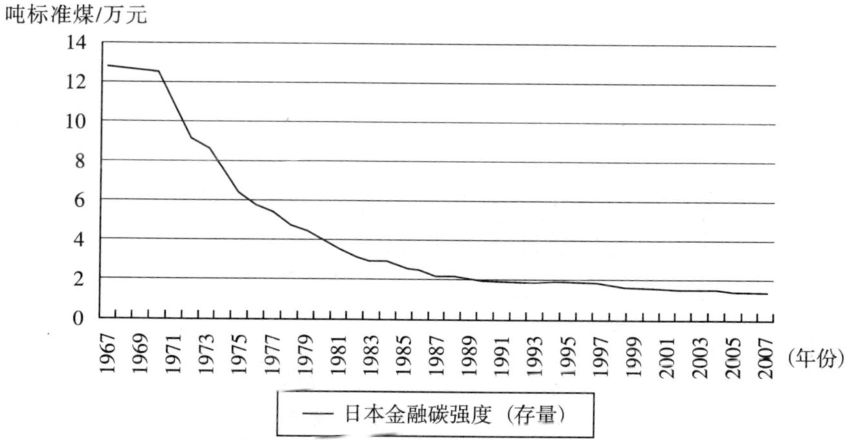

图 6-5　日本金融碳排放强度趋势

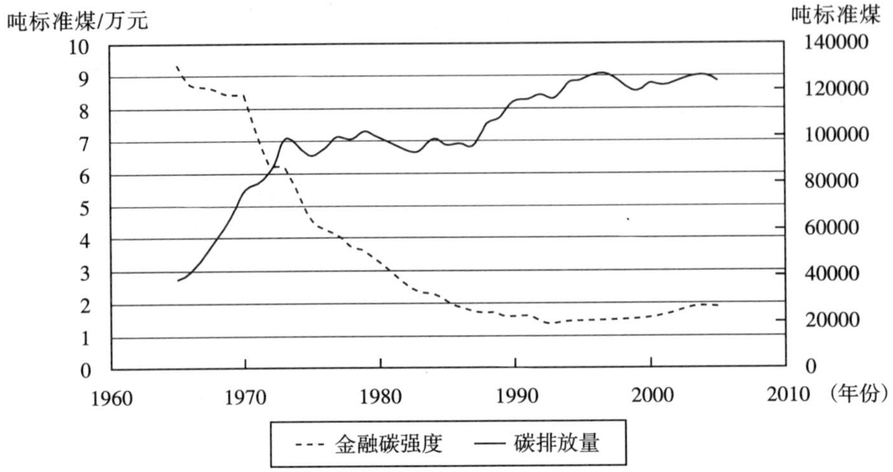

图 6-6　日本金融碳排放强度与碳排放量关系示意

中，从而形成一个发展的良性循环系统。于是，金融激励方式逐步上升为鼓励生产者和消费者参与环保的主要手段来使用，金融成为优化配置资金与环保资源、促进低碳产业发展和提高低碳技术效益的一种有效的市场手段。此时，金融碳强度呈现出平缓收敛状态。

第四节　推进金融低碳化，加快低碳经济发展

金融的低碳化发展为实现经济结构的低碳转型提供了全新的途径。第一，通过低碳金融工具、制度实现对企业履行社会责任的监督和约束，带动了中国“低碳经济”的发展。第二，增强了向低碳项目“输血”的功能。碳权交易为引进域外投资提供了一种新的渠道，不但降低了发达国家减排成本，同时可以促进减排技术和资金向发展中国家转移，确保了“低碳经济”发展有充足的“血液”。第三，依托商业银行、信托基金等国内金融机构和国际金融机构之间联动、互动的低碳化金融机制，能更好地引导投资趋势，通过投资倾向和流动加快技术创新，推进产业结构优化升级和转变经济发展方式。因此，必须努力推进金融的低碳化，助推低碳经济进入“快车道”。

一、金融低碳化助推低碳产业

1. 发挥绿色信贷引导产业低碳化功能

"绿色信贷"是国家环保总局、中国人民银行、银监会三部门为了遏制高耗能、高污染产业的盲目扩张，于2007年7月30日联合提出的一项全新的信贷政策。作为我国银行业践行环保责任的规范，"绿色信贷"正起着越来越重要的作用。越来越多的银行把项目对于环境的影响作为是否放贷的考量指标，比如，"环保一票否决制"，加大节能减排信贷支持力度。另外，越来越多的银行与世界银行等国际金融机构合作开展能效贷款服务。但是，在"绿色信贷"政策实施和推进过程中，还面临着政策体系不够完备、缺乏监督评估和制约机制等难题，需通过合理的制度设计，进一步提高"绿色信贷"的实施效率，[①] 从而有效助推产业低碳化。

首先，打造"绿色信贷"发展的良好制度环境。推行绿色信贷，必须要有良好的财政税收机制与环保法制作为制度基础，为其发展创造外部环境。尤其是要加强对于企业生产经营行为的"环境规制"，只有被严格执行的"环境规制"才能使银行金融机构在信贷发放过程中充分重视环境风险，从而自发地执行"绿色信贷"原则。

其次，构建完善的"绿色信贷"监察体系。完善的"绿色信贷"体系应当包括对于"绿色信贷"的审核、评价以及相关奖惩机制。当前"绿色信贷"还只是一项对于银行业金融机构的指导意见，缺乏具体的评价和考核机制，这使国内金融机构缺乏执行"绿色信贷"的压力机制。很多银行业金融机构只把"绿色信贷"作为宣传企业形象的口号，声称其所有的信贷都是符合"绿色信贷"标准的，这严重削弱了此项政策在引导产业升级方面的作用。所以，应当尽快建立"绿色信贷"标准体系、完善评估、核查机制，改变当前市场的混乱状况。

最后，构建金融机构发展"绿色信贷"的动力机制。"绿色信贷"业务发展的重要"瓶颈"在于它与银行追求收益的经营理念存在冲突，发展

---

① Ziegler, Andreas. "Michael Schrader and Klaus Rennings: The Effect of Environmental and Social Performance on the Stock Performance of European Corporations", *Environmental and Resource Economics*, 2007 (4): 661-680.

“绿色信贷”业务对于银行有较大的外部性。造成这种情况的原因是由于“绿色信贷”支持的企业和项目一般面临着较大的技术不确定性，或者缺乏必要的抵押、担保，使得银行面临着更大风险，却没有相匹配的收益增加。为此，应考虑建立“绿色信贷”风险分担和补偿机制，比如，通过对“绿色信贷”业务进行差异化的监管措施，或者建立风险补偿基金，分担银行的相关风险、补偿银行可能的损失。

2. 完善资本市场以扶持低碳领域发展

应对气候变化、发展低碳经济需要政策、资金和技术三方面的支撑。当前我国主要通过银行等金融机构提供的间接融资方式，为低碳经济发展和碳减排项目筹集资金，资本市场对于低碳产业的支持较为有限。要充分发挥资本市场的作用，引导资金流向战略性新兴产业等低碳领域，促进产业调整和优化升级。

低碳产业直接融资，是指通过基金、股市、债券、信托等直接融资手段，为低碳经济发展筹集资金从而支持其发展的金融活动。这主要包括低碳企业股市融资、低碳产业融资租赁、低碳企业债券融资、碳基金。低碳产业直接融资是金融支持低碳产业发展的重要途径，其业务模式在本质上和其他产业的金融支持模式没有本质的区别。随着低碳经济成为经济发展的必然选择，应当大力发展低碳产业直接融资。

首先，建立低碳企业上市“绿色通道”。应当考虑通过扶持优秀的低碳企业上市融资，实现快速发展，带动低碳产业的发展。[①] 2011 年，反映中国低碳产业发展和证券化程度的“中国低碳指数”正式发布，成为我国股市低碳板块，甚至我国低碳产业发展现状和趋势的指针。股票市场是资本市场的重要组成部分，高效的股票市场也为节能环保、高科技等代表了未来发展方向的战略新兴产业提供了巨大的资金支持，引导社会资本流向这些产业，帮助其快速发展壮大。当前我国股票市场上，越来越多的低碳概念企业形成的低碳板块受到市场的追捧也说明了低碳产业在股票市场上的融资潜力。

其次，拓宽低碳产业的融资渠道。应当通过成立投资于低碳产业的投资基金、发行低碳债券等手段引导社会资本流向低碳领域，逐步降低融资成本，从而促进我国低碳经济的发展。另外，应该鼓励金融机构的低碳金

① 王奉安：《碳足迹——环保新坐标》，《环境保护与循环经济》，2010 年第 7 期，第 26–27 页。

融产品创新，通过金融创新，为企业和个人投资于低碳领域和参与碳减排提供更好的渠道，支持碳减排和低碳经济发展。我国已经设立了多个与低碳相关的私募股权投资基金，为低碳企业提供股权融资渠道，促进低碳产业发展。虽然发展低碳经济已经是一种必然选择，但对于低碳经济的各种支持政策还相当缺乏，这使得低碳企业在与高碳企业的竞争中没有多大的优势，从而影响了金融对于低碳产业的支持力度。随着低碳产业发展的各种支持政策的完善以及竞争力的加强，低碳企业必将获得更大的金融支持。

二、金融低碳化助推低碳技术

1. 资金支撑与风险管理功能促进低碳技术研发

低碳技术研发和其他高科技技术研发一样，具有高风险和高收益的特性。在低碳技术研发过程中，所面临的两大问题就是资金困乏和风险巨大。一方面，低碳技术研发是一个复杂的系统工程，需要投入大量的人力和物力，这就需要大量资金的支持；另一方面，低碳技术研发也面临着巨大的风险，如一项新的低碳技术在研发后可能得不到市场的认可，低碳研发企业的前期投入就得不到补偿。这两大因素严重制约了我国低碳技术的发展进程。金融通过发挥其资源配置和风险管理的功能则能很好地解决上述问题。

首先，出台低碳技术研发的金融支持政策。我国金融管理当局应秉持“科学技术是第一生产力”的战略思想，将支持、服务科技发展列为金融行业的重要任务，推动金融向科技产业倾斜，促进低碳技术发展；对于国家重点支持的高科技产业制定重点的金融扶持政策。例如，节能减排是我国加强宏观调控、调整经济结构、转变发展方式的重要任务，节能环保产业作为国家加快培育发展的七大战略性新兴产业之一，已成为高新技术产业发展的新增长点。因此，金融当局应制定相关政策，发挥金融资源配置功能，引导资本和其他要素流向节能减排领域的企业，从而加快技术进步。具体政策上：第一，支持承担国家重点节能减排工程项目的企业，帮助企业通过多渠道筹措节能减排资金，包括支持企业通过发行企业债券筹集资金；第二，支持和培育一批具有技术创新优势的中小企业上市融资，特别是在创业板市场的上市融资，另外要控制高耗能、高污染企业在股票市场上的融资额度；第三，创新融资方式、拓宽融资渠道，在国家层面建立旨在扶持战略性新兴产业发展的产业投资基金，包括尝试设立“碳券基金”，同时设立专门的机构，为节能减排项目提供信贷担保和履约担保；第四，加强国际间的融资合作，由于节能减排本身具有的广泛性，决定了必须加强国际合作，包括技术与融资的合作。①

其次，充分发挥金融体系的风险管理功能，降低低碳技术研发风险，为低碳技术发展保驾护航。一方面，低碳技术研发面临“流动性风险”。这是指技术转让时的不确定性，在“流动性风险”的约束下，技术研发者往往偏好于短期投资，而对于长期、流动性较低的低碳技术项目投资不足。金融体系具有流动性创造功能，能为投资者迅速变现提供便利，有利于资源的配置和长期资本的形成，从而促进低碳技术成功研发。另一方面，低碳技术研发面临收益率风险。低碳技术是一项专业化程度比较高的技术，这导致其收益波动性大。金融部门可提供大量资金，分散低碳技术研发企业的收益率风险。具体来说：第一，发展市场化的低碳金融专业组织。发展具备创业投资、小额信贷、融资担保等多种服务功能的专门从事低碳产业金融服务的科技金融服务机构、产业投资基金，承担低碳技术研发、试用、推广的“一条龙”金融服务，解决技术研发的后顾之忧。第二，完善科技融资担保体系。② 可以成立政府主导的专业化科技担保公司，为低碳科技企业提供担保，分散低碳技术研发企业面临的市场风险；建立和健全低碳技术研发企业融资的信用担保体系，帮助其获得商业性融资。

2. 金融激励约束机制促进低碳技术应用

传统经济模式下，企业以“高能耗”、“高污染”、“高排放”的方式进行生产，这样能够降低生产成本，提高其利润。低碳经济背景下，企业必须摒弃“高碳”的生产方式，采用低碳生产技术。然而，伴随低碳生产理念的推广，许多企业却“心有余而力不足”，缺乏资金引进低碳生产技术，导致企业不得不遵循传统生产方式。因此，需要金融部门来破解相关企业融资困境，推动低碳技术的普及应用。

首先，完善金融市场对企业引进生产技术融资的约束机制。对使用高碳技术进行生产的企业实行融资限制。例如，严格控制高碳技术企业的信

① 钱水土、周永涛：《金融发展、技术进步与产业升级》，《统计研究》，2011 年第 1 期，第 68–74 页。

② 王永中、高凌云：《金融发展与内生经济增长理论评述：人力资本积累视角》，《首都经济贸易大学学报》，2007 年第 3 期，第 98–103 页。

贷投放，对从事“高消耗”、“高污染”、“高排放”的生产企业提高贷款利率，甚至信贷退出，最终迫使企业采用低碳生产技术。

其次，完善金融市场对企业引进生产技术融资的激励机制。对购买低碳生产技术的企业提供资金支持。低碳技术从购买到投产使用需大量资金支持，而中小企业很难单独负担此笔费用，这就需要金融体系的支持。例如，金融机构可以对购买低碳生产技术的企业提供信贷支持与利率优惠，促使企业以低碳技术进行生产。另外，还可以对利用低碳生产技术的企业给予资本市场优先上市融资的机会，由此推动低碳技术的发展。

三、金融低碳化助推低碳消费

1. 制度创新加快低碳消费文化培育

人们衣食住行等日常生活中总要消耗电、煤气、汽油等资源，总要使用诸如塑料袋、纸张、电脑等物品，因而每天都在产生能源消耗和温室气体排放量。因此，低碳消费与每个人息息相关。Lascu D. N.、Deutsch、Hornsey 等心理学者通过大量的研究，发现外部的影响会使得个体感受到压力，从而调整自己的行为。这种影响就是社会消费文化。社会消费文化是在一定的历史阶段中，人们在物质生产、精神生产、社会生活以及消费活动中所表现出来的消费理念、消费方式、消费行为和消费环境的总和。社会消费文化制度是一种消费氛围，通过社会舆论、法律法规、社会价值观影响个人的消费行为。

通过金融制度的创新，加快培育低碳消费文化氛围，是指通过健全金融管理法律法规，改善金融经营环境，完善金融组织制度和金融监督制度，达到建设低碳消费文化的目的。为此，可以从以下几个方面入手：首先，应当健全和完善与低碳消费相适应的“银行法”、“证券法”、“保险法”，为金融支持低碳经济、低碳消费和低碳消费文化的形成提供法律保障。其次，应当健全和完善与低碳消费、低碳经济相适应的金融行业规章制度，为低碳经济的发展和低碳消费文化的形成提供制度和物质保障。如建立企业融资准入制度，提高高碳产业的融资门槛；建立个人消费信贷准入制度，提高高耗能产品的贷款利率；同时，对于消费环保低耗能的产品，应当有相应的金融制度对其进行奖励性补贴。最后，要改善金融经营环境，发挥金融行业低碳消费的示范与导向作用，建设低碳银行、低碳证券交易所、低碳保险公司，把低碳消费文化自觉地融入金融行业的生产生活中去。

2. 业务创新引导低碳产品结构调整

随着我国经济的迅猛发展，国内的能源产量已经不能满足日益发展的经济需求，它要求我们要走资源节约、环境友好的道路，要把低碳发展作为一项基本国策向民众全面推动，从而鼓励低碳生活、低碳消费。居民的产品需求决定物质生产部门的生产，居民消费的产品结构中高碳产品比例多，物质生产部门就会有更高的碳排放，相反，碳排放量就会较少。所以，引导居民消费产品结构转变是实现产业结构转型的重要手段。

首先，建立低碳产品认证体系，有利于发挥金融在引导居民低碳消费和宣传低碳文化方面的功能。完善的低碳产品认证体系可以为居民通过低碳消费参与碳减排提供清晰的目标指示。可以以中国环境标志为基础，探索开展低碳产品认证。鼓励推行产品认证制度，一方面可以促使公众认识到企业应对气候变化采取的行动，有目的地进行产品的选择；另一方面可为相关低碳企业树立关注社会责任的良好形象，促其获取良好社会收益。建立完善的低碳产品认证制度，是对发展低碳经济的有利支撑，而且有利于我国在国际贸易中，规避国外设置的绿色贸易壁垒，对出口商品和进口商品都作出严格的碳排放量方面的规定，可以在一定程度上缓解贸易摩擦。[①] 低碳产品认证体系的建立是引导居民低碳消费、宣传低碳文化、加速社会产品结构低碳化转型的基础工程。建立了社会低碳产品的认证体系后，可以通过如下措施引导居民低碳消费：对于居民消费经认证的低碳产品给予相比普通产品更多的金融支持，如消费信贷支持等；通过居民消费产品的碳含量统计，计算个人、家庭的碳足迹，为个人或家庭参加碳交易市场提供依据。

其次，应当加强金融在宣传低碳消费方面的作用。当前，已经有很多银行通过发行低碳信用卡等手段加入到宣传和引导低碳消费的行动中来。金融机构可以通过如下手段引导和宣传低碳消费：通过产品开发，为客户提供实现碳减排的具体渠道，比如，为客户的信用卡、储蓄卡开通购买碳减排指标的功能，消除客户产生的“碳足迹”；对客户的低碳消费行为进行象征性的奖励，比如使用信用卡购买低碳产品时给予客户更多的刷卡积

① 林伯强、李爱军：《碳关税对发展中国家的影响》，《金融研究》，2010 年第 12 期，第 1–15 页。

分，或者更低的还款利率。

最后，应当发展个人碳交易市场。可以考虑以自愿减排交易市场为基础，开展个人碳交易，为居民抵消个人“碳足迹”提供渠道和引导。[①] 可以在社会上普及关于日常生活中各种产品和活动所带来的碳排放的相关知识，鼓励有条件的个人根据自身活动和消费情况，计算个人碳排放量，然后通过购买碳排放指标的方式抵消“碳足迹”。没有条件的居民也可以根据不同产品和活动的碳排放情况，通过低碳消费和低碳生活方式，降低碳排放，为碳减排做出贡献。

① 谢沛善：《中日高新技术产业发展的金融支持研究》，东北财经大学，博士学位论文，2010年。

第七章　中国低碳金融发展水平评价

第一节　低碳金融发展的特征分析

一、低碳金融发展理论分析

1. 低碳金融促进我国低碳化发展

低碳金融的发展会使得社会发生巨大的变化，低碳金融对经济、产业和金融自身的转型具有推动作用，使经济、产业、金融出现低碳化发展。低碳金融发展的作用及表现是研究低碳金融发展水平的首要问题，国内大量学者对此进行了大量的研究。

低碳金融是低碳经济内生推动的结果，低碳金融与低碳经济互利共生。低碳经济与低碳金融有相得益彰的关系，[①] 低碳经济发展必然会促进低碳金融的发展。低碳经济对金融支持的迫切需求，为金融业创造出了巨大的商机，提供了源源不断的交易服务机会和不断延伸的金融创新空间；低碳经济良好的发展前景，是金融业的一个重要历史机遇，将成为金融业谋求可持续发展的重要保证，全球许多发达国家已经初步形成了以直接投资融资、银行贷款、碳指标交易、碳期权期货等一系列金融工具为支撑的低碳金融体系，纷纷抢占低碳金融的发展领域。大力发展低碳金融，对于促

---

① 张颖薇：《低碳经济背景下低碳金融发展问题探析》，《武汉金融》，2010 年第 8 期。

进我国低碳经济发展影响深远。[1]发展低碳经济必然需要资金投入，新的产业将会应运而生，为了管理和转移成本与风险，新的金融产品和金融市场亦将必不可少，从而低碳金融对于推动低碳经济成为未来我国经济发展新的增长点具有重要的战略意义，随之而产生的金融需求，也必将成为银行业未来发展的新空间和产品创新的重要方向，预示着巨大的金融需求和盈利商机（中国银行广东省分行课题组，2010）。

低碳金融能够通过市场化的手段促进我国产业低碳化发展。低碳金融发展能促进我国经济由“高碳”模式向“低碳”模式转变。[2]低碳金融的发展，一方面通过市场化的减排激励和排放约束相结合的方式，通过碳排放权交易实现二氧化碳减排；另一方面，金融机构通过开展低碳金融业务，将资金配置到低碳产业上，激励企业开发低碳技术，加快低碳产业的发展。低碳金融发展带来的减排技术的进步与扩散，[3]一方面推动了全球新能源产业链、产业集群兴起，减少了对传统发展方式所需传统能源的大量消耗，降低了环境中的温室气体排放和污染物浓度，促进了新型生产方式的出现；另一方面使得发展中国家的 GDP 质量得到提升，产业结构实现转型与升级，缩短了与发达国家在新能源、新材料等低碳产业发展上的差距。金融既可通过资金形成和资金导向功能实现资源的优化配置，也可通过信息揭示和公司治理实现企业的规范化运作，还能通过风险管理功能促进低碳化技术创新产业，在此全方位的金融服务推动作用下，可以实现低碳发展的目标，促进产业低碳发展。[4]

低碳金融巨大的发展空间和交易机会，使得金融机构和金融市场自身也发生巨大变化，为金融机构经营转型提供了新的机会。低碳金融的产生有需求和供给两个层面的原因，既源于碳交易的巨大需求，也源于金融体系的创新结果。成功的金融创新总会创造出新的交易与新市场，进一步催生出金融聚集。碳交易广阔的市场空间及丰厚的利润将对地区金融业发展

---

① 中国银行广东省分行课题组：《低碳金融发展与商业银行的践行策略》，《银行家》，2010 年第 9 期。

② 郭大为、仲云云、仲伟周：《我国低碳金融发展制约因素及政策启示》，《国家行政学院学报》，2010 年第 4 期。

③ 张国强：《国际低碳金融发展及对中国金融业转型的启示》，《湖北社会科学》，2011 年第 12 期。

④ 周慧：《产业低碳发展的金融服务机理研究——基于金融功能理论的视角》，《青海金融》，2011 年第 9 期。

乃至整个经济的发展带来强烈的促进作用，金融机构越来越会将低碳金融作为一个重要的目标，在业务结构上逐渐实现战略转型。[①] 低碳金融巨大的市场容量为中国银行业经营转型提供了新的业务发展极，根据联合国和世界银行的预测，到 2012 年全球碳交易规模将超过全球石油市场，成为世界第一大商品交易市场；低碳金融业务的高盈利性有助于中国银行业新盈利增长点的形成，[②] 商业银行通过发放贷款，支持创造碳资产的项目与企业，在帮助企业提高减排能力的同时，自身也能够获得稳定的利差回报，能够给银行业带来利差收入和中间业务收入的双重增长。

2. 低碳金融发展的特征表现

如上所述，低碳金融对经济、产业及金融机构自身的低碳化都有巨大的推动作用，不同学者给出了不同的解释。低碳金融通过其资金融通，风险转移和分散，资金配置，减排成本内部化等功能影响经济、产业和金融自身的发展，使得经济集约发展、产业结构得到优化、金融结构得到调整，这些一定程度上可以提高低碳金融发展的水平。本书认为，低碳金融由于影响范围层次的不同（宏观、中观、微观），低碳金融发展的表现形式有所不同，根据影响的波及范围分为：经济低碳化、产业低碳化和金融低碳化。低碳金融发展自身的低碳化可以通过金融低碳化程度来反应，低碳金融发展过程的低碳化可以通过产业低碳化来反应，低碳金融发展结果的低碳化可以通过经济低碳化来反应，图 7–1 为低碳金融发展的特征及相

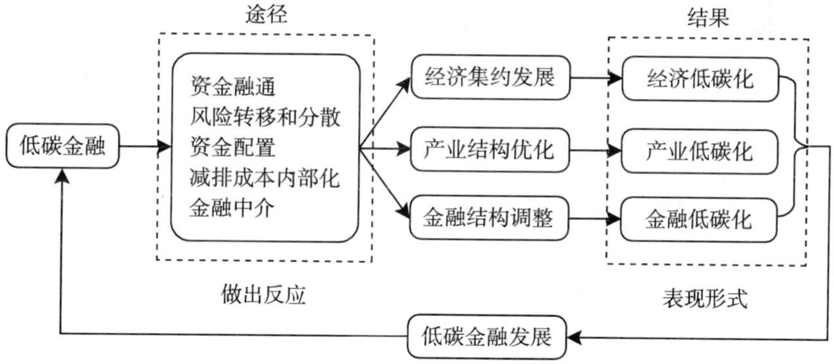

图 7–1　低碳金融发展的特征及相互关系

① 张国强．《国际低碳金融发展及对中国金融业转型的启示》，《湖北社会科学》，2011 年第 12 期。
② 高志新：《低碳金融发展与中国银行业经营转型》，《上海金融》，2011 年第 1 期。

互关系图。因此，本书认为，低碳金融发展的特征即其在宏观、中观、微观的最终表现形式，即经济低碳化、产业低碳化和金融低碳化。

二、经济低碳化

经济低碳化是指在中国工业化和城镇化过程中，随着经济的发展，一方面，表现为碳排放在短期出现碳排放强度下降，在长期则出现碳排放总量下降的过程；另一方面，表现为能源强度不断下降的过程。其中，经济低碳化的核心是降低我国碳排放强度。碳排放强度是指能源消耗所排放的二氧化碳数量，通过改变能源结构，可以降低碳强度。能源强度是指单位GDP消耗能源的多少，一是通过采用新技术和提高管理水平，降低能源强度；二是通过发展低碳服务业和低碳农业，降低能源强度。经济低碳化可以分为“内生型”低碳化和“外生型”低碳化。“内生型”低碳化是指能源强度和碳排放强度下降有其内在规律的原因，即如果不考虑能源结构等的影响，随着经济和技术的自然发展，能源强度和碳排放强度也会自然降低；真正意义上的经济低碳化，是指在经济内生“低碳化”基础上采取多种“减排”措施，使得能源强度和碳排放强度进一步降低，并低于“内生”低碳化情景下的数值，这是一种“外生”低碳化，近期中国经济低碳化要实现“外生”低碳化。[①] 经济低碳化体现了低碳金融对实体经济低碳化的支持，这是低碳金融发展结果的低碳化表现。

低碳金融对低碳经济有巨大的推动作用，随着低碳金融的发展和深化，低碳金融在宏观方面可以表现为经济低碳化。低碳金融对低碳经济的推动作用具体包括：一是通过金融中介集中闲散资金，扩大经济低碳化发展的资金来源。金融中介可以通过多种金融工具，比如以银行为中介的间接方式和以证券为媒介的直接方式，动员社会储蓄，增加经济低碳化发展的资金来源。徐楚锟认为，低碳金融大大促进了低碳经济的发展，因为绝大多商业银行通过绿色信贷确立了在信贷领域的环境准入门槛，切断高效能、高污染行业无序发展和盲目扩招的资金来源，并加大节能项目或节能减排重点项目贷款、节能减排技术创新贷款等绿色信贷的供给，有效促进

① 相伟：《中国经济“低碳化”的内涵与对策》，《中国投资》，2010年第9期。

了低碳经济发展。[①] 二是通过提高储蓄转化为投资的效率，支持经济低碳化发展。储蓄向投资转化的能力和方向决定了投资的数量和质量，一个有效率的金融体系可以通过多样化的金融机构、金融工具和高效便捷的金融服务减少储蓄向投资转化过程中的交易成本和信息成本，提高储蓄转化为投资的效率，支持产业发展。三是通过商业银行的信用创造，把潜在的资源现实化，扩大实有货币供给量，加速资本形成。低碳金融通过其“资金形成”作用为经济低碳化的技术研发与改造、产业结构调整、基础设施建设等提供中长期贷款资金支持。宋蕾则从成本收益角度分析了低碳金融的促进作用，认为可以采取包括信贷在内的经济杠杆来迫使企业将污染成本内部化，从而达到事前自愿减少污染，而不是事后再对污染进行治理的目的，从而通过信贷导向转变经济发展方式，实现低碳增长的目的。[②] 四是通过资本的积聚与集中，可以帮助企业实现现代化的大规模生产经营，培育新兴产业、高新技术，提升产业链技术水平和在国际分工中的地位，提高附加值，推动经济低碳化。因此，低碳金融发展的特征之一是经济低碳化，体现低碳金融对实体经济低碳化的支持，这是低碳金融发展的广度。

三、产业低碳化

产业低碳化是指产业的发展与碳排放脱钩，即产业环境污染与经济增长之间没有关联性。产业低碳化表现在三个方面：产业结构优化、高耗能工业比重的下降、高科技产业和新能源产业的发展，具体是通过调整产业结构使主导产业由产业效益较低的第一产业向效益较高的第二、第三产业变迁；对供给链条上碳排放量大的产业进行控制，限制高耗能产业的发展；培育新型产业、高新技术，提升产业链技术水平和在国际分工中的地位，提高附加值来实现的。产业结构的调整会使碳排放量下降，刘新宇认为，工业的碳排放强度大致是服务业的 2.5~5 倍，服务业比重每提高 1 个百分点，工业比重相应地每降低 1 个百分点，总体碳排放强度将平均下降

---

① 徐楚锟：《政府引导下的低碳经济融资方式研究——以商业银行为例》，江西财经大学，博士学位论文，2010 年。

② 宋蕾：《金融机构的 CSR 路径——用贷款杠杆压低碳排放》，《第一财经日报》，2008 年 4 月 10 日。

0.8~1.6 个百分点,[①] 因而产业结构的调整可作为低碳效应手段。产业低碳化体现的是低碳金融对产业调整的支持，这是低碳金融发展过程的低碳化。

低碳产业与金融融合是以低碳与金融存在互促共进的关系为基础的，是新形势下经济持续发展的根本需要。金融手段在促进低碳科技进步、推动经济发展方面发挥着重要作用。低碳产业的市场发展离不开金融手段的激励，金融对低碳产业的支持也有利于其自身的长远发展。金融要实现可持续发展需要从低碳产业获得持续的成长力。[②] 金融作为现代经济的核心，对社会经济增长、各行各业的发展都起着不可替代的作用，在全球低碳发展的热潮下，金融的健康持续发展也要求与低碳产业结合发展。金融必须服务于产业，金融脱离产业自我发展，虚拟膨胀，就会产生严重的泡沫。全球金融危机的发生，就从反面证实了产融结合的必要性。低碳产业作为朝阳产业，具有较高的投资回报率和成长性。低碳科技成果产业化，对金融资本产生强大的吸引力量。低碳产业本身具备绿色持续的理念，它将从多个角度为金融源源不断地注入“绿色”的新鲜血液和强劲活力，必将带动金融创新和金融服务的升级，金融进步不断加快。

金融与低碳产业的互动发展贯穿低碳产业技术研发、生产运作、市场消费一整条产业链。首先，金融通过发挥资金融通功能和风险管理功能为低碳技术企业提供资金绿色通道，帮助低碳技术企业筹集资金进行技术研发；其次，金融通过发挥资源配置功能和财务杠杆功能，激励和约束生产企业进行低碳化生产运作；最后，金融通过发挥资源配置功能以及便利交易功能，来引导消费者消费低碳产品，推动低碳市场的发展。因此，低碳金融发展的特征之一是产业低碳化，体现低碳金融的导向型功能对经济结构调整的支持。

四、金融低碳化

金融低碳化就是要求金融机构在逐步降低社会对环境、气候影响的基础上，促进金融的发展与金融的正常运行，使金融机构的资金运用对实体经济产生碳减排的效果。金融低碳化体现金融机构对低碳金融的参与程

① 刘新宇：《论产业结构低碳化及国际城市比较》，《生产力研究》，2010 年第 4 期。
② 唐高哲：《低碳产业与金融互动发展研究》，南京大学，博士学位论文，2011 年。

度，是金融机构规避环境风险的结果，体现了低碳金融发展的自身低碳化。金融低碳化的过程就是金融资产与金融业务实现低碳化的过程。当金融资源通过影响实体经济使得碳排放量减少（金融的碳含量降低），便能从整体上反映金融的低碳化发展。这种变化与进步是一种大势所趋，表明金融的模式与结构在发生变化，是金融发展的一个新方向。

随着国家节能减排政策力度的不断加强，传统的信贷业务尤其是占很大比重的“三高”行业的贷款等面临的环境风险不断加大，金融机构开始逐渐关注环境风险，逐渐通过推行“绿色信贷”、碳交易、碳期权等衍生工具，丰富低碳金融相关业务和市场工具，规避环境风险，同时享受低碳金融带来的经济利益。金融虽然本身并不直接参与碳排放的过程，但是它可以通过引导资金的流向、资金的配置进入实体经济，间接地控制碳排放，使得金融低碳化。金融低碳化要求金融发展的速率高于污染排放的增长速率，并逐步实现金融发展与环境压力的“解耦”,[①] 使金融发展与碳排放之间的相应关系尽早地“分道扬镳”，让金融因素给实体经济所发挥出的作用不再是正向、同步地引起二氧化碳排放增长，而是扭转这种趋势，使二氧化碳的产出随金融发展呈现下降趋势。因此，低碳金融发展的特征之一是金融低碳化，体现金融对碳排放量的间接促进作用，这是低碳金融发展的深度。

第二节　低碳金融发展指数构建

一、低碳金融发展指标及说明

1. 经济低碳化指标

经济低碳化用碳强度，即单位 GDP 碳排放强度（碳排放量除以 GDP 或地区生产总值）来评价：经济低碳化 = 碳排放量/GDP

本书所使用的中国碳排放量数据，来源于美国能源部橡树岭国家实验

① 乔海曙、喻翔宇：《我国碳金融发展路径研究》，工作论文。

室二氧化碳信息分析中心（CDIAC）计算的世界各国自1850年以来逐年碳排放数据，这是目前世界碳排放研究中使用最为广泛的数据来源之一。为了计算我国各省煤、石油、天然气使用导致的碳排放，本书采用了将CDIAC数据按照各省的能源消费占全国总消费的比例进行分摊的方法。[①] 具体计算时，可根据能源转换标准煤的折算系数，如表7-1所示，将不同种类的能源消费统一转化为标准煤单位，再由此计算出各省的能源消费占全国总消费的比例。

表7-1　各种能源折算成标准煤的系数

汽油	煤油	原油	燃料油
1.4714	1.4714	1.4286	1.4286
柴油	焦炭	煤炭	天然气
1.4571	0.9714	0.7143	1.3300

单位GDP碳排放强度反映了一个地区经济发展对碳排放的贡献程度，也即经济增长在多大程度上依赖高能耗产业。从理论上说，单位GDP碳排放强度越小说明随着经济的发展，相同数量的GDP的增加带来的碳排放的增量越少，从侧面反映了经济结构的合理性和经济发展中的科学技术水平。该指标将化石能源消费产生的碳排放与经济发展水平联系在一起，直接反映了整个社会整体的碳资源利用率，能够体现一定时期内低碳技术发展的综合水平；而且，由于与经济结构相关联，碳强度指标的高低能够体现一国在货币资本和技术资本积累到一定水平时，进一步降低单位能源消费强度的潜力和障碍。

2. 产业低碳化指标

产业低碳化反映产业结构的优化程度，用第三产业占GDP比重来衡量，即：

产业低碳化 = 第三产业增加值/GDP

第三产业增加值占GDP的比重是指一个国家或地区在一定时期内第三产业新创造的价值（以货币形式表现的生产活动成果扣除了在生产过程中消耗或转换的物质产品和劳务价值后的余额）占国内生产总值的比重。

① 谭丹、黄贤金：《我国东中西部地区经济发展与碳排放的关联分析与比较》，《中国人口·资源与环境》，2008年第3期。

根据国家统计局 2003 年颁布的《三次产业划分规定》，第三产业是除第一、第二产业以外的其他各产业。这一指标既是反映国家或地区产业结构服务化的程度，又是比较和评价一国或地区经济结构现代化水平的国际通用标志。

产业结构调整可以作为产业低碳化衡量指标之一。首先，产业结构与碳排放有很大关系。产出规模作为总量在一定阶段内基本上与碳排放呈正相关关系，但产业结构因素却对碳排放产生较大影响。以农业为代表的第一产业、以工业为代表的第二产业和以服务业为代表的第三产业的比重不同，就会导致不同的碳排放量。在产出规模既定的情况下，如果第二产业所占比重较大，那么碳排放量也会较大，这是因为第二产业（与其他产业相比）所需能源较多。所以，在一定条件下第二产业与碳排放呈现正相关关系。我国的产业结构不合理，大量产生污染气体的第二产业比重过大且增速最快，第三产业比重不足，不利于走可持续发展道路。其次，提高第三产业增加值在 GDP 中的比重有利于实现产业结构优化、减少经济增长对自然资源的依赖，减轻对环境的损害，是实现经济可持续发展的必然选择。后工业化国际大都市，如纽约、伦敦、东京和中国香港等的产业体系通常是高度服务化的，表现为金融、现代物流、信息咨询等高增值第三产业和服务贸易的比重通常超过 70%，甚至高于 80%。各国经济发展历程表明，发达的第三产业是经济中心城市的重要标志，并成为带动经济增长的主要动力。随着政策导向和金融工具的杠杆作用的运用，提高生产效率与资源利用率，减少产生污染源产业的废气排放，使产业结构发生变化。通过测度二氧化碳排放量的交易额，来测度对产业结构的影响。以达到引导资金流入到以低碳技术为核心的产业，如清洁能源技术产业，核能、风能、太阳能和水力发电等产业，推动低碳经济的发展。

3. 金融低碳化指标

金融低碳化指标反映金融机构对低碳金融的参与程度。为从整体上衡量金融机构的参与度，本书采用金融碳强度来对金融低碳化的程度进行数量刻画与衡量。所谓金融碳强度可以理解为金融的碳含量，就是用一个国家的碳排放总量除以一个国家的社会融资总量，即单位社会融资总量所支持的碳排放量：

金融碳强度（K）= 碳排放量（C）/社会融资总量（Q）

该指标度量了一国金融发展同碳排放量之间的关系，从侧面反映了金融结构的可持续发展性。金融碳强化指标的变化，实质上反映出金融资源配置机制的改变、资金运用结构的变化和环境金融的不断创新等一系列的深刻变化。这一变化是金融机构为限制温室气体排放，对金融资源与业务做出的重新配置与调整的写照。换言之，“金融碳强度”的下降实质是碳投资、碳融资等我们称为广义低碳金融（包括传统金融的低碳化与低碳金融市场的投融资创新）作用于经济低碳化中的表现，从而金融低碳化的演进反映出的就是低碳金融的应用与发展的过程。通过对“金融碳强度”的指数设计，意在能直观形象地把握金融低碳化演进中的变动过程。对金融低碳化成长轨迹的把握有助于我们认识低碳金融发展的状态，对预测其发展阶段和发展目标有着不可或缺的作用。当然，“金融碳强度”指数并不能完全精确地描述金融低碳化的细节，这不影响指数在此所起的作用，其目的并不在于提供对一些特定的、具体的金融业务或金融情况做精确的描绘，而在于揭示金融低碳化的演进形态，反映这一演进过程中可能展现的阶段性特征，并能对未来发展趋势做出基本预测。

社会融资总量就是金融业对实体经济的年度新增融资总量，既包括银行体系的间接融资，又包括资本市场的债券、股票等市场的直接融资。中国人民银行公布的《2010 年第四季度货币政策执行报告》进一步提出，“在宏观调控中需要更加注重货币总量的预期引导作用，更加注重从社会融资总量的角度来衡量金融对经济的支持力度，要保持合理的社会融资规模，强化市场配置资源功能，进一步提高经济发展的内生动力”。因此，如果一国金融发展使得每单位的融资量所带来的二氧化碳排放量在下降，那么说明该国的金融系统正在朝着低碳化的模式发展。由于各省区的社会融资总量数据的不可获得性，本书采用各省区金融机构的各项贷款余额来代替社会融资总量。金融低碳化相应地表示为碳排放量除以金融机构的各项贷款余额。

二、中国低碳金融发展指数的计算

1. 层次分析法原理

层次分析法（Analytic Hierarchy Process，AHP）是将一个复杂的多目标决策问题作为一个系统，将目标分解为多个目标或准则，进而分解为多指标（或准则、约束）的若干层次，通过定性指标模糊量化方法算出层次单排序（权数）和总排序，以作为目标（多指标）、多方案优化决策的系统方法。其原理如下：

（1）建立递阶层次结构体系。采用层次分析法，根据影响统计数据质量的主要因素建立递阶层次结构体系。

（2）构造判断矩阵。在建立递阶层次结构体系后，根据上下层次之间的隶属关系，构造判断矩阵。也就是说，以上一层次某因素为准则，它对下一层次诸因素有支配关系，通过两两比较下一层次诸因素对上一层次某因素的相对重要性，并赋予一定的分值，一般采用 T.L.Saaty 教授提出的标度法，如表 7-2 所示。

表 7-2　判断矩阵的比较标度

标度	定　义	说　明
1	两个元素同样重要	判断矩阵的主对角线元素为 1
3	i 元素比 j 元素稍微重要	$a_{ij} = 1/a_{ji}$ 或 $a_{ji} = 1/a_{ij}$
5	i 元素比 j 元素明显重要	
7	i 元素比 j 元素重要得多	
9	i 元素比 j 元素极端重要	此为两元素间的最高差别
2，4，6，8	上述两相邻判断的中间值	—

根据比较标度法，几个比较因素构成了一个两两判断矩阵：$A = (a_{ij})_{n\times n}$；其中，a_{ij} 为因素 a_i 相对于因素 a_j 的重要性程度的比例标度，且 $a_{ii} = 1$。

（3）计算各层次中因素的权重。根据判断矩阵提供的信息，可以用幂法求解得到特征根和特征向量，特征向量就代表了该层次各因素对上一层次某因素影响大小的权重。但在实际应用中，通常采用比较简便的求解方法，如方根法。它的步骤为：设判断矩阵 A 的元素为 a_{ij}，i，j = 1，2，3，4，…，n，则其特征向量 W 的分量 w_i 可按下式求得：$w_i = (\prod_{i=1}^{n} a_{ij})^{1/n}$，i = 1，2，…，n，然后对所得向量 $W = [w_1, w_2, \cdots, w_n]^T$ 做归一化处理 $w_i = w_i / \sum_{i=1}^{n} w_i$，即可获得各元素的权重。

（4）一致性检验。由于判断矩阵是人为赋予的，所以需要进行一致性检验，即评价判断矩阵的可靠性。其计算步骤如下：

1）计算随机一致性指标 CI：

$$CI = \frac{\lambda_{max} - n}{n - 1}$$

式中：λ_{max} 为判断矩阵的最大特征根，且 $\lambda_{max} = (1/n)[\sum_{i=1}^{n} AW_i/w_i]$，$AW_i$ 为列向量 AW 的第 i 行元素，n 为判断矩阵的阶数。

2）计算一致性比率 CR：

$$CR = \frac{CI}{RI}$$

式中：RI 为平均随机一致性指标，由表 7-3 查得。

表 7-3 平均随机一致性指标

矩阵阶数	1	2	3	4	5	6	7	8	9	10
RI	0	0	0.58	0.89	1.12	1.26	1.36	1.41	1.46	1.49

当 CR < 0.1 时，认为判断矩阵的一致性可以接受；当 CR > 0.1 时，应对判断矩阵做适当的修正。

运用层次分析法（AHP）不仅原理简单，而且具有扎实的理论基础，是定量方法与定性方法相结合的优秀决策方法，其最大优点是提出了层次本身，使得决策者能够认真地考虑和衡量指标的相对重要性。应用层次分析法必须注意所选要素的合理性，含义清晰，要素间的关系正确，否则会降低 AHP 法的结果质量，甚至导致 AHP 方法决策失败。同时，为了保证递进的层次结构的合理性，需把握以下原则：①分解简化问题时把握主要因素，不漏不多；②注意相比较元素之间的强度关系，相差太悬殊的要素不能在同一层次比较。

通过上文的分析，本书中低碳金融发展指数的框架构建如表 7-4 所示。

表 7-4 低碳金融发展指标体系框架

目标层（A）	准则层	指标层	方向
低碳金融发展水平	经济低碳度（碳强度）	碳排放量/GDP	负
	产业低碳度	第三产业增加值/GDP	正
	金融低碳度	碳排放量/各项贷款余额	负

2. 样本选择及数据处理

本书应用的数据均以往年的统计年鉴为准，其中各地 GDP、第三产业增加值均来自《中国统计年鉴》(2008~2010)；能源数据来源于国家统计局工业交通统计司《中国能源统计年鉴》(2008~2010)；各地金融数据来源于《中国金融统计年鉴》(2008~2010)。对于东西中部地区的划分，本书采用国家最新公布的划分标准：西部地区包括的省级行政区共 12 个，分别是四川、重庆、贵州、云南、西藏、陕西、甘肃、青海、宁夏、新疆、广西、内蒙古；中部地区有 8 个省级行政区，分别是山西、吉林、黑龙江、安徽、江西、河南、湖北、湖南；东部地区包括北京、天津、河北、辽宁、上海、江苏、浙江、福建、山东、广东和海南等 11 个省（市）。由于西藏部分数据的不可获得性，以及港澳台地区的特殊性，本书选取我国大陆的 30 个省份作为研究对象。

在构建指数之前需要对指标进行正向化和无量纲化处理。首先，指标的正向化处理。低碳金融发展水平指数中的指标性质各异，有些指标是正指标，有些是逆指标。对于逆向指标，在评价过程中，其数值越小越好，例如经济低碳化指标，其数值越小，说明一个地区碳生产力越高，低碳经济的发展水平也越高。因此，在综合评价时，首先必须将指标作同趋势化处理，一般是将逆向指标和适度指标转化为正向指标，所以也称为指标的正向化。对于逆向指标可以通过倒数法将其转换为正向指标，即：

$$X^* = 1/X'$$

式中：X'为逆向指标的原始数值，X^*为该指标的正向化指标值。

其次，指标的无量纲化处理。对于正向化后的各个指标，因为指标性质的不同，既有绝对量指标，也有相对量指标，各指标的单位、统计指标等不同，不同评价指标往往具有不同的量纲和量纲单位，直接比较缺乏统一的衡量尺度，为了消除由此带来的不可公度性，应将各评价指标作无量纲化处理。可以运用归一化方法对所有指标进行无量纲化处理：

$$X = \frac{X^* - X^*_{min}}{X^* - X^*_{max}} \times 100$$

式中：X 为指标归一化后的指数；X^*_{max} 和 X^*_{min} 为该指标区域最大值和最小值。

3. 中国低碳金融发展指数指标权重的确定及计算

对于低碳金融发展水平各层次指标权重的确定，依据层次分析法原理，根据项目层上下层次之间的隶属关系，设计两两比较的问卷交由专家进行评判；依据专家评判的结果，构造两两比较的判断矩阵；利用MATLAB7.0

求解判断矩阵的特征值及特征向量，并利用所得结果进行判断矩阵的一致性检验，将通过检验的最大特征值对应的特征向量进行归一化处理，得到所对应的权重值，各项目层的最终权重值如表 7-5 所示。

表 7-5 各项目层的权重值

	W_1	W_2	W_3
权重	0.08096118	0.188394	0.730645

依照线性加权和法，得到一国低碳金融发展水平综合评价指数 S，X_i 为标准化后的无量纲指标，W_i 为相应指标权重，如下式所示：

$$S=\sum X_iW_i$$

最终，我们可以得到：

低碳金融发展水平指数 = 经济低碳化 × 0.08096118 + 产业低碳化 × 0.188394 + 金融低碳化 × 0.730645

第三节 中国低碳金融发展综合评价

一、中国各省低碳金融发展总体分析

根据以上确定的方法，借助 Excel 和 MATLAB 等数据分析软件，对 2007~2009 年我国 30 个省份的低碳金融发展水平进行分析比较，结果如表 7-6 和图 7-2 所示。

表 7-6 2007~2009 年我国各省份低碳金融指数排名

	2007 年	排名	2008 年	排名	2009 年	排名
北 京	69.30256	1	77.56061	1	100.0001	1
天 津	19.03468	6	21.80808	6	32.45332	5
河 北	4.739315	28	5.08983	26	7.314909	27
辽 宁	6.977251	22	7.045423	23	11.05563	22
上 海	34.431	2	36.72214	2	47.86958	2
江 苏	17.67477	8	20.76365	8	26.0524	8

续表

	2007 年	排名	2008 年	排名	2009 年	排名
浙　江	26.88083	4	31.13221	3	39.16008	3
福　建	22.35617	5	24.88746	5	27.72887	6
山　东	7.702646	19	8.559933	19	11.20002	21
广　东	27.86833	3	29.86462	4	37.32503	4
海　南	11.8129	14	12.89235	13	18.50055	11
山　西	1.954433	30	2.120261	29	6.022657	29
吉　林	10.06289	17	10.19114	17	12.5643	19
黑龙江	5.825301	24	6.09858	25	9.470672	24
安　徽	12.23427	12	11.86415	16	13.65212	17
江　西	10.59386	16	11.88989	15	18.22249	12
河　南	5.74011	25	6.232392	24	8.251187	26
湖　北	12.89459	11	14.45201	11	17.25341	14
湖　南	11.45418	15	12.78477	14	17.7735	13
内蒙古	2.849041	29	1.671366	30	5.776638	30
广　西	16.49246	9	18.75998	9	22.74094	9
重　庆	18.31875	7	21.17767	7	27.39559	7
四　川	15.15273	10	16.67632	10	21.15857	10
贵　州	7.2637	21	7.689594	21	12.72924	18
云　南	12.16919	13	13.91096	12	17.16986	15
陕　西	7.414839	20	7.271737	22	12.50212	20
甘　肃	6.879196	23	8.067282	20	10.83334	23
青　海	9.539673	18	9.651598	18	15.24169	16
宁　夏	5.050721	27	3.966615	28	8.742299	25
新　疆	5.489724	26	4.90686	27	6.717332	28

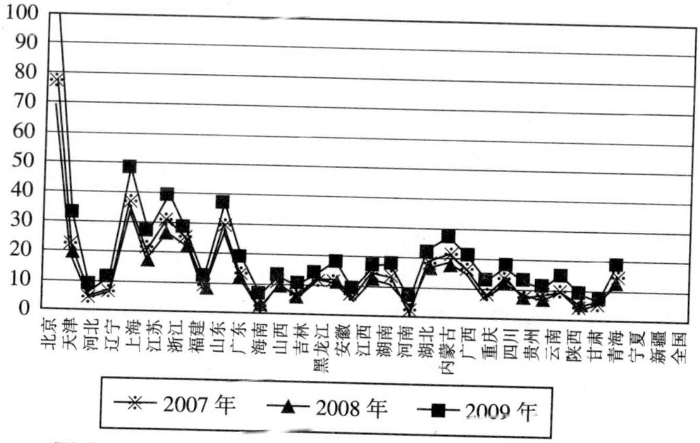

图 7-2　2007~2009 年我国各省份低碳金融指数变化

从综合得分看：2007~2009年，各省份的低碳金融发展水平综合得分都有所提高，然而增加幅度却相差很远。北京的低碳金融发展水平综合得分在3年内增加了40分，而山西、内蒙古分别增加了4分、3分。北京低碳金融发展水平一直优于其他省份的原因主要有以下几点：北京作为我国的首都，对于国家节能减排，调整产业结构，优化信贷结构等政策必然率先响应并积极采取行动；从经济结构上看，北京的旅游产业较为发达，且北京已经处于工业化和城市化的后期，耗能高的第二产业产值和碳排放比重最低；北京有全国最先进的技术水平，碳排放系数相对其他地区要低；北京的金融体系在国内首屈一指，有较发达的低碳金融市场，能够充分发挥资金导向作用，促进低碳金融的发展。山西等省份的低碳金融发展水平落后于其他省份，从能源结构上看，山西省是全国主要的煤田分布区，能源消费中煤炭比重高；从经济结构来看，山西省是工业大省，第二产业在国民经济中所占的比重很高，2008年比重高达61.5%，居于全国第一位。第二产业中煤炭、化工、建材、电力、冶金等高耗能产业比重高，拉动了能源消费量的增加，继而使得第二产业碳排放量和社会碳排放总量的增加，第二产业的碳排放强度要远高于第一、第三产业，因此第二产业碳排放比重高使得碳排放强度整体水平较高。同时，山西省处于黄土高原，森林覆盖率较低，2008年仅为13.29%，单位碳的森林密度较小，碳汇对碳排放的抵消能力较差。最重要的是，山西省对第二产业中高能耗企业的贷款比重很大，即“绿色信贷”比重很低。以上因素使得山西省低碳金融发展水平低于其他省份。

从各省排名看：2007~2009年，我国大部分省份排名几乎保持不变，只有海南、江西、湖南这三个省份的排名不断靠前，而安徽和新疆的排名却在不断下降。这说明海南、江西、湖南这几个省份都在朝着有利的“低碳化”方向发展，而安徽和新疆等省自治区“低碳化”进程缓慢，低碳金融发展压力增大。低碳金融指数排名前五位的省份分别是：北京、上海、浙江、广东、福建。低碳金融指数排名最后五位的省份分别是：新疆、河北、宁夏、内蒙古和山西。这是因为河北、山西的第二产业比重超过50%，产业结构不低碳，且这两个省份属于资源型城市，由于能源的相对丰富，能源的利用效率不高；新疆、宁夏、内蒙古属于西部地区，而西部地区基础设施薄弱、市场机制不完善、教育相对落后、人才资源匮乏等等，这诸多因素不仅使西部地区市场配置资源功能受限，而且其资金使用也缺乏效率，结果是西部地区金融发展在短期对经济增长、产业结构的优化和城市化进程影响不显著。

二、中国低碳金融发展的各项指标分析

1. 经济低碳化水平分析

从表 7-7 可以看出，2007~2009 年，无论是东部地区、中部地区还是西部地区的低碳经济指标都呈现出不断上涨趋势，且区域差异明显，尤其是东部地区与中部地区、西部地区之间的差距。这是因为国家政策倾斜和自身区位优势使东部率先发展起来，其市场发育程度及经济发展水平均领先于中西部地区，东部地区市场配置资源的功能有效发挥，金融发展与经济发展相关性强。因此，不论在长期还是短期，东部地区金融发展均能引导其经济增长、产业结构升级。

表 7-7　2007~2009 年各区域经济低碳化指标

地区＼年份	2007	2008	2009
东部	0.058440	0.066739	0.069921
中部	0.039236	0.045797	0.048827
西部	0.034101	0.039650	0.040676
全国	0.042767	0.048955	0.051389

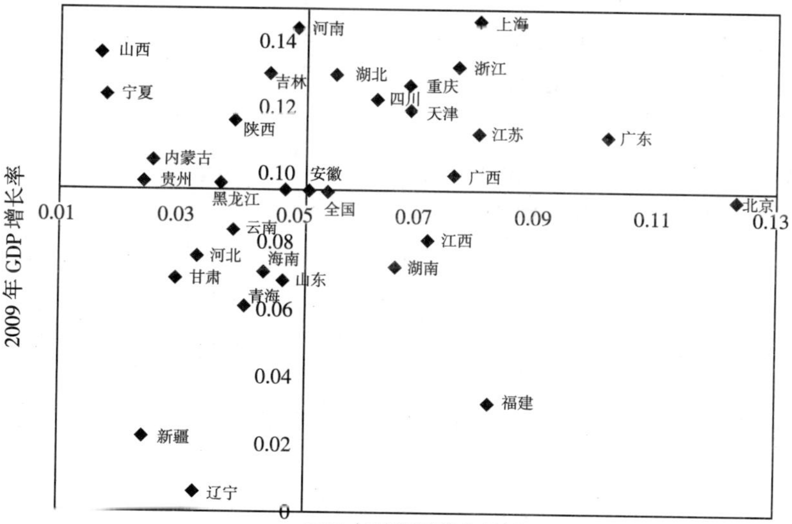

图 7-3　不同省份的经济增长模式

从图 7-3 中不同省份经济低碳化指标与其 GDP 增长率之间的关系，可以得出以下结论：

（1）各省份经济低碳化程度与经济发展具有不同的关系，即各省份经济发展的模式不同。通过对 2007~2009 年各省份经济低碳化指标和经济增长率的对比，可以粗略的将不同省份经济低碳化程度与经济发展的关系分为 4 种模式，即高经济低碳化低增长、低经济低碳化高增长、高经济低碳化高增长、低经济低碳化高增长。平均而言，东部地区为高经济低碳化高增长模式，中西部地区为低经济低碳化低增长模式。除山东、吉林外，东部省份均为高经济低碳化排放高增长模式；中西部省份低经济低碳化高增长模式占绝大多数，其次为低经济低碳化高增长。中西部地区的山西、内蒙古、河南等省份属于低经济低碳化高增长模式，原因是这些省份的能源消费结构中煤炭占绝对主导地位，短期内能源结构调整压力巨大，碳排放减排困难，但是这些省份依托当地丰富的资源禀赋依然可以保证经济的快速发展，只是这种经济快速发展是建立在经济结构的重型化上，因此会出现高增长但低经济低碳化的情况。

（2）部分省份经济已实现与碳排放“脱钩”发展。经济低碳化程度与经济发展的关系即 GDP 增长率的增加引起的碳强度的变化，这种变化则体现了各省经济发展与资源消耗之间的相应关系，即经济增长是否实现与碳排放“脱钩”。由图 7-3 可以看出，经济发展水平较高的东部地区已经实现初步“脱钩”，如北京、上海、浙江等省份的发展主要依赖产业结构高级化、能源结构现代化以及技术优势而实现的。中西部地区的减排并没有明显效果，尚未实现“脱钩”，尤其是山西，虽然其依然保持着较高的经济增长率，但是由于山西省的 GDP 增加是建立在消耗大量煤炭能源的基础上的，对能源需求的依赖度较高，减排政策并没有落实到位，减排形势依然严峻。

2. 产业低碳化水平分析

我国各省份产业化水平有所提升，但区域差异明显。产业低碳化指标是从经济结构和能源结构两个角度反映不同省份低碳金融发展的产业的结构支持状况，产业低碳化指标值说明产业结构多大程度上支持低碳金融的发展。如图 7-4 和表 7-8 所示，2007~2009 年我国各省份产业低碳化水平基本呈现上升趋势，其中上海和北京上升最快，分别上升了 0.081 和 0.071，也就是说，上海和北京的第三产业占 GDP 比重分别上升了 8.1%和

7.1%。然而，不同地区的产业低碳化水平却相差甚远。北京、上海、广东的产业低碳化水平一直处于国内前列，北京高达 0.76，上海也达到 0.59，与此同时，江西、河南的产业低碳化水平甚至不到 0.3，与北京、上海的差距达 2 倍多。从各省份产业低碳化排名的变化情况，我们可以看到大部分省份排名保持稳定，但是山西、黑龙江、安徽、湖北、广西的排名却不断下降，陕西的排名却不断上升。这说明中部地区相对于全国而言，工业化起步较晚，正处于工业化和城市化的中期阶段，这些地区的工业化发展速度超越其他地区，工业化的快速发展支撑并促进城市化发展，[①] 而城市化的快速发展又带来大规模的基础设施建设，从而带动了一大批重化工产业的发展。陕西的排名不断上升，因为陕西人均 GDP 处于工业化初期向中期过渡阶段，2009 年陕西工业增加值占生产总值的比重为 43.7%；三大产业结构为 15.1：56.6：28.3，依据工业标准，目前陕西工业化水平处于初期向中期过渡阶段。

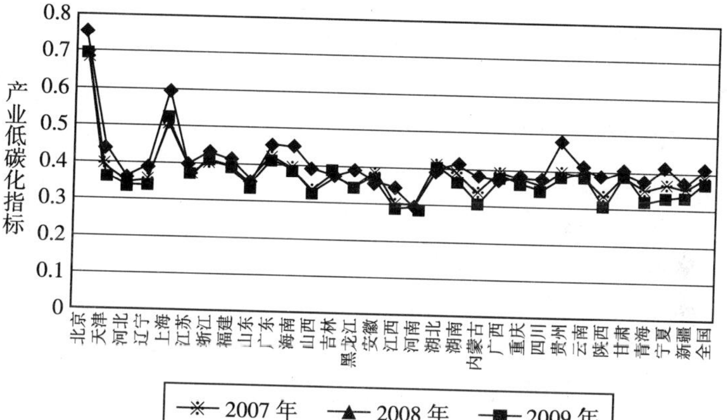

图 7-4　2007~2009 年各省份产业低碳化指标

表 7-8　2007~2009 年各省份产业低碳化排名

	2007 年	排名	2008 年	排名	2009 年	排名
北　京	0.684756	1	0.691144	1	0.755301	1
天　津	0.389829	11	0.358792	17	0.452702	5
河　北	0.342682	24	0.335786	22	0.352082	28

① 吴彼爱：《河南省低碳发展水平的时空差异与碳排放驱动力分析》，河南大学，博士学位论文，2011 年。

续表

	2007 年	排名	2008 年	排名	2009 年	排名
辽 宁	0.361598	20	0.340010	21	0.387264	17
上 海	0.512926	2	0.522424	2	0.593552	2
江 苏	0.369680	17	0.372759	14	0.395535	14
浙 江	0.407703	5	0.410534	4	0.431432	7
福 建	0.399804	6	0.392644	6	0.412575	10
山 东	0.336745	26	0.335148	23	0.347178	28
广 东	0.423253	3	0.416439	3	0.457229	4
海 南	0.397035	8	0.390683	9	0.452536	6
山 西	0.336145	27	0.324040	25	0.392335	16
吉 林	0.383266	15	0.380126	12	0.378672	21
黑龙江	0.345445	23	0.343381	19	0.392681	15
安 徽	0.390560	10	0.374929	13	0.363929	26
江 西	0.302325	29	0.287628	30	0.344482	29
河 南	0.300548	30	0.292536	29	0.292648	30
湖 北	0.416354	4	0.404874	5	0.395578	13
湖 南	0.387415	13	0.364878	15	0.413701	9
内蒙古	0.338533	25	0.304111	28	0.379523	19
广 西	0.393069	9	0.381703	11	0.376217	22
重 庆	0.373818	16	0.360392	16	0.378934	20
四 川	0.362797	19	0.345204	18	0.367373	25
贵 州	0.397783	7	0.386583	10	0.481969	3
云 南	0.388239	12	0.391431	8	0.408383	11
陕 西	0.331510	28	0.308359	27	0.384800	18
甘 肃	0.383774	14	0.392090	7	0.402434	12
青 海	0.354198	21	0.320581	26	0.368585	24
宁 夏	0.369368	18	0.329980	24	0.416564	8
新 疆	0.353912	22	0.340784	20	0.371218	23

3. 金融低碳化水平分析

我国各省金融低碳化水平极端不平衡，表明各省金融机构对低碳金融发展的“态度”各异。如图 7–5 和表 7–9 所示，2007~2009 年我国各省份金融低碳化水平均呈现上升趋势。这说明银行投向绿色信贷的资源多了，投到其他高能耗、高污染领域的资源变少了。以中国工商银行为例，近几年该行对一些高污染、高能耗、产能过剩行业的贷款余额逐年减少，即使在 2009 年信贷超常投放的情况下，国家确定的 8 个产能过剩、污染严重行业的贷款余额比年初还减少了 71.4 亿元。然而，不同地区的金融低碳化水平却显示出极端的不平衡。北京、上海、浙江的金融低碳化水平排在前三位，2009 年北京的金融低碳化值高达 0.314618，而内蒙古仅为 0.016724，北京的金融低碳化值是内蒙古值的 18 倍多。随着国家对“三高”贷款的限制，金融机构越来越注重对环境风险的规避，开始从事“绿色信贷”业务，拓宽业务范围。北京、上海的许多金融机构开始了实践绿色金融的切实举措。如北京银行贷款近 100 亿元支持首都公交车辆更新改造、环卫清洁车辆更新、环保清洁能源开发，服务“绿色北京”建设；率先与国际金融公司签订中国节能减排融资项目合作协议，目前已发放绿色贷款 87 笔、50 多亿元，项目涉及节能改造、新能源利用等 20 多个领域。而排名靠后的新疆、宁夏的银行业金融机构则几乎没有参与到低碳金融活动中来。

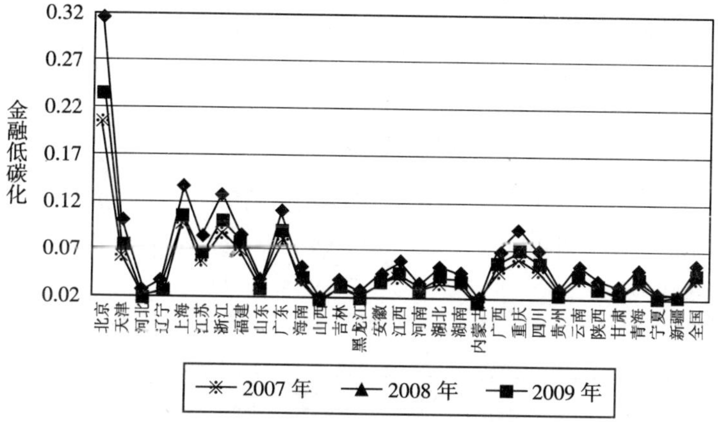

图 7-5 2007~2009 年各省份金融低碳度指标

表 7-9 2007~2009 年各省份金融低碳化排名

	2007 年	排名	2008 年	排名	2009 年	排名
北 京	0.205667	1	0.235255	1	0.314618	1
天 津	0.062433	6	0.074529	6	0.101867	5
河 北	0.017700	28	0.019132	27	0.025406	26
辽 宁	0.024666	22	0.027180	21	0.035058	21
上 海	0.099849	2	0.106380	2	0.138774	2
江 苏	0.056262	8	0.065043	8	0.081477	8

续表

	2007年	排名	2008年	排名	2009年	排名
浙　江	0.087238	3	0.101898	3	0.130780	3
福　建	0.066967	5	0.075665	5	0.084952	7
山　东	0.027651	20	0.029887	20	0.037968	20
广　东	0.081737	4	0.087836	4	0.111261	4
海　南	0.035526	14	0.039153	14	0.051620	15
山　西	0.011929	30	0.013593	29	0.018217	29
吉　林	0.030404	18	0.030482	19	0.039023	19
黑龙江	0.020260	25	0.020537	25	0.026376	25
安　徽	0.036170	13	0.036486	17	0.045082	17
江　西	0.040019	11	0.044618	11	0.060070	11
河　南	0.025452	21	0.026806	22	0.034159	22
湖　北	0.035022	15	0.040283	13	0.052209	14
湖　南	0.031833	17	0.037447	16	0.048329	16
内蒙古	0.012682	29	0.012809	30	0.016724	30
广　西	0.047267	10	0.054928	10	0.072154	9
重　庆	0.060754	7	0.071675	7	0.093218	6
四　川	0.049287	9	0.056383	9	0.071072	10
贵　州	0.021580	23	0.023978	23	0.028841	24
云　南	0.039419	12	0.044504	12	0.055086	12
陕　西	0.029342	19	0.031117	18	0.039576	18
甘　肃	0.021218	24	0.023647	24	0.032619	23
青　海	0.034744	16	0.038753	15	0.053109	13
宁　夏	0.018787	27	0.020062	26	0.025211	27
新　疆	0.019873	26	0.019041	28	0.022395	28

三、中国低碳金融发展指数评价的重要结论

1. 低碳金融发展呈现上升趋势但区域差异明显

由于各省份的经济发展水平、产业结构、资源禀赋、能源效率、金融市场发展程度不同，对国家节能减排政策的执行力度等存在较大差异，因而无论从低碳金融发展水平总体评价还是从单向指标来看，各省份低碳金融发展存在较大差异。

从综合评价得分来看，低碳金融发展水平得分较高的省份分布在东

部、西南的重庆、四川、云南，而山西、内蒙古等省区得分较低，综合得分最高的北京与综合得分最低的山西、内蒙古得分相差悬殊。

2. 国家区域发展政策对低碳金融发展有一定影响

2007~2009 年各区域低碳金融指数也呈现上升趋势，且我国区域低碳金融发展水平的分布呈现出东部地区>全国>西部地区>中部地区，图 7-6 所示中部地区低碳金融发展水平较低可能由于中部地区正处于迅速推进工业化的阶段以及承接东部地区部分产业的转移，能耗较高，碳排放程度较高。

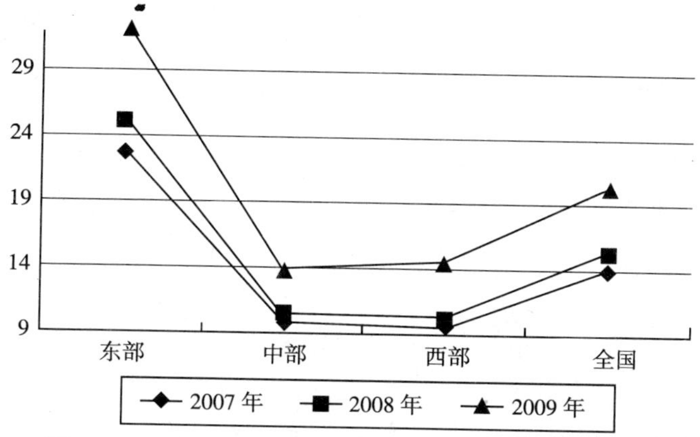

图 7-6　2007~2009 年我国区域平均低碳金融指数变化

虽然不同地区间的绝对差距还在扩大，但是西部地区低碳金融发展水平增长率最大，三大区域低碳金融发展水平的差距逐步缩小，见图 7-7。可见，国家区域发展政策对低碳金融发展有一定影响。从上升速度来看，

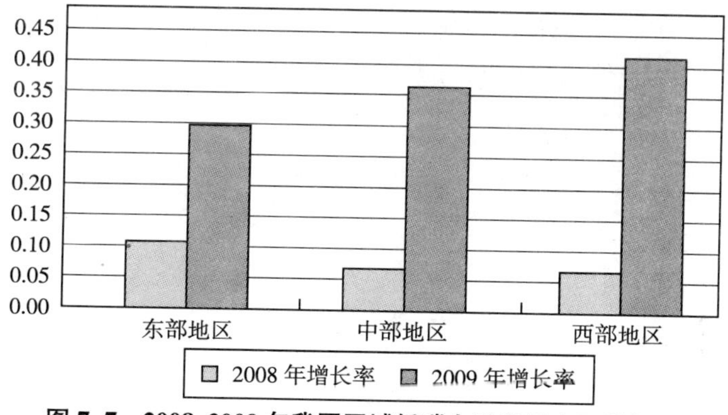

图 7-7　2008~2009 年我国区域低碳金融发展水平增长率

西部地区低碳金融发展上升速度最快，平均每年上升 24%，国家西部大开发战略的实施，东部地区的生产技术等向西部地区转移，促进了西部地区生产效率的提高，促进了西部地区的金融市场发展。

3. 我国大部分地区低碳金融发展水平有较大提升空间

我国经济增长、金融发展很大程度上依赖能源消耗的增加，而能源消耗的增加是碳排放增长的重要原因。从全国平均水平来看，2009 年全国低碳金融平均值 18.6，仅占排名第一位的北京的 18%。这说明我国大部分省份的低碳金融水平还很低，仍有较大的提升空间。我国金融发展对环境改善没有明显的作用，我国金融机构对环境问题态度由第一阶段的抗拒向第二阶段的规避过渡[①]（乔海曙、朱娟）。我国 20 强商业银行在低碳金融的实践中的表现与其全球银行业重要新生力量的地位不相称，总体处于"忽视温室气体排放阶段"，除非政策或利益相关者推动，很少主动进行促进低碳经济发展的低碳金融实践，与国际主流商业银行还有不少差距[②]（翁清云、刘丽巍，2010）。

4. 金融发展不等同于低碳金融发展

对于各省的金融发展水平可以采用支付的总金融额来衡量（吴建刚，2010）。2008 年全国金融发展水平和低碳金融发展水平排名前 9 名的省市，如表 7-10 所示，可以看到金融发展水平程度与低碳金融发展水平有一定的相关性，但是金融发展绝不等于低碳金融发展。如金融发展水平排在第 6 名的山东，其低碳金融发展水平排在第 19 位；金融发展水平排在第 8 名的辽宁，其低碳金融发展水平排在第 23 位。因为不同地区金融发展的水平和结构不同，有的地区在一定阶段金融的发展可能促进碳排放量的增加，因为这些地区的金融发展是建立在环境污染的基础上的，通过继续对高能耗、高污染、高排放的大型企业进行融资，对"绿色信贷"的执行力度不够，出现了金融发展与低碳金融发展不同步的情况。

① 乔海曙、朱娟：《金融发展对环境的影响：基于中国 1999~2009 年的实证》，工作论文。

② 翁清云、刘丽巍：《我国商业银行低碳金融实践的现状评价与发展对策》，《金融论坛》，2010 年第 S1 期。

表 7–10　2008 年全国低碳金融发展水平与金融发展水平排名前 9 名的省市

	低碳金融发展水平排名	金融发展水平排名
1	北　京	北　京
2	上　海	上　海
3	浙　江	广　东
4	广　东	江　苏
5	福　建	浙　江
6	天　津	山　东
7	重　庆	福　建
8	江　苏	辽　宁
9	广　西	天　津

注：部分数据来源于吴建刚[①]的论文结果。

① 吴建刚：《中国各省市及各区域金融发展水平分析》，《中欧陆家嘴国际金融研究报告》，2010 年。

第八章　中国低碳金融发展的动力机制

第一节　发展低碳金融的动力机制："义利"分析

一、低碳金融发展的动力

低碳金融发展的动力就是以金融机构为主体的发展主体与政府以及其他利益相关者之间相互作用，通过充分认识低碳金融的盈利模式，共同促进低碳金融的发展。影响金融机构发展低碳金融的因素主要有经济因素、市场条件以及制度保障等。其中，经济因素是指发展低碳金融所能带来的经济收益，这是金融机构发展低碳金融履行环境责任的压力和动力源泉；发展低碳金融的市场条件是其发展低碳金融的前提和途径；由各种法律制度组成的制度保障是金融机构利益相关者参与到发展低碳金融活动中的支持和保障。发展低碳金融不仅能够为机构带来直接和较为快速的回报，还能够为其获取长期社会收益。[①] 金融机构开展低碳金融业务主要是为了获取这种收益和回报。具体体现在下面两方面：

---

① 黄平、胡日东：《环境规制与企业技术创新相互促进的机理与实证研究》，《财经理论与实践》，2010年第1期。

1. 利益相关者的压力推动：“义”

“义”是金融机构的社会责任。社会责任是指一个组织对社会应负的责任，通常是指组织承担的高于组织自己目标的社会义务，即承担了“追求对社会有利的长期目标”的义务。“义”对金融机构来说是一把“双刃剑”。履行社会责任会增加企业的经营成本，降低企业的经济绩效。然而，履行企业社会责任有助于提高企业声望，使企业获得无形的、有价值的关键性资产从而增强企业的竞争力，从这个层面上说，社会责任能够作为金融机构发展低碳金融的动力。随着金融环境的不断改善，“义”给金融机构增加的经营成本越来越小，而能够获得的品牌价值、消费者信赖等无形资产越来越多，即“义”带来的负向效益越来越小，正向效益越来越大。因此，完善金融机构践行社会责任的金融环境能够增强机构履行社会责任的动力，这种金融环境的改善是建立在政府的规制、消费者的选择和市场竞争的压力上的，可以从这三方面入手，使“义”的负向效益变为正向效益，增强动力。

（1）政府的规制。政府规制金融机构必须要承担环境责任，金融机构必须按照政府制定的法律规范来经营业务。从国内角度看，金融机构发展低碳金融承担环境责任的压力主要来自政府。譬如，上海银监局印发的《上海银行业金融机构企业社会责任指引》、中国银行业协会颁布的《中国银行业金融机构企业社会责任指引》等规范社会责任的规章制度，促使金融机构践行环境责任，维护其利益相关者的合法权利，促进经济、社会与环境的可持续发展。[①] 从国际角度看，主要是有关金融机构社会责任的国际协议，如赤道原则等。鉴于金融机构的特殊性质，金融机构必须要执行政府的宏观决策。我国政府在哥本哈根会议上宣布的 2020 年之前的减排目标，也需要金融机构的积极参与。

（2）消费者的选择。金融消费者是金融机构最为重要的利益相关者。消费者的选择逐渐成为金融机构生存和发展的关键。随着社会的发展，人们对环境问题日益关注，相当多的金融消费者会按照本人的意愿和偏好将“货币选票”投向具有高度环境责任的金融机构。[②] 消费者一旦认为金融机

① 杨东宁：《企业自愿采用标准化环境管理体系的驱动力：理论框架及实证研究》，《管理世界》，2005 年第 2 期。

② 周延风、罗文恩、肖文建：《企业社会责任行为与消费者响应——消费者个人特征和价格信号的调节》，《中国工业经济》，2007 年第 3 期，第 62–69 页。

构提供的产品或服务中环境责任的因素不够，完全可以拒绝该金融机构。消费者的选择对金融机构发展低碳金融履行环境责任形成了实质性的压力。迫于这种压力，发展低碳金融、履行环境责任能够收获较多消费者的“货币选票”，获取市场竞争中的优势地位，金融机构将会积极地开展低碳金融活动。

（3）市场竞争的压力。随着竞争的日益加剧，金融机构面临的市场压力越来越大。谁能够先一步在市场中占据先机，谁就能在日后的竞争中占据有利地位。低碳金融背后所隐藏的巨大市场是各金融机构下一阶段争夺的主要对象。金融机构为谋求自身竞争力的提高，不得不将环境因素纳入到竞争策略当中。为追求自身在市场竞争中的有利地位，各机构不得不积极探索低碳金融业务，进行产品差异化业务经营，打造自身的环境竞争力，谋求更多实际收益。

2. 发展低碳金融的利益吸引：“利”

（1）有利于金融机构获取经济收益。金融机构发展低碳金融能够获取较大的经济收益。[①] 首先，发展低碳金融将会赢得国家政府层面的补贴和扶持。随着人们对环境问题的日益加深，这种扶持力度将进一步加强。其次，发展低碳金融也为金融机构谋求经济利润开拓了新的途径。具体表现在三个方面：第一，绿色信贷方面的收益。随着国内政府对信贷指引的加强，金融机构开始创新性地发行质押贷款、能效贷款等，并从中获取相应的信贷收益。第二，结构性理财产品方面。面对发展低碳金融的巨大蛋糕，各金融机构积极进行低碳金融产品的创新，针对不同客户推出令其满意的低碳金融理财产品，这些金融创新能够促使其快速占领市场份额，获取更大经济利润。第三，综合金融服务方案方面。金融机构在市场中的特殊地位决定了其在综合服务方面的优势。金融机构据此推出的财务顾问以及其他套期保值类服务等将会为其获取足额的中间业务收益。

（2）有利于金融机构获取社会效益。通过发展低碳金融，金融能够履行一定的环境责任。虽然在短期内，发展低碳金融业务相对于传统业务来讲具有较高的机会成本，但是从长期来看，承担环境责任能够使得金融机构获得更多的利润空间，国内外一些学者的实证研究也充分说明了这个问

---

① 杨蓉、杨宇：《企业社会责任与核心竞争力——基于中国上市公司的实证研究》，《华东师范大学学报》（哲学社会科学版），2008 年第 5 期，第 121–128 页。

题。其主要原因是由于金融机构积极地承担环境责任，能够改善自身的形象，提高声誉，改善内外部的经营环境，等等。尽管这些无形资产在短期内可能不能给机构带来经济效益，但从长远来看，这些软实力将会促进金融机构获取充足的社会收益。[①] 从国际经验来看，随着对金融机构性质的深入认识，社会对金融机构履行环境责任的要求变成了一种趋势。积极履行环境责任要求的金融机构将会在竞争中处于主动地位，而拒绝履行的金融机构将会慢慢被淘汰。另外，随着国际环保意识的增强，国际准则譬如已经施行的赤道原则等的颁布，金融机构想要谋求更长远的发展，必须顺应形势，转变观念，履行自身环境责任，打造环境竞争力，进而获取更高的收益。

从上文的分析中可以知道，“义”和“利”都是金融机构履行社会责任、发展碳金融的动力。然而，由于“义”的双重特性及其能够带来品牌价值等无形资产的有限性。“义”对金融机构发展碳金融的推动作用有限，“义”的动力强度远远小于“利”的动力强度，要促进“义”向“利”转换，增强金融机构的动力。

二、低碳金融发展动力机制分析

1. 动力机制的核心：“义利”关系

现阶段，金融机构在“义”，也即社会责任的促使下发展低碳金融，这一行为将会对生态环境和公众产生较大的社会效益，但其自身并不能从中得到合理的补偿，也就是说存在正的外部性。如果这种外部性没有合理机制进行消除的话，将会造成较严重的市场失灵，不利于低碳金融的长远发展。由于正外部性的存在，金融机构发展低碳金融的这种“义举”与其从中所得到的“利”是不匹配的，出现义、利不平衡的情况，导致其发展低碳金融的动力不足，不利于资源的合理配置和帕累托最优的实现。

图 8-1 中描述了低碳金融发展的“义利”关系。其中，“义”用金融机构现阶段开展低碳金融业务所付出的成本来衡量，“利”用开展低碳金融业务所获得的收益来衡量。MPC、MPB 表示金融机构开展低碳金融业务的边际成本、边际收益；MSB 表示边际社会收益；MEB 表示边际外部收益。发展低碳金融的正外部性将导致 MSB 大于 MPB，两者的差额为 MEB，

---

① 刘斌：《城市物流阶段性发展规律的理论模型与实证研究》，《生产力研究》，2008 年第 4 期。

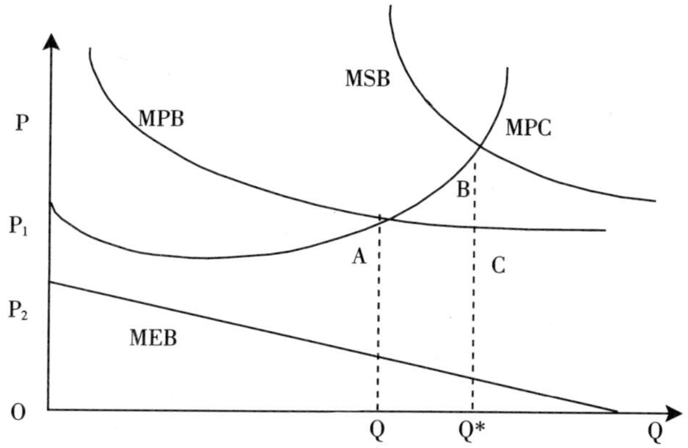

图 8–1　发展低碳金融的“义利”关系分析

由于正外部性的存在，MSB 将大于 MPC，边际外在收益的存在使得金融机构对低碳金融产品业务没有达到最优。低碳金融发展“义”的正外部性的存在导致了金融机构发展的动力不足，使得低碳金融产品业务都偏离了最优的水平。

对金融机构而言，自身利润最大化的点位于 MPB=MPC 处，即产品业务为 Q 处。然后，根据社会福利最大化的原则，发展低碳金融的社会福利最大化点为 B 点，三边形的面积 S_{ABC} 为金融机构积极发展低碳金融的正外部性。[①] 只有通过合适的手段，将低碳金融发展的“义”内部化，促使金融机构充分认识到发展低碳金融所能带来的收益，才能逐步构建金融机构发展的有效动力机制。

推动低碳金融持续发展的动力主要是让金融机构认识到发展低碳金融是“赚钱”的，从而构建低碳金融发展的有效盈利机制。这主要包括“义”“利”两方面的关系。一方面是促进低碳金融的实在收益，也即低碳金融发展的“利”，包括增加低碳金融的实际收益，降低发展低碳金融的成本。这需要通过市场条件和制度的不断完善加以保证。另一方面是促进低碳金融“义”的外部性逐步内部化，使发展低碳金融的“义”的责任能够统一到金融机构谋求“利”最大化的框架之下。根据已有的外部性理论，需要将低碳金融“义”的外部性逐步内部化才能实现低碳金融的持续发展。

① 王留之、宋阳：《略论我国碳交易的现状及其风险防范》，《现代财经》，2009 年第 6 期，第 13–18 页。

2. 动力机制的实现：促进“义”向“利”转化

金融机构发展低碳金融的动力机制不断完善实际上是将发展低碳金融“义”的正外部性逐步内部化的过程，是分阶段分层次进行的。传统外部性内部化的手段的主要依据是庇古和科斯提出的相关理论，从政府规制到依赖市场机制将外部性内化逐步升级。

（1）政府的征税补贴。针对外部性问题，庇古首先从福利经济学的角度进行了研究。他认为，外部性的出现是由于边际私人成本与边际社会成本、边际私人收益与边际社会收益的不一致所造成的。当不存在外部性时，边际私人成本就是进行某种生产或业务的全部成本。当存在某种正外部性或负外部性时，此时私人成本不能完全衡量所产生的经济效应，外部经济效应的存在使得市场机制不能实现资源配置的帕累托最优，自身运营出现失灵。要消除这种背离，必须通过政府适当的经济政策。[①] 具体的政策为：对边际私人成本小于社会成本的机构或者企业进行征税，对边际私人收益小于边际社会收益的机构或企业进行奖励或补贴。借鉴庇古理论，针对低碳金融发展初期所具有的较强正外部性效应，只有充分发挥政府的激励和补贴机制，促使低碳金融的外部性逐步内化，才能实现机构的积极发展。

（2）明晰产权市场机制。科斯从产权和交易成本的角度对外部性进行了重新阐述，他认为，外部性的存在实际上是由于产权不够清晰所造成的。清晰的进行产权界定并且充分发挥市场机制的作用就能够将外部性内部化。随着环境问题的日益加剧，科斯定理被积极的应用到外部性内部化的探索途径中，排污权交易制度就是一个具体的应用。[②] 政府通过建立合法的污染物排放权利并通过市场机制的运营来实现这种权利的买卖，进而实现无污染排放的控制。具体实施过程中，可以通过不同方式实现这些权利的分配，通过销售、出租、拍卖等一系列途径促使这种权利进行合法有偿交易。在政府激励引导发展低碳金融到一定程度后，根据科斯定理，充分发挥市场机制的作用来实现外部性逐步内部化。通过明晰各金融机构的环境责任，推动环境产权责任进行交易等方式实现发展低碳金融的外部性逐步内部化。

（3）自愿参与降低交易费用。德姆塞茨和张五常等新制度经济学家继

---

① 杨佳深：《国际碳交易市场及其衍生金融产品分析》，《金融财经》，2009 年第 2 期，第 67–73 页。
② 庄贵阳：《低碳经济：气候变化背景下的中国发展之路》，气象出版社 2007 年版，第 301–355 页。

续从交易费用和产权角度对外部性进行了研究。他们认为，外部性的存在是由于其背后过高的交易费用。要解决外部性问题，必须要降低界定产权的交易费用。通常外部性的政府激励补贴、排污收费等都属于正式的制度安排，在解决外部性问题上可能交易成本过高。① 此时，一些非正式制度安排就能发挥重要作用。推动金融机构积极参与一些自愿性的环境协议过程，实现对自身发展的约束和激励；逐步加强社会公众的参与度，通过提高公众的环保意识，改变其消费习惯，从公众层面对发展低碳金融的机构形成较强的约束和激励机制。通过这些自愿参与逐步降低交易费用的方式，逐步构建政府与机构、机构与机构、机构与公众之间的相互制约相互激励的机制，使得机构外部性内部化的交易费用降低。可以预计，公众、机构自愿参与的外部性内部化机制最终将会发挥重要的作用，如图 8-2 所示。

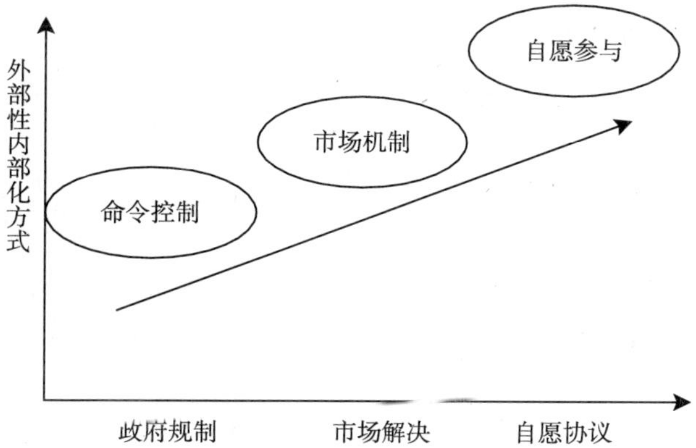

图 8-2　外部性内部化的过程

三、低碳金融发展的“义利”转化过程

将发展低碳金融“义”的正外部性逐步内部化的过程就是金融机构发展低碳金融的动力机制不断进行完善的一个过程，这个过程是分阶段、分层次进行的。根据外部性内部化的方式手段，将低碳金融的“义”向“利”转化的阶段性发展进行理论上的假设。传统外部性内部化的手段的主要依据有庇古和科斯提出的相关理论，相应的外部性内部化的方式主要

① 郭庆.《中国企业环境规制政策研究》，山东大学，博士学位论文，2006 年，第 105-120 页。

有政府的征税补贴、明晰产权市场机制和自愿参与降低交易费用等方式。借鉴相应的理论和方式，将发展低碳金融的“义”向“利”转化的过程分为“义利”对立、“义利”共生两个阶段。

1.“义利”对立阶段：强外部性

（1）阶段表现。“义利”对立阶段主要是指以金融机构为主的发展主体在这一阶段发展低碳金融履行环境责任时对其利益相关者能够产生较强的正外部性效应，这种正外部效应通过现有机制无法得到合理弥补，与金融机构谋求利润最大化的理念相违背。要想促使金融机构积极地开展低碳金融业务，必须要发挥政府为主导的作用。政府通过出台法律法规指引机构积极发展低碳金融，如已经出台的绿色信贷政策等。此外，可以通过补贴和征税等政策，逐步将发展低碳金融的正外部性内部化，借以推动低碳金融发展。

（2）主要原因。第一，低碳金融业务成本过高。低碳金融作为一种新兴业务，其开展需要强有力的技术做支撑，金融机构需要投入大量资金研发这种业务的运作模式等。况且，国内具备低碳金融专业知识的人才匮乏，而专业人才的引进以及专业知识的培训会增加金融机构的劳动力成本。此阶段低碳金融发展主要以银行绿色信贷为主，低碳金融的其他业务由于初期市场条件和制度保障不完善无法深入开展。绿色信贷方面，由于各机构对低碳企业盈利模式不清晰，相对于将资金流向传统业务风险较大并有可能损失部分优质客户。

第二，外部政策环境不充分。随着各项政策倡导发展低碳金融，国内金融机构开始关注低碳金融，但由于具体的政策激励措施不够充分，如发展低碳金融的法律规则、配套制度没有出台，政府层面对环境保护的关注不够，导致金融机构发展低碳金融动力机制不足。此外，该阶段由于整体市场环境不够完善，缺乏完备的碳交易市场和合理的交易工具，发展低碳金融外部性较强，社会交易成本较高。

2.“义利”共生阶段：外部性内部化

（1）阶段表现。“义利”共生阶段是指一般情况下，发展低碳金融履行环境责任不会损害金融机构“利”时，尽量义利相兼顾；在特殊情况下，即发展低碳金融会严重损害“利”时，以保证金融机构“利”的收益为准。随着低碳金融盈利模式的日益清晰，政府进行环境规制成本日益提高，需要通过运用市场机制来消除正外部性效应。市场机制运营中，明晰各金融机构所需要承担的环境责任，运用市场化的手段逐步将低碳金融所能带来的正外部性内部化。同时，金融机构履行环境责任所产生的正外部性能够被人们所关注，成为影响机构在竞争中获取优势地位的重要因素。金融消费关注程度的提高能够获取相应的利润，外部性逐步内部化。这一层次的金融机构以实现可持续发展为首要目标，具有较强的环境责任意识，拥有相对独立的价值观和卓越的经营能力，发展低碳金融与实现金融机构的可持续发展逐步结合起来。"义利"共生型金融机构是低碳市场发展的标杆，同时也是发展低碳金融要求的引领者。"义利"之间相互转化，互相促进，实现低碳金融的可持续发展。

（2）原因分析。第一，低碳金融外部政策环境改善。首先，公众关注度日渐提高。国内各界提高了对环境保护的整体认识，社会对企业社会责任关注度也日益提高。发展低碳金融的制度保障更加健全。国家在这一阶段陆续出台激励性政策，对发展低碳金融给予了一些实质性补贴。其次，市场机制日益完善。碳交易制度、碳交易场所和碳交易平台也开始起步并发展起来，交易制度交易法规在这一阶段也得到逐步完善。

第二，市场环境进一步规范发展。随着低碳金融逐步推进，具备专业知识的人才日益增多，劳动力成本逐步降低，碳交易一些技术工具应用渐成熟，金融衍生产品和工具不断出现并应用，技术成本和交易成本大幅度降低，发展低碳金融所能带来的私人收益逐步增加，私人成本逐步降低。同时，为满足市场需求和竞争的要求，机构发展低碳金融所带来的正外部性逐步内部化，获取的社会收益与经济收益统一到同一个框架下。

第三，发展低碳金融的综合收益明显。[①] 首先，随着外部环境的变化，发展低碳金融、履行企业社会责任逐渐成为一种业内共识。国内金融机构发展低碳金融可以形成品牌效应，收获较好的声誉，并且发展低碳金融的"利"越来越丰厚。实体经济层面的变革正在对金融机构的发展产生深刻的影响，金融机构将资金运用到这些产业中能够带来可观的收益。那些能够将自己对气候变化的洞察力整合到贷款决策中的机构，以及对金融创新充满激情并拥有创新流程的银行，将拥有潜在的竞争优势，能够在市场竞争中胜出，从而保护他们自己以及客户的市场地位。因此，国内不少金融

① 朱兴龙、周正：《政府环境规制与企业行为的博弈分析》，《2007年运输经济理论与政策暨产业经济学发展学术》，2007年，第94-98页。

机构出于自身未来发展的需要，积极可持续的开展低碳金融业务。

第二节 低碳金融"义利"对立阶段的动力机制

"义利"对立阶段由于发展低碳金融对社会产生较强的正外部性，这种正外部效应通过现有机制无法得到合理弥补。因此，需要建立合理的机制充分发挥金融机构发展低碳金融的动力，促使金融机构积极地开展低碳金融业务。在这一阶段，促进低碳金融发展的动力机制到底是什么，需要做进一步的研究。下面，通过进行博弈分析来研究这个阶段的动力机制。

一、模型的基本假设

（1）参与人集合 $N=\{1, 2\}$。本模型中假设此阶段参与人有两类总体，即政府和金融机构，政府为参与人 1，金融机构为参与人 2，二者都是有限理性决策者。每次博弈分别从这两个总体中随机地抽取一个个体进行博弈。

（2）策略：不考虑参与人的博弈时序，政府和企业同时选择策略；政府的策略集为（管制，不管制）；由于现有政策的要求，金融机构必须发展部分以绿色信贷为主的低碳金融业务，金融机构发展低碳金融的策略集为（积极，消极）。

（3）支付情况。政府的情况：假定政府的选择规制的比例为 x，选择不规制的比例为 1 - x。

1）不规制的时候，政府由于面临社会福利损失或支付的费用为 B，即得益为-B。

2）选择规制的时候，政府需要支出一笔费用为 W，此时：

①当金融机构成功发展低碳金融业务并获取盈利时候，政府不需要支付福利损失，此时可以给予金融机构奖励 θW，从而政府的收益为-(1 + θW)。

②当金融机构发展低碳金融业务但是产生了亏损时，政府需要给予政策补贴，补贴幅度可根据社会福利损失程度给予补贴，补贴定为 λB，从

而政府得益为$-\lambda B-W$。

金融机构情况：

1）一旦政府选择规制要求机构构建，则机构一定得接受，因此本模型不考虑机构是否接受的选择阶段。

2）根据国内低碳金融发展情况，金融机构不得不开展部分低碳金融业务，譬如绿色信贷等，金融机构对待低碳金融态度区分为积极和不积极，假定金融机构选择积极发展低碳金融的比例为 y，选择不积极或者消极发展低碳金融的比例为 $1-y$。假定发展低碳金融的成本为 e。

①当政府选择不规制的时候，部分金融机构出于自身追逐利的动机，积极的发展低碳金融，能够获取一部分社会福利收益和低碳金融业务的相关收益，假定以消费者等利益相关者的关注程度所能给金融机构带来的社会收益为 αB，发展低碳金融收益为 W，政府不规制下积极发展低碳金融收益为 $W+\alpha B-e$，消极发展低碳金融收益为 W。

②当政府选择规制的时候，金融机构积极发展低碳金融并能够盈利的时候所获收益为 $(1+\theta W)-e$，积极发展但是亏损的收益为 $W-e$；消极发展低碳金融盈利收益为 $(1+\theta W)$，不积极而且企业亏损所获收益为 W。

产出情况的不确定：当金融机构积极主动发展低碳金融所能盈利的概率为 p，亏损的概率为 $1-p$；当金融机构不积极发展时，其盈利的概率为 $1-p$，亏损的概率为 p。

政府与金融机构的得益矩阵，如表 8-1 所示。

表 8-1　政府与金融机构的得益矩阵

政府＼金融机构	积极发展	消极发展
规制	$-W(1+p\theta)-\lambda B(1-p)$ $W(1+p\theta)+\alpha B-e$	$-W(p\theta-1-\theta)-\lambda Bp$ $W(1+\theta-p\theta)$
不规制	$-B$，$W+\alpha B-e$	$-B$，W

二、博弈分析

1. 单个个体的博弈分析

政府群体中，采用规制策略的比例动态变化以如下复制动态方程表示。

政府选择规制策略时候的适应度为：

$u_{1政} = y[-W(1+p\theta) - \lambda B(1-p)] + (1-y)[-W(p\theta - 1 - \theta) - \lambda Bp]$

政府选择不规制策略时候的适应度为：

$u_{2政} = -B$

由以上式子可知，政府的平均适应度为：

$\bar{u}_{政} = xu_{1政} + (1-x)u_{2政}$

可得到政府的复制动态方程为：

$$\frac{dx}{dt} = x(u_{1政} - \bar{u}_{政}) = x(1-x)(\lambda B - \theta W)(2p-1)y - W(1+\theta-p\theta) - B(\lambda p - 1)$$

设 $u = \frac{W(1+\theta-p\theta)+B(\lambda p-1)}{(\lambda B-\theta W)(2p-1)} = \frac{W(1+\theta)-B}{(\lambda B-\theta W)(2p-1)} + \frac{P}{(2p-1)}$

1）若 $y=u$，则所有始终为 0，意味着所有 x 水平都是稳定状态。

2）若 $y \neq u$，存在 $x=1$ 和 $x=0$ 两个稳定状态。

①$y<u$ 时，$x=0$ 即政府选择不规制是稳定状态 ESS。

②$y>u$ 时，$x=1$ 政府选择规制是进化稳定策略 ESS。

复制动态方程的稳定状态以及相应的相位如图 8-3 所示，其中横轴代表博弈方群体政府采取规制或者不规制的概率，纵轴 dz/dt 代表政府不规制或者规制下整体的收益情况。

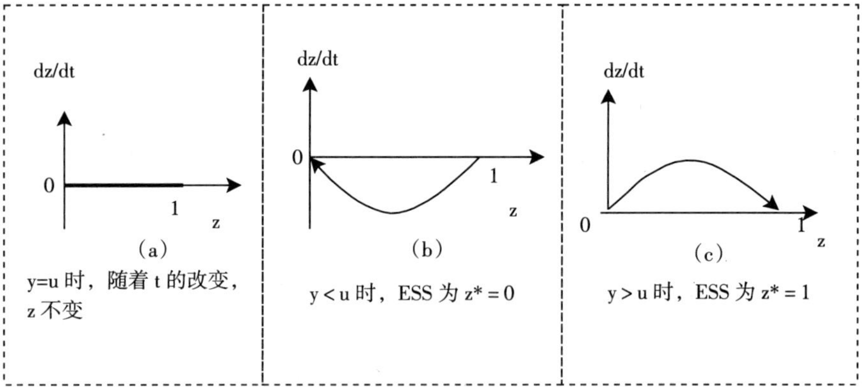

图 8-3 博弈方政府位置博弈群体复制动态相位

对金融机构进行分析：

金融机构群体中，采取积极发展低碳金融策略比例的动态变化以如下复制动态方程为：

$$\frac{dx}{dt}=x(u_{1金}-\bar{u}_{金})=y(1-y)x[\theta W(2p-1)+\alpha B-e]$$

设 $t=\theta W(2p-1)+\alpha B-e$，此复制动态方程的稳定状态以及相应的相位图为：

在 $x>0$ 的情况下：（若 $x=0$ 则意味着政府在初期不选择规制，博弈结束）

1）若 $t=0$，则所有始终为 0，意味着所有 x 水平都是稳定状态。

2）若 $t\neq 0$，存在 $y=1$ 和 $y=1$ 两个稳定状态。

①$t<0$ 时，$y=0$ 即政府选择不规制是稳定状态 ESS。

②$t>0$ 时，$y=1$ 政府选择规制是进化稳定策略 ESS。

复制动态方程的稳定状态以及相应的相位如图 8-4 所示，其中横轴代表博弈方群体金融机构是否积极发展低碳金融的概率，纵轴 dz/dt 代表机构发展的收益情况。

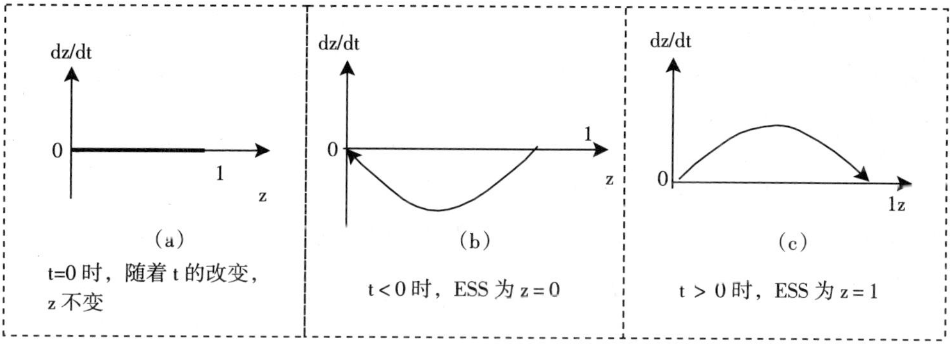

图 8-4　博弈方金融机构位置博弈群体复制动态相位

2. 政府与金融机构的博弈分析

（1）在“义利”对立阶段，政府为减少社会福利损失，将逐步增大对低碳金融的激励补贴力度，即 θ、λ 值变大，积极发展低碳金融的盈利的改善仍不明显 $u=\frac{W(1+\theta)-B}{(2p-1)(\lambda B-\theta W)}+\frac{p}{(2p-1)}$ 中，由于 $\frac{\partial u}{\partial \theta}<0$，u 变小，政府更趋向于严格规制，即 x→1；同时，对金融机构而言，公众等利益相关者关注程度变高，α 值变大，$t=\theta W(2p-1)+\alpha B-e$ 开始逐渐变大，

由小于0逐渐变为大于0，条件为 $\theta > \frac{e-\alpha B}{W(2p-1)}$，促使 $\frac{dy}{dt}>0$，$y\to 1$，金融机构积极发展低碳金融。

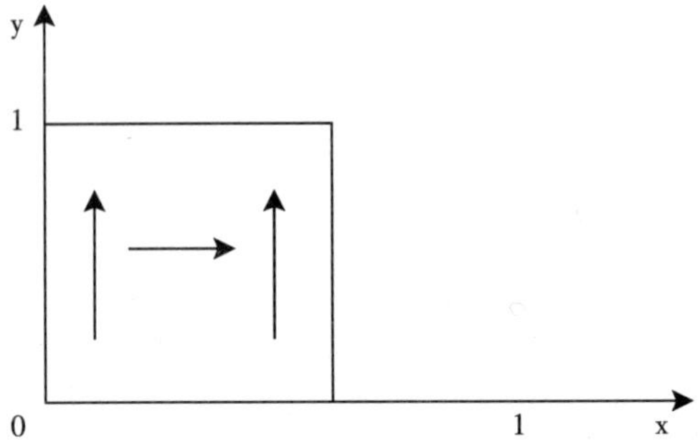

图 8-5 “义利”对立阶段金融机构的稳定相位

由图 8-5 可知，此时博弈的进化稳定策略变为 $x=1$，$y=1$ 即规制，积极发展。

（2）模型的解释。政府方面，随着环境责任意识的增强，政府将会采取强度更高的补贴方式激励金融机构积极发展低碳金融，此时政府的措施是有效率的、合理的。

金融机构层面，政府奖励补贴加大，微观激励效率逐步提高，发展低碳金融所能获得的社会收益日益明显，金融机构选择积极发展低碳金融的期望收益 $W(1+p\theta)+\alpha B-e$ 上升。更多的金融机构将会选择积极发展低碳金融，并运用各种途径去谋取利润的最大化。大部分金融机构对待发展低碳金融持一种积极的态度。

三、博弈结论：政府激励机制为主要动力机制

从以上的分析可以得出，政府的环境规制对金融机构积极发展低碳金融具有重要的影响。在低碳金融发展之初，各金融机构大部分都处于“义利”对立阶段，不仅机构的环保意识较低，社会公众对环境责任的意识也不强，政府此阶段进行环境规制的成本小于预期的社会福利损失，微观激励补贴机制将逐步完善。

在“义利”对立阶段，由于发展低碳金融的私人收益较低，私人成本

过高，要想促进机构积极发展低碳金融，必须要发挥政府强制性引导作用。在这一阶段影响金融机构发展低碳金融的动力主要有市场外部竞争性条件、公众关注度以及消除外部性内部化的政府激励补贴等，但政府主导的激励补贴起着重要作用。伴随低碳金融发展，市场竞争性条件以及政策保障日益完善，发展低碳金融的私人收益逐步增加。在政府激励补贴机制的作用下，低碳金融的正外部性逐步消除，低碳金融的私人收益与社会收益趋于相同。

第三节 低碳金融“义利”共生阶段的动力机制

进入“义利”共生阶段，金融机构要谋求“利”，必须先要满足“义”的要求，市场机制的作用越来越凸显。伴随着诸多利益相关者对环境责任认识的逐步加深、市场竞争日益加剧，谋求长远发展的金融机构，必须考虑客户选择的压力和来自同业竞争的压力。“义利”共生阶段政府进行规制补贴的额度逐渐降低，作用已经减弱，该阶段促进低碳金融发展的动力机制到底是什么，如何促使外部性内部化，日趋取决于金融机构与公众消费者之间的博弈。下面通过进行博弈分析来研究这个阶段的动力机制。

一、模型的基本假设

（1）参与人集合 $N=\{1, 2\}$。本模型中参与人有两类总体，即金融机构和社会公众，金融机构为参与人1，社会公众为参与人2，二者都是有限理性决策者。每次博弈分别从这两个总体中随机地抽取一个个体进行博弈。

（2）策略：不考虑参与人的博弈时序，金融机构和公众同时选择策略；金融机构的策略集为（采取，不采取）；公众对金融机构发展低碳金融的应对策略集为（关注，不关注）。

（3）支付情况。金融机构的情况：假定金融机构的选择差异化竞争的比例为 x，选择不采取的比例为 $1-x$。假定发展低碳金融的收益为 W，金融机构能够通过差异化竞争能够获取盈利的概率为 p，通过差异化竞争所获收益来自两个方面：一是不采取差异化竞争的金融机构的竞争收益 F，二是公众关注提高的社会福利收益 B。

金融机构的策略主要为：

策略 A：简单遵守环境规制的要求，不进行产品或生产过程的创新，当金融机构不采取差异化竞争策略时，所获收益为 W－p(B＋F)。

策略 B：积极开发环境友好的产品与生产过程，以形成产品差异化，取得竞争优势。金融机构采取将发展低碳金融作为一种差异化竞争的手段时，假定其成本为 e，所获收益为 W－e。

公众方面：积极关注时候需要的成本为 C，所获收益为部分社会福利收益。公众选择不关注环境问题时候所获收益为零。

公众与金融机构的得益矩阵，如表 8-2 所示。

表 8-2　公众与金融机构的得益矩阵

金融机构＼公众	关注	不关注
采取	W－e；pB－C	W－pB－e，0
不采取	W－p(B＋F)，pB－B－C	W－pF，－B

二、博弈分析

1. 单个个体的博弈分析

假设金融机构选择采取差异化竞争比例为 x，选择不治理策略的比例为 1－x，公众关注金融机构环境责任的概率为 y，选择不关注的概率为 1－y。

金融机构选择采取差异化竞争策略的适应度为：

$$u_{1金} = y(W - e) + (1 - y)(W - pB - e)$$

金融机构选择不采取差异化竞争策略的适应度为：

$$u_{2金} = y[W - p(B + F)] + (1 - y)(W - pF)$$

金融机构的平均适应度为：

$$\bar{u}_{政} = xu_{1政} + (1 - x)u_{2政}$$

金融机构的复制动态方程为：

$$\frac{dx}{dt} = x[u_{金} - \bar{u}_{金}] = x(1 - x)[p(B + F) - e + 2pBx]$$

设 $u = \dfrac{e - p(B + F)}{2pB}$，则：

1）若 $y = u$，则所有始终为 0，意味着所有 x 水平都是稳定状态；

2）若 $y \neq u$，存在 $x = 1$ 和 $x = 0$ 两个稳定状态。

①$y < u$ 时，$x = 0$ 即金融机构积极创新是稳定状态 ESS。

②$y > u$ 时，$x = 1$ 金融机构消极应对是进化稳定策略 ESS。

复制动态方程的稳定状态以及相应的相位如图 8-6 所示，其中横轴代表博弈方群体金融机构是否积极进行金融创新的概率，纵轴 dz/dt 代表机构发展的收益情况。

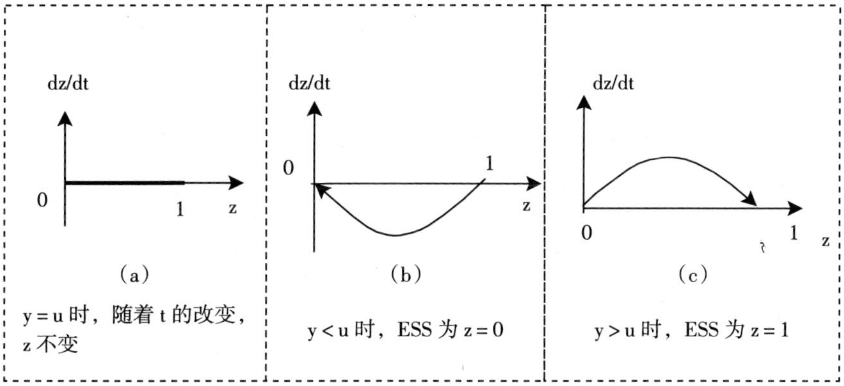

图 8-6　博弈方金融机构位置博弈群体复制动态相位

公众选择关注策略的适应度为：

$u_{1公} = x(pB - C) + (1 - x)(pB - B - C)$

公众选择不关注策略的适应度为：

$u_{2公} = -B(1 - x)$

公众的平均适应度为：

$\bar{u}_{政} = xu_{1政} + (1 - x)u_{2政}$

社会公众的复制动态方程为：

$$\frac{dy}{dt} = y[u_{公} - \bar{u}_{公}] = y(1 - y)(pB - C)$$

设 $t = pB - C$，则：

1）若 $t = 0$，则所有始终为 0，意味着所有 x 水平都是稳定状态。

2）若 $t \neq 0$，存在 $x = 1$ 和 $x = 0$ 两个稳定状态。

①$t < 0$ 时，$y = 0$ 即金融机构积极创新是稳定状态 ESS。

②$t > 0$ 时，$y = 1$ 金融机构消极应对是进化稳定策略 ESS。

复制动态方程的稳定状态以及相应的相位如图 8-7 所示，其中横轴代表博弈方公众群体对机构发展低碳金融是否关注的概率，纵轴 dz/dt 代表公众关注的收益情况。

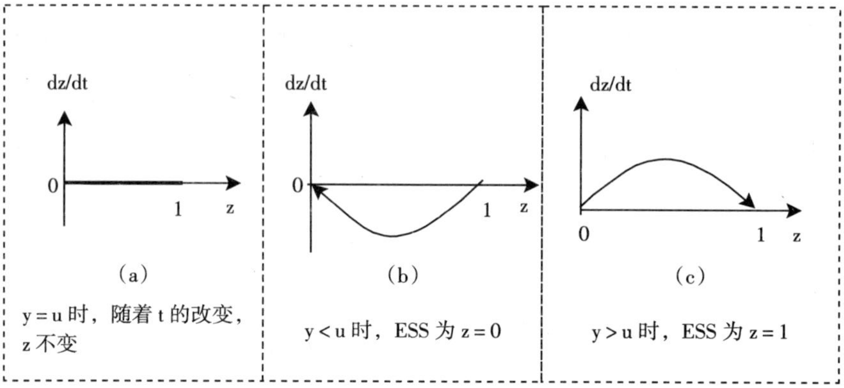

图 8-7　社会公众位置博弈群体复制动态相位

2. 金融机构与公众的博弈分析

（1）在“义利”共生阶段，伴随市场竞争的日益加剧，公众环境意识逐步增强，金融机构必须通过合理手段满足公众消费者的需求。积极开展低碳金融产品业务，采取差异化竞争的策略才能使得机构在新一轮竞争中获取有利地位。低碳金融发展到此阶段，金融机构进行差异化经营所获取的社会收益和同业竞争的收益将会大于机构进行创新的成本，即 $p(B+G)>e$，金融机构将开始积极地进行低碳金融的产品业务的创新与推广，$x \to 1$。

社会公众层面，$pB>C$，$t=pB-C>0$，$y<u$，$y \to 1$ 社会公众对环境要素的要求越来越高，对金融机构的低碳金融产品的环境性质关注度越来越高，发展低碳金融的正外部性得到公众的认同，成本相对较高的低碳金融产品业务也会得到公众的青睐，金融机构发展低碳金融的正外部性通过这种方式将会逐步内部化。

“义利”共生阶段的相位图大致如图 8-8 所示。

根据图 8-8 可知道，在“义利”共生阶段，博弈存在唯一的进化稳定策略为 $x=1$，$y=1$。也就是说，金融机构选择积极地进行低碳金融产品业务的创新，公众对金融机构进行差异化经营的关注度日趋提高。

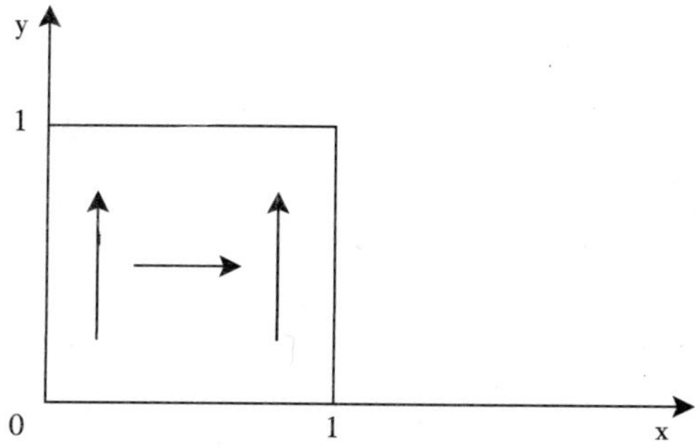

图 8-8 “义利”共生阶段金融机构的稳定相位

（2）模型的解释。随着消费者环境意识逐步增强，相对其他竞争对手而言，积极进行低碳金融产品创新的金融机构将会给自身带来差别化的收益，而且社会关注度的提高，还会给金融机构带来较高的社会收益。但是金融机构的利润受竞争企业决策的影响，先动企业可能会享受到先动的竞争优势，但是其收益也会随着其他金融机构的进入而减少。

此阶段，金融机构在谋求利润时必须要考虑环境责任的因素，即通过满足自身发展义的要求，进而建立合适的环境竞争力，收获与竞争者的先动优势和社会公众的环境收益，基于这个前提下，金融机构才能获得利润最大化。

三、博弈结论：市场竞争机制为主要动力机制

博弈的分析结果可以看出，进入“义利”共生阶段，发展低碳金融的正外部性效应已经开始能被内部化，部分金融机构逐步认识到发展低碳金融所能带来的经济收益和社会收益。随着金融机构和消费者博弈的演进，发展低碳金融的盈利机制逐渐建立起来，金融机构会逐步进入到维持“义利”平衡的“义利”共生阶段。

在“义利”共生阶段，越来越多的金融机构认识到发展低碳金融的盈利机制。不仅仅是低碳金融业务所能带来的直接经济利润，譬如信贷收益、中间业务收益等，而且伴随着人们对环境责任认识度的提高，对社会福利的认识加深，金融机构发展低碳金融的正外部性更能够得以内部化。正外部性能够逐步转化为一种品牌价值，更为金融机构谋求长远发展、打造环境竞争力打下良好的基础。

总之，“义利”共生阶段，发展低碳金融的市场机制日益完善。政府进行激励补贴的成本越来越高，为消除低碳金融的正外部性，需运用市场的力量。金融消费者作为重要的利益相关者，其货币选票投向谁，直接决定了谁能在下一轮竞争中取得有利地位。此外，金融机构进行金融创新所能获得的竞争优势和先发优势将会促使机构发展碳金融。此时，碳金融的外部性通过消费者关注程度的增高而逐步得以内部化。影响机构发展碳金融主要有市场盈利条件以及公众选择的社会收益对外部性的消除。

第九章　中国低碳金融发展的国际博弈

低碳金融是一场全球化的政治经济博弈，旨在解决全球性最大的外部性问题——气候性问题，其参与者既包括发达国家和转型国家，也包括发展中国家。低碳金融国际博弈就是在节能减排责任共担机制下，各自采取自身应对策略的决策过程。

第一节　低碳金融发展与减排责任共担

一、低碳金融国际博弈的减排责任共担视角

工业革命以来，过度的资源开采和能源消耗导致温室气体大量排放，大气中二氧化碳的浓度增加，使全球变暖的趋势不断加速，“温室效应”越来越明显。人们在享受物质财富急速膨胀的同时，也面临着越来越严峻的气候变化问题。要实现全球的可持续发展，世界各国必须联合起来，共同努力，加强减排责任共担。因此，低碳金融发展的国际博弈必须从减排责任共担的视角出发。

减排责任的共担要和发展权利的利用率成正比，即权利和义务相匹配。权利和义务是相辅相成的，在享受权利的同时也要履行相应的义务。通过自然资源的消耗，发达国家在早期就大量实施了这种权利，进入高度发达的阶段，自然要承担更多的减排义务；发展中国家未得到充分发展，尚未行使这种权利，自然可以暂缓履行义务的进度。

目前，全球减排责任共担有三种方案：其一，紧缩与趋同方案。这个方案最早在1990年由英国倡议，主要观点是基于发达国家人均排放量居高不下、发展中国家人均碳排放明显偏低的基本情况，主张两个集团人均碳排放量的趋同。也就是说，要求发达国家降低人均碳排放，[①]并适时允许发展中国家的人均排放水平增长到相同水平，这就是所谓的紧缩与趋同方案。其二，多部门减排分担方案。此方案是一个更为复杂的"多部门减排分担方案"，[②]由荷兰能源研究中心和挪威奥斯陆国际气候与环境研究中心于2001年合作开发，主要观点是将世界各国的所有国民经济分门别类为工业、民用、发电、交通、服务、农业和废弃物七个部门，[③]并根据各部门的人均排放趋同的方法确定部门排放限额。其三，全球范围的减排责任分担体系评价框架。荷兰国家健康与环境研究所2001年开发了"国际减排责任分担体系评价框架"，此框架充分考虑了发展中国家碳减排活动的多阶段过程，利用以历史责任为基础的分担方法扩展到了发展中国家，将发展中国家减排责任的共担分为四个阶段：基准排放阶段、碳排放强度降低阶段、稳定排放阶段和减排阶段。[④]

二、减排责任共担对低碳金融发展的影响

1. 减排责任分配影响低碳金融发展进程

碳减排对低碳金融的发展产生重大影响，在全球范围内，低碳金融的整体发展很大程度上取决于碳减排责任在各个发达国家与发展中国家的分配情况。合理公平又有约束性的减排责任分配势必会带动全球各个国家实现自身的减排目标，进而推动全球碳金融的发展。

欧盟就是很好的例子，减排责任的积极共担带来了内部低碳金融的快速发展。在国际气候谈判中，欧盟就一直通过具体的行动和减排态度来争

---

① Buchner, B., Carraro, C., Cersosimo, I.. "On the Consequences of the US Withdrawal from the Kyoto/Bonn Protocol", *Climate Policy* 2, 2002 (12), pp.273–292.

② 张铁男、杜军：《科技中介服务机构三方合作中的博弈分析》，《科技管理研究》，2009年第10期，第79–83页。

③ A. Swartling, M. Nilsson, Social Learning and EPI: "Communicative Governance in Swedish Climate Policy Formation", *Ecologic*, Berlin, 2007 (4), pp.40–43.

④ 李友华：《中国低碳经济发展对策研究》，《哈尔滨商业大学学报》（社会科学版），2009年第6期，第3–6页。

夺低碳金融的主导权。早在 2008 年就承诺 2020 年的减排目标，2010 年自主向《联合国框架公约》秘书处递交正式文件，承诺自主减排 20%，[①] 并一直积极鼓励和帮助其他成员国实现自己的减排承诺。目前，欧洲已成为世界上最活跃的碳交易市场，其中阿姆斯特丹的欧洲气候交易所 2006 年交易的二氧化碳达到 4.5 亿吨，占全球二氧化碳交易量的 35%。

表 9-1　后哥本哈根时代欧盟采取的行动

时间	发布机构	主题	内容
2010 年 1 月 28 日	欧盟委员会	Expression of willingness to be associated with the copenhegen accord and submission of the quantified economy wide emissin reduction targets for 2020 International climate policy	在 2008 年 12 月首次提出减排 20%~30%目标；欧盟 27 国签字确认执行第二承诺期减排目标
2010 年 3 月 9 日	欧盟委员会	Post-copenhagen: acting now to reinvigorate global cation on climate change	阐明欧盟“后哥本哈根时代”气候变化谈判战略
2010 年 3 月 15 日	欧盟委员会	Press release	肯定哥本哈根会议的有效性之处
2010 年 3 月 26 日	欧盟委员会	Conclusions	指出波恩会议和坎昆主要议题及欧盟在两次会议中起到的作用
2010 年 5 月 26 日	欧盟委员会	Analysis of options to beyond 20% greenhouse gas emission reductions and assessing the risk of carbon leakage	欧盟第二承诺期 20%减排目标的实现路径
2010 年 6 月 11 日	欧盟委员会	Press release	就欧盟承诺的 20%减排目标，如何通过成员国的努力而顺利完成作进一步分析
2010 年 6 月 17 日	欧盟委员会	Conclusions	欧洲 2020 计划，在气候变化领域进一步提高欧盟承诺的 20%指标的可行性

资料来源：欧盟委员会。

2. 国际义务承担量决定中国低碳金融发展进程

对于一个国家来说，低碳金融能否长远发展，主要体现在对外减排责任的承担。能够积极引领减排步伐或者承担更多的减排责任，势必会增强本国低碳金融的国际参与度。低碳金融本身就是国际化合作与竞争的博弈结果，在一定程度上，国际的参与度直接影响着低碳金融的发展程度。

中国也不例外，作为最具低碳金融发展潜力的国家，中国还有很大的减排空间，低碳经济和低碳金融都孕育着巨大的潜力。特别是经历了金融

① 陈洪波：《温室气体减排的国际政治博弈》，《世界经济与政治》，2005 年第 10 期，第 58-63 页。

危机之后，金融业亟待寻找新的盈利增长点，碳金融就为全球金融业的再一次走向巅峰提供了契机，中国低碳金融面临着一个前所未有的机遇。但从目前来看，我国不是附件 I 国家，不承担温室气体减排任务，不能直接参与碳排放交易，CERs“只进不出”，并且由于国内子账户之间不能交易，也不能相互流动，从长远的角度来看，在一定程度上阻碍了低碳金融的发展步伐。目前，发展中国家必须把发展作为第一要务，但低碳金融是长远发展的必然趋势。中国拥有一定经济实力后，会承担不低于发达国家的减排责任，在促进本国低碳金融走向国际化的同时，推动全球低碳金融的快速发展。

第二节　低碳金融发展的利益困局分析：国际视角

一、全球低碳金融市场发展的“囚徒困境”分析

1. 全球低碳金融市场发展的困境

（1）后京都时代碳交易规模增速变缓。2005 年，全球碳交易的发展还处于萌芽状态，成交量为 7.99 亿吨，成交额为 3.77 亿欧元；2006 年成交量上升到 16 亿吨，成交额为 220 亿欧元；2007 年成交量为 29 亿吨，成交额高达 400 亿欧元；到了 2008 年，成交量继续攀升，成交额较 2007 年增长一倍，高达 840 亿欧元；然而到了 2009 年，虽然成交量继续上涨到 77 亿吨，但成交额只增长了 5.5%，达到 886 亿欧元；2010 年，全球碳交易成交量首次出现逆转，较 2009 年下降了 9 亿吨，成交额也仅仅增长了 5%。全球碳交易规模如图 9-1 所示。

（2）CDM 和 JI 交易量萎缩。目前，《京都议定书》国家主要通过 CDM 和JT 项目的合作，交易减排指标，达到减排的目标。以欧盟为例，在减排的第二阶段，即 2008~2012 年，须完成减排 992MtCO_2，其中有 626MtCO_2 通过京都框架下以项目为基础的碳排放贸易实现，约占 63.1%。在强制减排压力下，欧盟选择通过贸易形式参与国际碳市场完成《京都议定书》下的

承诺。

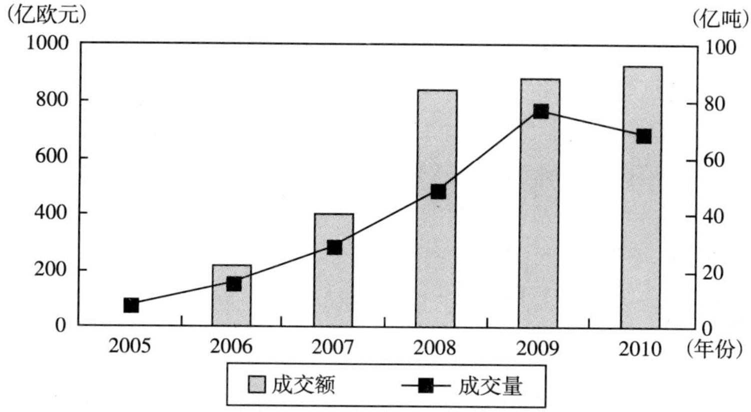

图 9-1　全球碳交易规模

资料来源：世界银行。

2008 年 CDM 的交易量为 404 亿吨，交易额为 65.11 亿美元，而 2009 年 CDM 的交易量下降到 211 亿吨，交易额下降至 26.78 亿美元。全球项目类碳交易市场如表 9-2 所示。

表 9-2　全球项目类碳交易市场

《京都议定书》机制项目市场						
	2007 年		2008 年		2009 年	
	交易量 ($MtCO_2e$)	交易额 (百万美元)	交易量 ($MtCO_2e$)	交易额 (百万美元)	交易量 ($MtCO_2e$)	交易额 (百万美元)
CDM	552	7433	404	6511	211	2678
JI	41	499	25	367	26	354
自愿市场	43	263	57	419	46	338
总和	636	8195	486	7297	283	3370

资料来源：世界银行。

2. 全球低碳金融市场发展困境的原因分析

（1）发达与发展中国家气候谈判无突破性进展。发达国家与发展中国家是全球气候谈判的两大基本集团，双方都有着自身利益的考虑。减排对发达国家来说，意味着以降低本国的经济发展为代价，但又需要考虑本国在全球的政治地位和国际影响力，因此对发达国家自身而言就面临着两难的处境。对发展中国家而言，一方面二氧化碳的排放本来就处于劣势地位；另一方面发展中国家与发达国家的经济差距本来就很大，如果此时被要求共担减排责任，无疑是强人所难。

发达与发展中国家都处于“两难境地”，致使在气候谈判过程中迟迟未获得突破性的进展。在全球气候谈判的过程中，美国并没有承担起其作为经济强国应有的义务，《京都议定书》生效后，美国一度反应消极，坚决认为碳减排会对自身经济造成了巨大的影响。到了奥巴马时代，形势显然有了好转，但又要把中国、印度等发展大国作为幌子，借口不参与节能减排。究其原因，美国无非是在推行它的霸权主义和强权政治。[①] 对经济基础薄弱的发展中国家来说，减排责任的共担只会导致发展中国家与发达国家的差距越来越大。尽管双方经过了很多回合的谈判，但发达国家至今口至而实不惠，互相猜疑，双方的矛盾仍然十分尖锐，气候谈判举步维艰。

（2）发达与发展中国家是“有限理性”的博弈主体。发达国家和发展中国家都是“有限理性”的博弈主体。在博弈论中“有限理性”意味着博弈主体第一次或者第一轮博弈中不会直接达到帕累托最优，而是要经过多次的磋商和尝试，不断地调整自身的策略，才能达到最优的状态。

发达国家和发展中国家是全球低碳金融的两大阵营，它们减排责任的共担直接关系着低碳金融的发展规模。发展中国家面临着“共担”、“不共担”两种策略选择。选择“共担”就意味着发展中国家要实行强制性减排，承诺一定的减排目标和接受国际社会的核查；“不共担”则意味着发展中国家采取不接受任何关于强制性减排的规定，根据自身的需求采取碳排放。发达国家可以采取“积极共担”与“消极共担”两种策略。“积极共担”是指发达国家积极促进碳减排，按期完成减排目标，并依照《京都议定书》规定向发展中国家无偿转移技术与资金，引领全球低碳金融快速发展；“消极减排”是指发达国家站在短期利益或者政治利益上，被动减排甚至拒绝完成减排目标等行为。

出于自身短期利益和全球长期利益的权衡，发达国家与发展中国家之间的减排博弈会一直延续下去，并会站在各自的经济、政治、文化利益的前提下不断调整自己的策略。基于发达国家与发展中国家快速的学习能力，“最优反应动态”和“进化稳定策略”是适应于这场博弈的最佳方法。

短期内，发达与发展中国家关于减排立场和态度是显著对立的。发展

① 庄贵阳：《节能减排与中国经济的低碳发展》，《气候变化研究进展》，2008 年第 5 期，第 308 页。

中国家强调历史排放量标准，坚持“搭便车”的立场，即发达国家减排，发展中国家暂时不共担减排义务，直接享受减排的成果。以美国为代表的发达国家为了避免成本支付，使己方利益最大化，试图摆脱这种博弈模型，把发展中国家拉入盟主博弈，二者处于“不合作”的“囚徒困境”中。

长期来看，国际义务的共担能促进本国低碳金融的发展。因此，发达与发展中国家都会在长期的博弈中，做出更有利的判断和分析，对前期的博弈结果进行正确无误的评估，根据其他博弈方前期的最佳反应策略，对自己当前的策略进行调整，最后达到纳什均衡。也就是说，在有限理性博弈中，“最优反应动态”是博弈方都会针对环境收益、经济收益、政治收益做出有利于长远发展的策略，即“共担”（发展中国家）与“积极减排”（发达国家）。

二、发达国家与发展中国家的低碳金融进化博弈分析

1. 发达国家与发展中国家的进化博弈模型

对减排责任的共担问题，发达国家与发展中国家在初期都不会采取“共担”和“积极减排”的帕累托最优策略。为了自身的经济、政治及文化发展，大家都会采取抵制和竞争的策略，而不会轻易地采取合作策略。那么，如何让发达国家与发展中国家在策略空间中主动选择达到帕累托最优的策略呢？下面用进化博弈对这一过程进行分析。

（1）基本模型。模型假设：

参与者：发展中国家和发达国家是博弈的双方，且都是有限理性的博弈方，而且有快速学习的能力。

策略：发达国家与发展中国家均有两种策略（发展中国家“共担”“不共担”；发达国家“积极共担”、“消极共担”），我们把“共担”与“积极共担”作为 A 策略，“不共担”与“消极共担”作为 B 策略，即 S1{A，B}，S2{A，B}。1 表示发展中国家，2 表示发达国家。

支付：假设发展中国家和发达国家采取策略存在相互依赖的关系，采取 A 策略和 B 策略对两国的经济、政治情况是对称的。

模型构建，如表 9-3 所示。

该模型中，发达国家与发展中国家都有两种策略选择，即合作与对立，但对二者的具体含义不尽相同：①对发达国家来说，策略 B 意味着消极减排，并对发展中国家实施减排责任施加压力；策略 A 则意味着积极

表 9-3 发达国家与发展中国家静态博弈得益矩阵

		发达国家	
		A 策略（积极共担）	B 策略（消极共担）
发展中国家	A 策略（共担）	(m，m)	(n-b，n+b)
	B 策略（不共担）	(n+b，n-b)	(n，n)

共担减排责任，并允许发展中国家在一定时间内暂不承诺减排责任，或者免费提供资金和技术支持。②对于发展中国家，策略 B 意味着暂不承诺减排义务，或者仅是根据自身的发展情况实行自愿减排；策略 A 则意味着有减排责任，即发展中国家有减排目标，并要按期完成减排任务。

为了简化处理，当发达国家与发展中国家都采取 A 策略时，不考虑它们从中得到的政治等潜在利益，双方都收到相同的环境效益 m；当发达国家与发展中国家都采取 B 策略，全球环境和碳交易市场都不能得到很好的发展，此时它们的得益大大降低，都为 n；当双方中有一方采取合作，这一方的治理环境成本必会增加，此时收益为 $n-b$，另一方采取"搭便车"的策略，获得收益为 $n+b$。其中，由于全球气候治理的长期效益性，必有 $m \gg n+b$。

从得益矩阵中看到，当发达国家与发展中国家采取（A，A）策略时，双方都有最大的效益 m，是帕累托最优；当博弈方都采取（B，B）策略时，双方的得益为 n，比较小。但不难看出，这个博弈的两个纯策略纳什均衡就为（A，A）和（B，B），前者明显帕累托优于后者。如果完全理性的双方进行这个博弈，通常结果是（B，B），但现实中博弈方是有限理性的，这个博弈变成一个多重纳什均衡的博弈。在一次性博弈中，即使发达国家与发展中国家是高度理性程度的不完全理性的，博弈结果存在很大的不确定性，无法一眼就能看出最终的结果，而是要通过不同的初始状态和博弈途径进行分析和预测。

（2）最优反应动态。在低碳金融市场中，发达国家与发展中国家是"有限理性"程度比较高的"不完全理性"者。之所以这样，是因为一方面发达国家与发展中国家都是从在自身利益出发的，容易陷入囚徒困境，导致集体利益不能最大化，从而阻碍低碳金融的长远发展；另一方面，发达国家与发展中国家也会犯一些偶然性的错误，但能很快在自身和国际社会的督促下改正。

发达国家与发展中国家作为有限理性的博弈双方，都有快速的学习能力，能够在上一轮博弈结束后尽快地进行评估判断，并很快做出相应的决策调整。因此，在反复的动态博弈中，发达国家与发展中国家都能在给定前期的经验下，找到本期应该采取的策略和针对前期其他博弈方的最佳反应策略。这种动态机制就是所谓的“最优反应动态”。

笔者把在碳交易市场上影响最大的六个地区作为博弈方，三大发达国家是最大买方（英国、日本、荷兰）以及三大发展中国家是卖方（中国、印度、巴西），分别处于图 9-2 中圆周上的六个位置，每个国家都与各自的左右“邻居”反复博弈。

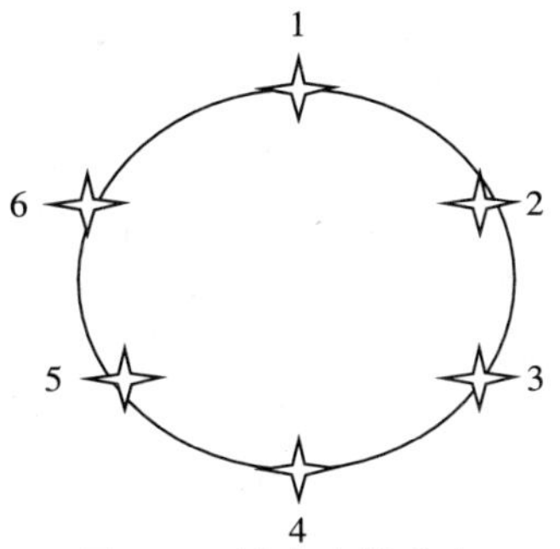

图 9-2 博弈方的分布

由于发达国家与发展中国家都是有限理性的，那么初次博弈时每个位置既有可能是 A 策略，也可能是 B 策略，所以初次博弈共有 64 种可能。根据采用 A 策略的数量和分布，总共有 0A、1A、相邻 2A、不相邻 2A、相邻 3A、都不相邻 3A、两个相邻 3A、相邻 4A、不相邻 4A、5A 等多种特殊情况。

假设 xi(t) 为在 t 时期博弈方 i 的邻居中采用 A 策略的数量，该数量可能为 0、1、2 三个值。采用 B 策略的邻居数量为 2 - xi（t)，也为 0、1、2 三个可能值。针对 xi(t)，博弈方采取 A 策略的期望得益为 $m \times xi(t) + (n - b) \times [2 - xi(t)]$，采用 B 策略的期望得益为 $(n + b) \times xi(t) + n \times [2 - xi(t)]$，根据最优反应动态机制，当

$$m \times xi(t) + (n - b) \times [2 - xi(t)] > (n + b) \times xi(t) + n \times [2 - xi(t)] \tag{9-1}$$

即当 $xi(t) > 2b/(m - n)$ 时，博弈方在 t + 1 时期会采取 A 策略，而当

$$m \times xi(t) + (n - b) \times [2 - xi(t)] < (n + b) \times xi(t) + n \times [2 - xi(t)] \tag{9-2}$$

即当 xi(t) < 2b/(m − n) 时，博弈方在 t + 1 时期会采取 B 策略。

已知 m ≫ n + b，所以 2b/(m − n) < 1。由于 xi（t）只能取 0、1、2 三个可能值，因此 xi(t) > 2b/(m − n) 时，xi(t) 能取 1 和 2，也就是博弈方 i 邻居在 t 时期有一个或者两个采取 A 策略时，博弈方 i 在 t+1 时期会采取 A 策略；xi(t) < 2b/(m − n)，此时 xi(t) 只能取 0，也就是博弈方 i 邻居在 t 时期都没有采取 A 策略，而是采取 B 策略时，博弈方 i 在 t+1 时期会采取 B 策略。综上所述，博弈方 i 在 t + 1 时的策略选择与自身没关系，而是取决于 t 时期他周围博弈方的策略选择情况。

然而，式（9–1）和式（9–2）只是模拟其中一个时期的策略选择情况，可以设定为初始状态。但有限理性博弈是一个动态的重复博弈过程，是根据初始状态不断调整的，就 A 策略的位置和数量对几种特殊情况进行分析下：

命题 1： AAAAAA（BBBBBB）型。所有的博弈方都采取 A(B) 策略，则最终的稳定状态是所有的博弈方都采取 A(B) 策略。

命题 2： BBBABB 型。也就是说再初始博弈中，只有 1 个博弈方采用 A 策略。其他博弈方都采取 B 策略。按照①和②的结论，每个博弈方的最优反应动态过程如图 9–3 所示。

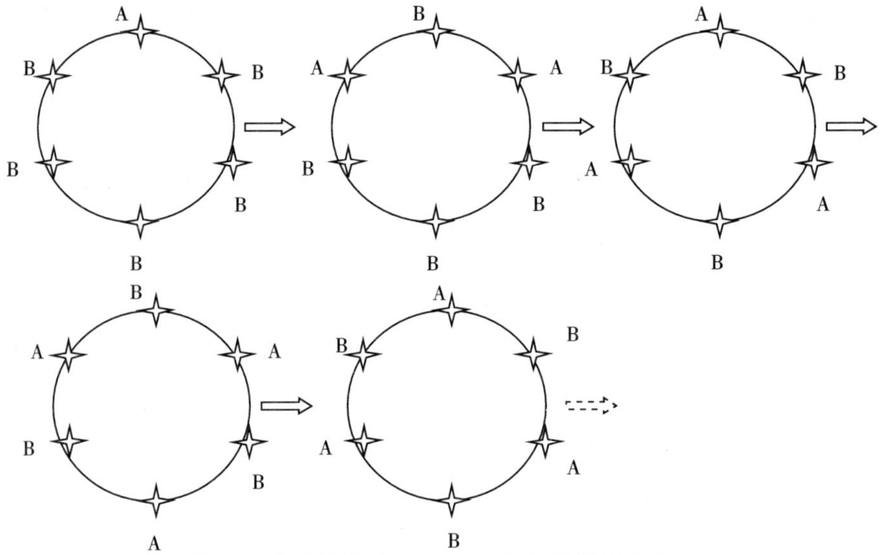

图 9–3　初次博弈为 BBBABB 型的最优反应动态

可以看出最优反应动态没有使 6 个博弈方熟练于 A 策略或者 B 策略，还是在（A，B，A，B，A，B）和（B，A，B，A，B，A）之间进行周期循环。每个博弈方都会在 A 策略和 B 策略之间徘徊不定。

命题 3：BBAABB 型。在初次博弈中，有相邻的两个博弈方使用了 A 策略，其他博弈方都使用 B 策略，他们各自的反应动态如图 9-4 所示，最终的群体稳定策略为所有博弈方都采取 A 策略。

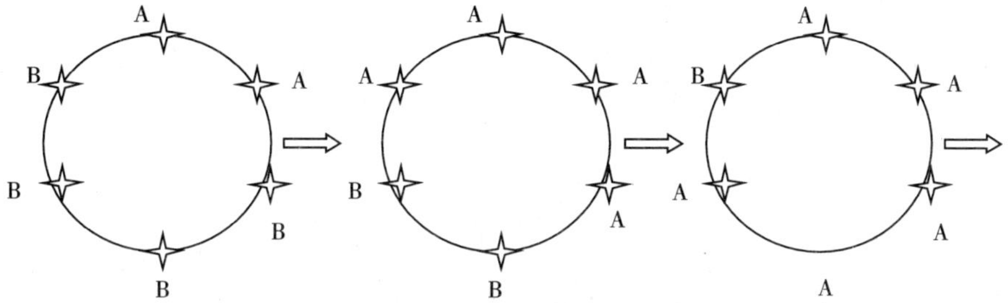

图 9-4 初次博弈为 BBAABB 型的最优反应动态

命题 4：不相邻 2A 型。也就是有两个博弈方使用 A 策略，而且这两个博弈方不相邻，共有 ABABBB、ABBABB、ABBBAB、BABABB、BAB-BAB、BABBBA、BBABAB、BBABBA、BBBABA 9 种情况，但由于前提条件中 6 个博弈方的情况相似性，而且圆周有一定的旋转和对称性，7 种情况有重合性，只有 ABABBB、ABBABB 两个不能重合。

这里先分析下 ABABBB 型的最有反应动态。两个实施 A 策略的博弈方之间有一个博弈方采取 B 策略，其他 3 个博弈方都采取 B 策略。由图 9-5 可以看出，群体最终并没达到稳定的策略，同样陷入了（A，B，A，B，A，B）和（B，A，B，A，B，A）的“怪圈”。

再看下 ABBABB 的最优反应动态，两个实施 A 策略的博弈方之间有两个博弈方实施 B 策略。由图 9-6 可以看到，通过三阶段的重复博弈，群体的最终稳定策略就达到了，全部博弈方都实施 A 策略。

命题 5：相邻 3A 型。3 个相邻的都实施 A 策略，其他 3 个博弈方采取 B 策略。他们的最优动态如图 9-7 所示，最终的稳定策略是所有的博弈方都采取 A 策略。

命题 6：不相邻 3A 型。不相邻的 3A 共有 ABABAB、AABABB 两种特殊情况，他们的最优动态如图 9-8 和图 9-9 所示。

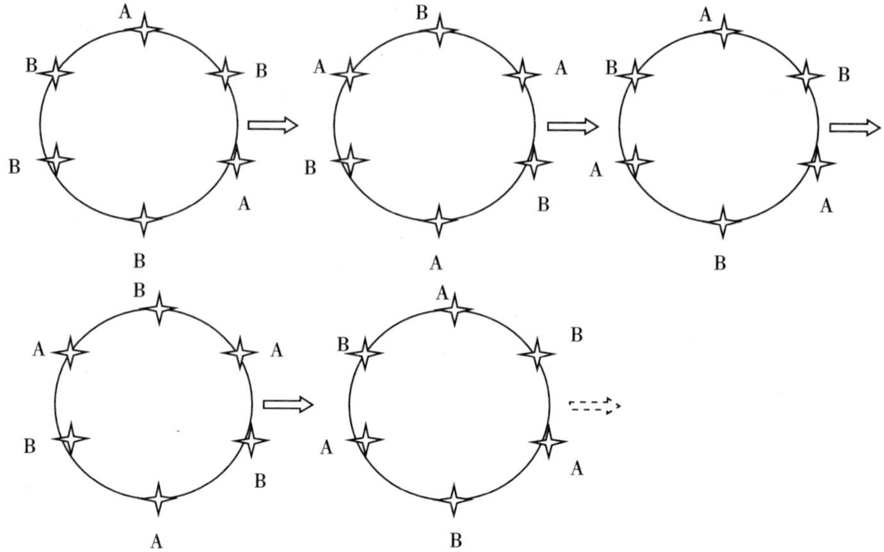

图 9–5 初次博弈为 ABABBB 型的最优反应动态

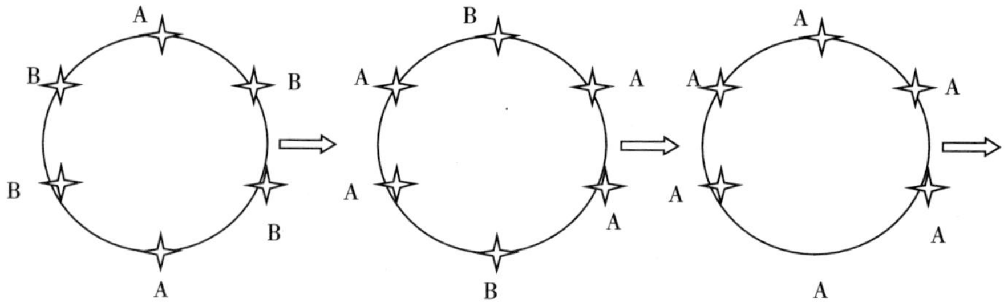

图 9–6 初次博弈为 ABBABB 型的最优反应动态

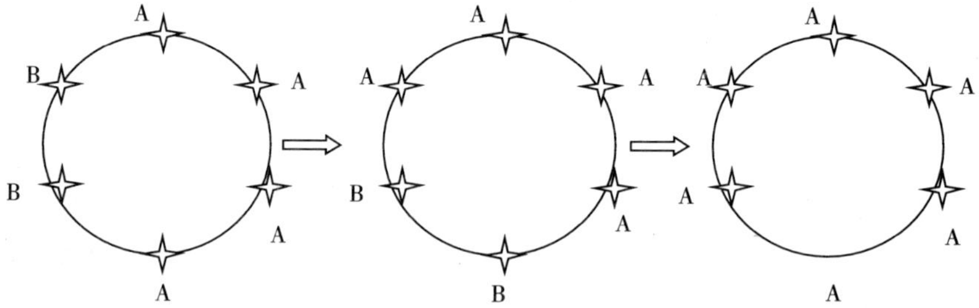

图 9–7 初次博弈为 AAABBB 型的最优反应动态

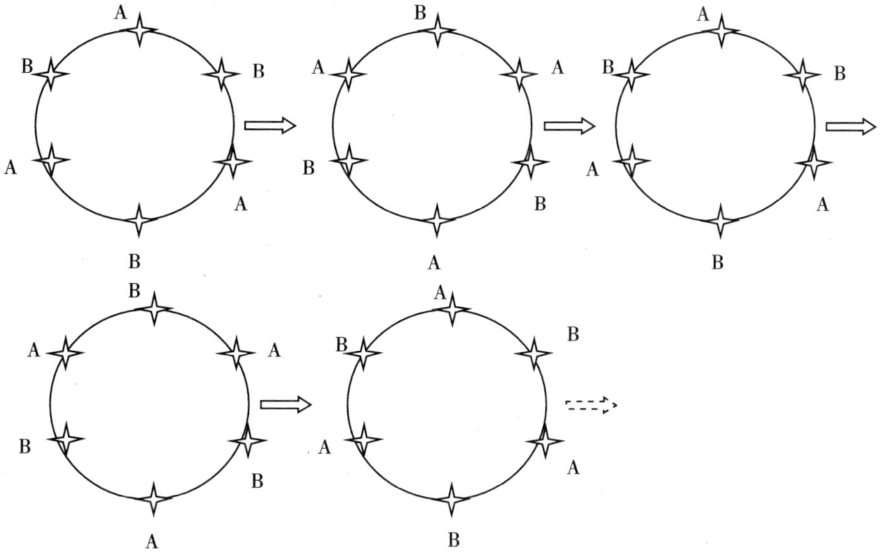

图 9–8　初次博弈为 ABABAB 型的最优反应动态

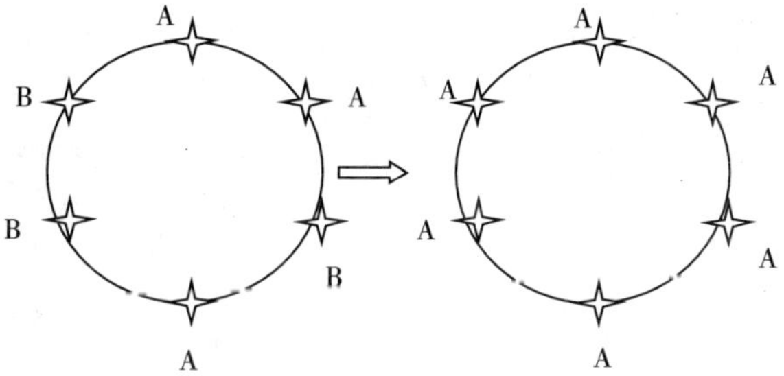

图 9–9　初次博弈为 AABABB 型的最优反应动态

初始博弈为 ABABAB 型的最优动态不能使博弈方都收敛到 A 策略稳定状态，而是陷入了（A，B，A，B，A，B）和（B，A，B，A，B，A）的“怪圈”。

初始博弈为 AABABB 型的最优动态博弈，最终的群体稳定策略是都收敛与 A 策略的稳定状态，见图 9–8。

命题 7：4A 型和 5A 型。博弈方中有 4 个人或者 5 个人都采用 A 策略，那么基于快速的学习能力，群体能在一轮重复博弈后就能达到全部采用 A 策略的稳定状态。

综上命题 1~命题 7，可以观察到 AAAAAA（BBBBBB）、BBAABB、AB-

BABB、AAABBB、AABABB、4A、5A 都达到了最终的稳定状态；BB-BABB、ABABBB、ABABAB 却没有达到稳定的最优反应动态。笔者发现，在初次博弈中，有一个博弈方采用了 A 策略，其他人都采取了 B 策略，那么最终的最优反应动态无法收敛于稳定状态；博弈方中若存在两个或者三个采取 A 策略时，都可以通过安排他们在初次博弈中的位置而使整个重复博弈达到某个稳定的最优状态；当博弈方存在 4~6 个 A 策略时，整个群体稳定状态很容易达到。

2. 发达国家与发展中国家进化博弈的结果分析

通过最优反应动态的分析，所有博弈方在最终是否能收敛于 A（合作）策略，很大程度取决于每个博弈方在初次博弈中的策略和分布位置，另外还与此博弈方在整个博弈中的得益大小有关系。

根据上述博弈最终稳定状态的汇总，当博弈方中存在两个以上 A 状态时，就可以通过布局达到最终稳定的全 A 状态。其中，两 A 状态中有相邻博弈方或者隔两个博弈方的实施合作状态，就会使博弈达到最终的稳定状态；当博弈方中有 3 个博弈方采取 A 策略时，只要有两个相邻博弈方是采取 A 策略，就能使最终的稳定状态趋向于 A；当博弈方中有 4~6 时，就一定能使整个博弈达到稳定状态，而且达到稳定状态的速度会很快。

总之，不管是博弈方中有几个人使用合作策略，只要有两个相邻的博弈方同时坚持合作策略，就能促使 6 人博弈达到最终的合作状态。因此，在碳交易活动中，要实现发达国家与发展中国家的合作减排、更高效率治理全球变暖，首先必须保证其中至少有两个坚定的实施合作策略，来发挥合作的联动效应。

根据模型可知，在 t 期若 $xi(t) > 2b/(m-n)$，博弈方 i 在 t + 1 期就会采取 A 策略；$xi(t) < 2b/(m-n)$，i 会在 t + 1 采取 B 策略。由于 $2b/(m-n) \ll 1$，所以在 t 期时，只要博弈方相邻有一个参与者采取了合作策略，t + 1 期 i 也会采取合作策略的。所以，这种联动的效应是很强大的，若使这种渲染力一直发挥作用，就必须保证 $m-n \gg 2b$ 的基本条件，也就是保证整个 6 人博弈合作的得益远远大于不合作时的得益，同时还要使得博弈方合作的成本 b 尽量小。

第三节　低碳金融发展的利益困局分析：中国视角

一、中国低碳金融发展困境分析

1. 中国低碳金融市场发展的困境

（1）碳交易市场所占份额下降。CERs 交易量持续下降。2004~2007 年是碳交易市场飞速发展的时期，也是中国积极参与碳交易的过程（见图 9-10），从 2004 年的 1 亿多吨 CERs 签发量到 2007 年的 80 亿吨 CERs 签发量，中国一直保持着不断增长的势头。然而，进入 2007 年年底，中国的 CERs 签发量一直下降，从 2008 年的不到 70 亿吨下降到 2009 年的 30 亿吨，再到 2010 的 1.32 亿吨，中国的 CERs 交易量一直趋于加速的下降之中。而且，在这段时间内，中国的 CERs 市场占有率也趋于不稳定状态，从 2006 年到 2008 年一直是上升趋势，甚至达到 4.2%，然而在 2009 年骤降至 3.5%。

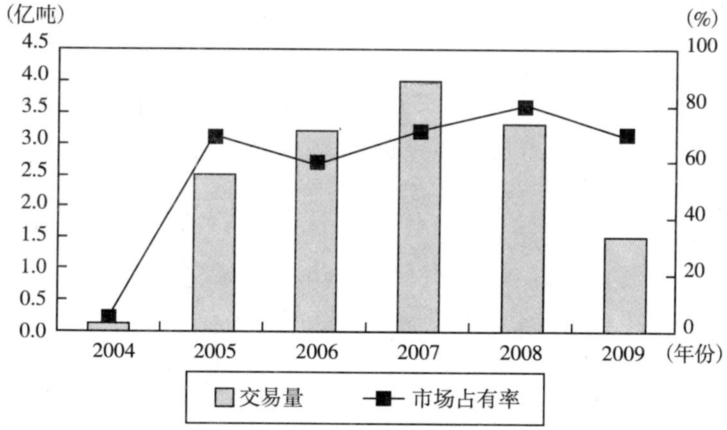

图 9-10　中国出售的 CERs

资料来源：根据世界银行《碳交易市场现状与趋势》整理。

CDM 项目签发率持低。有资料显示，2010 年 7 月底，有 22 个 CDM 项目注册遭 EB 拒绝，其中 20 个来自于中国。近些年，虽然中国注册的 CDM 数量很庞大，但是拒绝率也相当大。中国 CDM 项目现状如图 9-11 所示。

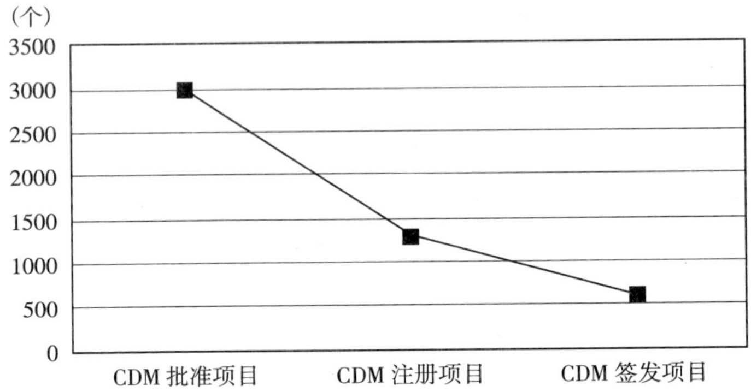

图 9-11　中国 CDM 项目现状

资料来源：中国清洁发展机制网。

（2）碳交易定价权缺失。目前，全球碳交易所全为发达国家所主导。2008 年我国分别在北京、上海和天津成立环境权益交易机构，2009 年山西吕梁节能减排项目交易中心、武汉、杭州、昆明等地交易所相继成立，但目前国内碳交易主要是针对欧洲市场制定的规则而进行的一些买卖行为，真正的国内碳交易市场尚未出现。在全球碳交易中，中国 CDM 项目处于碳交易的底端，在全球低碳金融市场中缺乏话语权和主导权，只能被动接受欧盟在一级市场的定价，从而被动地接受国际碳交易买方赚取巨额价差。

2. 中国低碳金融市场发展困境的原因分析

（1）中国没有减排责任的共担。如前文所述，我国目前不是附件 I 国家，不共担温室气体减排任务，所以不能直接参与碳排放交易，CERs 只能单向流向国外，并且国内子账户之间由于不可交易，也不能相互流动。另外，由于没有公认的减排责任承诺，很多国家仍然把中国作为最大的减排对手和自身拒绝减排的重要依据，因此中国低碳金融面临着重大的政策风险，[①] 很多投资者对中国的 CDM 项目采取观望的态度，导致了中国低碳

① 尹璇：《我国排污权交易可行性研究》，《法制与社会》，2007 年第 12 期，第 102-105 页。

金融发展的"瓶颈"。

（2）中国是低碳金融市场的被动接受者。虽说中国从自身经济发展和全球发展中国家利益出发，一直坚持着减排责任共担的原则，严格贯彻《京都议定书》中发展中国家暂不承担减排责任的约定。但中国低碳金融要是实现长远和更深层次的发展，就必须与国际接轨，争取低碳金融的国际影响力。从全球每个国家的低碳金融发展现状来看，能积极承担减排责任的国家就可以赢得主导地位，欧盟就是很好的例子。因此，中国要积极转变其在全球低碳金融市场中的定位。

二、减排责任共担下中国低碳金融发展策略

现阶段，中国政府已经在全球二氧化碳减排上做出了巨大的让步，2009 年 11 月 25 日，国务院总理温家宝在国务院常务会议上就已经郑重地宣布中国的自愿减排目标：到 2020 年中国的 GDP 碳强度在 2005 年的基础上下降 40%~45%。但也明确表示，中国在 2020 年之前不接受任何强制性的减排目标，一切减排行动和措施都是自愿性行为。中国政府的这一方针，无疑是充分权衡了外在压力和内在压力、长期利益与短期利益。

1. 低碳金融发展的利益困境

（1）短期需求：不承诺减排责任，赢取经济发展的时间。中国的经济发展现状有以下特点：一是经济发展水平低。中国的人均 GDP 和世界水平还差很远，只占有世界平均水平的 25%，没法和发达国家相提并论。二是经济发展不平衡。中国西部地区大部分比较贫困，人均收入只占东部地区的 2/5；[①] 中国城乡居民收入水平差距很大，农村居民收入只占城镇居民的 1/3。

据有关研究表明，减排会对中国的经济产生很大的影响。我国的产业结构不平衡，第一、第二产业比重大，第三产业比重甚小，当减排率为 0%~45%时，实施减排约束对当年的 GDP 损失影响在 0%~2.5%。由于能源和经济系统需要提前做出调整，所以在完成调整之前越早开始实施减排，GDP 损失率越大；减排量越大，损失越大。为了寻求经济的发展，中国在

---

① Barker, T., Haoran, P., Köhler, J., Warren, R., Winne, S.. "Decarbonising the Global Economy with Induced Technological Change: Scenarios to 2100 Using E3MG", *The Energy Journal*, 2006 (27): pp. 143–160.

短期内要有自己的碳排放计划，为本国经济发展赢取适当的时间。

碳排放权交易可以带来巨大收益。按照该机制，发达国家无法完成的减排承诺部分，可以通过 CDM 项目向不用强制减排的发展中国家购买。据估计，发达国家为完成其在《京都议定书》中的承诺，2008~2012 年的 5 年时间里，全球对 CDM 项目的需求量大概为每年 2 亿~4 亿吨二氧化碳排放量，[①]《京都议定书》必会给我国带来巨大的经济和技术收益。

据世界银行的估计，发达国家至少要借助于 CDM 项目购买 25 亿吨二氧化碳的减排量，才能完成《京都议定书》所约定的目标。若按照专家预测的 2012 年中国占 CDM 项目 50%份额计算，中国至少还要净输出 12.5 亿吨的二氧化碳减排量。

维护世界的经济政治多极化。减缓气候变化、防止全球变暖已成为国际社会的共识，温室气体减排涉及国与国之间责任与义务的界定和利益关系的调整。在不存在强制的超国家机制的背景下，各国在如何利用温室气体排放空间这一全球公共资源领域的争斗、妥协与合作，实际上是在如何维护全球公共利益问题上的国际政治博弈，是对各国发展权益的再配置。

在当今的国际背景下，中国作为国际社会的“利益相关者”，无疑要共担相应的国际责任。作为发展中国家的代表，中国就温室气体减排而言，一定要认清国际博弈的性质，理性对待碳排放权分配的策略选择，才能维护好全球公共利益、促进全球经济政治多极化发展，为广大发展中国家争取更多发言权。

（2）长远发展：承诺减排责任，助推中国低碳金融走出国门。低碳金融本身就是一个全球范畴的合作竞争过程，中国低碳金融的发展，必须借助于全球低碳金融市场的力量。减排责任的共担，能有效地增强中国在国际低碳金融市场中的话语权和领导力，提升中国低碳金融的国际参与力度，实现长期发展。

缓解现有国际减排压力。我国正处于经济高速增长期，相当于工业革命时期的发达国家，因此碳排放量必然会迅速增长。据测算，中国在 2007 年已经超过了美国成为了全球第一大碳排放国家，到 2020 年，中国二氧化碳排放量在 13 亿~20 亿吨，分别为 1998 年全国二氧化碳排放

---

① Barrett, S.. *Environment and Statecraft: The Strategy of Environmental Treaty-Making*. Oxford University Press, Oxford. 2003 (13): pp.87-93.

量的 115~212 倍，这成为部分发达国家在低碳减排问题上针对中国的重要依据。

虽然中国与其他发展中国家一样，在 2008~2012 年，还无须共担减排和限排温室气体的义务，但中国 2020 年以后将不可能回避温室气体排放削减的承诺，不可能置身事外。中国一直是非常积极参与全世界的节能减排。据美国劳伦斯博克利国家实验室的调查，从 20 世纪 90 年代中期以来，中国在 GDP 增加 36%的同时，二氧化碳的排放量却减少了 17%。2001 年 11 月 30 日出版的美国《科学》周刊上也有文章指出，1990~2000 年 10年间，中国的二氧化碳排放量下降了 7.3%，CH_4 减少了 2.2%。

加大国内经济发展方式转变压力。中国经济正处于以资源密集消耗为主要特征的城市化和工业化时期，能源资源的不可再生性与可持续经济发展之间的矛盾日趋尖锐。中国能源生产与消费结构基本呈现“富煤、缺油、少气”以及“新型能源短缺”的特征，[①] 这种以低热值煤炭为主的能源结构，必然会产生较高的排放强度，对环境产生重大影响。因此，减排责任的共担势必会促使经济转型，通过清洁碳排放技术的推广、新能源的开发，推进环境与经济的和谐共赢。

（3）短期利益与长期利益冲突困境：中国面临经济增长与减排两难。我国在后京都时代将面临着的发展和减排的双重压力：一方面，经济发展是中国当前的第一要务，为实现减排责任共担而牺牲自身的经济发展空间，与发展是第一要务的指导思想不相符；另一方面，减排责任共担有利于中国低碳金融的长远发展，有利于减轻巨大的国际压力，提升在全球低碳金融市场中的话语权和定价权。因此，中国自身处两难之中。

那么，中国应该怎样权衡这两种冲突，进行取舍呢？一方面，在多极化的国际格局中，中国要在大方向上符合国际社会的规则；另一方面，要从自身发展出发，走出一条适合中国国情的低碳金融发展道路。

2. 低碳金融策略分析

中国低碳金融的发展存在短期利益与长期利益的冲突，减排责任的共担直接关系着低碳金融的长远发展。根据上面的论证，低碳金融要实现长期规模化发展，进而走出国门，就必须共担一定的减排的责任。但短期

① 吴力波、汤维祺：《碳关税的理论机制与经济影响》，《科学对社会的影响》，2010 年第 1 期，第 10–16 页。

内，为了实现经济的发展，就必须不承诺任何强制性的减排责任。因此，从某种角度来看，中国低碳金融的发展本质上就是减排责任共担的时间问题，是一个短期经济利益与长期低碳金融发展之间的权衡。

（1）中国减排责任共担的单人博弈模型。中国“共担”、“不共担”两种策略为战略选择，按照利益最大化的追求原则，中国必定会选择对低碳金融或经济发展收益最大的占优策略。这是博弈论中的一个典型的单人博弈问题，是相对于双人博弈和多人博弈而言的，是针对中国自身利益最优化的一个决策性问题。通常地，当策略效率达到最高，形成唯一的贝叶斯纳什均衡时，便达到了帕累托最优状态。

（2）减排与否的短期长期利益权衡。由上述分析，中国一边是短期的经济增长需要，一边是来自于低碳金融发展、国外减排压力，中国地处两难。如果中国进入共担减排责任的行列，中国会从净出口国变成净进口国，且会增加中国额外财务支出，因为届时购买的价格肯定高于今天卖出的价格；如果不承受减排，就面临着国际压力以及低碳金融发展机遇降低的风险，中国政府如何在这两难境地中寻找一个更有利的选择尤其重要。

3. 低碳金融博弈结果分析

（1）中国减排责任共担的“四个层次”。减排责任“四个层次”，如图9-12所示。

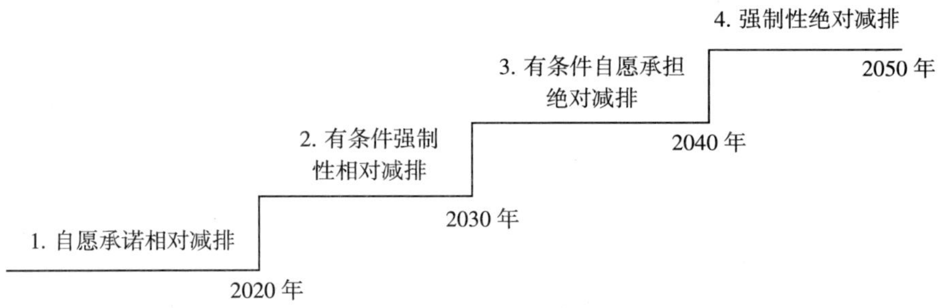

图 9-12 中国未来温室气体减排责任共担路线

资料来源：根据张海滨《中国与国际气候变化谈判》整理。

中国的碳减排安排应该根据自身的情况而定，由易到难分为四个层次：第一层次为自愿承诺的相对减排阶段。[①] 在这个层次，中国可以根据自身的经济发展自愿性减排，并不承担任何的减排义务。根据中国的经济发展水平和减排导致的经济损失率，可以预计这个层次维持到 2020 年第一承诺期结束。第二层次为条件性的相对减排阶段。在这个层次里，中国已经是全球第一排放大国，面临着国内外强大的压力，但基于自身碳金融起步晚、技术不够的情况，主要的任务仍是发展自身经济，并在发达国家技术、资金的支援下完成更高的减排目标制定与完成。预计这个阶段可以维持到 2030 年。第三层次为条件性的绝对减排阶段。在这个阶段，中国的减排义务已经发生了质的改变，中国不再是相对性减排而是绝对性减排时期，也就是说中国要根据自身的情况设定减排目标，并在国际社会的监督下确保完成减排目标，预计这个时期是在 2040 年之前实现。第四层次是强制性的绝对减排阶段。这个阶段，中国已经具备了发达国家的人均减排水平，经济发展水平已经达到了一定高度，此时的中国会和发达国家一样受强制性减排义务的规定，实现绝对性减排，这个时期预计在 2050 年实现。

"四个层次"分界点依据。2009 年中国的碳排放量已经超过 79 亿吨，但是从目前的经济发展水平来看，仍需要一定的碳排放空间，具体到哪个时间实现怎样的减排责任，要根据以下因素决定：其一，经济发展水平。中国的首要国情就是发展中国家，所以在减排责任的共担上首先要把这一国情考虑进去。原则上，中国只有在经济发展水平达到一定程度后，才能实现与发达国家相同的减排责任义务。[②] 因此，在制定减排责任的共担步骤时，中国要充分考虑自身的经济发展进程。其二，人均减排水平。在前面已经叙述过，中国的人均减排标准离世界的平均水平还有很大的距离，更不用提与发达国家之间的排放差距。采用现有的减排责任分配方案，当发展中国家与发达国家的人均碳排放水平趋同时，发展中国家才需要共担减排责任，才能真正地诠释发达国家所谓的"人权平等"。

（2）中国低碳金融的发展层次。第一层次："自愿减排"下的低碳金

① K. G. Lonsdale, T. E. Downing, R. J. Nicholls, D. Parker, A.T. Vafeidis, R. Dawson, J. Hall: *Plausible Responses to the Threat of Rapid Sea-Level Rise in the Thames Estuary*, *Clim. Change* 91, 2008 (1): pp.145-169.

② 潘家华、陈迎：《碳预算方案：一个公平可持续的国际气候制度框架》，《中国社会科学》，2009 年第 5 期，第 83-98 页。

融模式：

该模式下低碳金融是一个以“碳交易”为核心的金融体系：发达国家是这场低碳金融活动的主导方，其承担减排责任的多寡直接决定着对碳排放权的需求量；以中国为代表的发展中国家作为碳交易的“卖方”，在配合发达国家完成减排责任的同时获得资金和技术支持，并一步步完善自身机制建设和经济发展。在碳交易的快速发展下，促进低碳金融的前期发展。

首先，“碳交易”为核心。在自愿减排下，中国的低碳金融参与方式仍然是碳交易，配合发达国家的减排需要，出卖二氧化碳排放权，以二氧化碳的吨数为单位进行买卖。在这种模式下，中国需要积极学习全球碳交易市场中的欧盟排放权交易（EUETS）、英国排放权交易（ETG）、美国的芝加哥气候交易所（CCX）和澳大利亚国家信托（NSW）四大市场，并努力凭借先天优势构建自己的碳交易市场。

其次，CDM 机制为媒介。随着后京都时代的带来，中国的 CDM 机制面临着政策性风险，导致尚未共担减排责任状态下的低碳金融发展岌岌可危。在相对减排下，中国的 CDM 不会消失也不会削弱，只是形式会有所改进。

最后，低碳金融机制构建为重点。我国在 2008 年已经先后成立了上海、天津、北京三大环境交易所，并在 2009 年之后先后成立十多家环交所，给低碳金融机制弥补了空白。在相对减排的低碳金融模式下，谈金融股完善更是一个重要的篇章，要不断地借鉴国外成功的经验，增加低碳金融主体、产品创新、交易方式，打造中国特色的低碳金融机制。

第二层次：“绝对减排”下的低碳金融模式：绝对减排下的低碳金融，是指当中国的经济发展水平已经达到了发达国家的水平，或者人均碳排放已经和世界人均减排量持平，中国必须承诺减排目标并且实现的低碳金融发展时期。这是中国低碳金融较为成熟的发展模式，是目前发达国家普遍采用的低碳金融模式，一般认为随着经济社会的发展，该种模式是低碳金融发展的高级形式。

第一，绝对性减排为义务。中国在这一时期经济发展水平已经达到中等发达水平，人均减排也提升到了世界平均水平，减排压力也不能得到转移，中国已经完全有能力共担国际性义务。此时中国的低碳金融就能以绝对性的减排义务为发展前提，充分体现大国责任，在全球碳减排发挥更加积极的楷模作用，积极促进低碳金融的国际合作。

第二，需求方来源于自身。中国一旦绝对性共担减排责任，进入附件I国家行列，将一改在碳交易中的角色，从净出口国变成净进口国。而且，届时中国的购买价格必定会高于现阶段的卖出价格，增加大量额外财务支出。因此，在绝对减排时期，中国自身需求量的大量膨胀，定会导致CERs的供给增加，从而促进低碳经济方式的全方位转型。

第三，低碳金融机制成熟完善。在绝对减排时期，中国的低碳金融机制建设已经相当完善，中国拥有自己的交易体系、商业银行能为低碳金融提供全方位的业务，直接间接低碳投资平衡化发展、低碳金融创新产品层出不穷等。

第四节　低碳金融国际博弈分析的结论：中国的角色定位

一、发达国家是低碳金融长期发展的决定因素

发达国家积极承担减排责任有利于全球低碳金融的发展。发达国家是碳减排活动的发起者和积极拥护者，部分发达国家还是领导的核心力量。既然已经发起了这场全球性的博弈，就必须考虑到更多、做到更多，积极合作沟通，促进良性发展，发挥模范楷模作用。在针对发展中国家是否履行减排承诺这个后京都时代关键问题上，以欧盟为代表的发达国家要以积极的合作态度推动全球碳交易的发展，稍微降低自己的姿态，也站在发展中国家的立场上做些让步，积极促成合作。

在思想态度上。首先，积极履行自己的义务，包括减排目标的实现和向发展中国家输送资金和技术，这是以身作则的首要表现；其次，改变咄咄逼人的心态。对发展中国家的减排目标问题试着用缓和“软着陆”，允许发展中国家按照自己的步骤实现减排。这样，合作才会走得更远。从博弈的结论可以看出，欧盟等发达国家要积极的联合至少一个博弈方坚定的采取合作的态度，以使整个联动效应发挥到最大，实现两个以上的博弈方合作，进而促使最后的博弈趋向于合作稳定。这个国家最好是美国、日本

等能共担得起责任的经济强国，积极倡导它们发挥大国责任，实现减排义务；另外，加大奖罚力度。可以加大发展中国家减排的动力，加大资金和技术支持，拉拢发展中国家，使得整个博弈处于合作状态下的得益远远大于非合作状态，同时又要不停地降低合作的成本，例如降低碳关税等门槛。

发达国家积极承担减排责任有利于自身低碳金融的长远发展。通过前文的分析，可以看到发达国家在低碳金融的发展道路上遥遥领先，之所以能抢占先机，很大程度上取决于在全球低碳金融市场的积极拥护态度和表率作用，这样才能理所当然的掌控碳排放权的定价权、全球最大的碳交易市场。但在近几年内，部分发达国家慢慢以观望的态度向周边不积极的国家看齐，试图能为自己的发展谋取更大的利益，这两年的全球项目市场萎缩就是很明显的证据。大量的减排目标未被完成、坎昆会议上无休止的自身利益争夺，这些只能导致自身低碳金融市场的滞后发展。只有积极地承担减排责任，在这场以国家为单位的低碳金融博弈中，发达国家才能抢占更多先机，在这场新一轮的全球格局的重新布局中寻找更有利的定位。

二、发展中国家是低碳金融长期发展的重要因素

发展中国家承担减排责任是长期趋势所在。发展中国家作为两大低碳金融阵营之一，共担二氧化碳减排责任意义深长，不但有利于全球环境的好转、优化人类居住的环境。而且，对每个国家来讲，从长远看也是利大于弊的事情。[①] 因此，共同共担减排责任是长期趋势。以中国、印度等为代表的发展中大国也一直以积极的态度参与到全球碳交易活动中，只是和发达国家所奉行的基本原则问题有些许冲突。但随着发展中国家总排放量和人均排放量的不断攀升，采取更加积极的合作也是必然的。现阶段，以中国和印度为代表的发展中国家已经根据自身的发展承诺了自主性减排目标，但在短期内仍保持拒绝任何来自于国际社会和发达国家的碳减排硬性规定的原则，也是出于自身发展的需要；但从长远来看，要实现低碳金融的长期发展，在新一轮国际博弈中处于优势地位，发展中国家共担国际义

① W. C. Kriz，"Creating Effective Learning Environments and Learning Organizations through Gaming Simulation Design"，*Simul. Gaming*，2003（34），pp.495-511.

务是不可逃避的现实。

以中国为首的发展中国家承担减排责任是自身低碳金融长远发展的动力所在。低碳金融的发展是一个全球参与的过程，中国也一样，要实现自身低碳金融的发展就必须增加参与力度。其实，在全球的CDM机制中，中国已经充分发挥了大国责任，为全球低碳金融的发展起了举足轻重的作用，这也被国际社会取得了充分的认可。但是，在这个政治多极化的世界格局中，一些大国并不能很好地接受中国的参与方式，而且中国已经是最大的碳排放国家，这无非是给舆论者在口干舌燥之后送上了一杯清泉。中国要继续实现自身低碳金融的发展，就必须思变，在斗争中寻求一种最好的生存方式，适当符合自身国情的减排责任承担就是解决低碳金融发展的最好途径，也是低碳金融长远发展的动力所在。

三、中国低碳金融的发展原则是“四个坚定”

坚持承认历史排放量。如果“过往碳排放量”不计算在内，在未来的时间里，发展中国家必然会向发达国家购买“碳排放权”；而且，发达国家对于减排技术的研究也有了新进展，要在同样的时间里，要求发展中国家和发达国家做到同样的减排标准，这意味着发展中国家需要向发达国家购买新能源技术。中国的发展模式是独特的，尤其对于发展中国家，中国的作用将非常重要。至少有20亿人在看着中国，如果中国真正按照最理想的状况走，到2020年，中国应该成为一个全球尤其是发展中国家的一个典范。中国作为发展中国家，由于历史原因，发展中国家的历史排放量比较少，而且发展中国家的人均温室气体排放的水平也比较低，当今最主要的目标就是实现经济的可持续发展，在发展经济的同时做好经济发展方式的转变，尽可能地向低碳经济模式转变。

坚持发达国家向发展中国家提供资金援助与技术转让。美国能源基金会与中国发展和改革委员会联合预测，2005~2020年，中国需要能源投资18万亿元，其中新能源、节能、环保需要投资约7万亿元。但是，投资新能源需要大量的资金和技术，在目前情况下，中国进行大规模投资显然有心而力不足。因此，提高能源利用效率、减少国内温室气体的排放成本，中国需要获得西方发达国家的先进技术和资金援助。《联合国气候变化公约》与《京都议定书》都规定发达国家增加对发展中国家的资金援助、技术转让和能力建设的投入，但是发达国家并没有实质性地执行。发达国家一方面力压中国共担减排责任，另一方面又以经济利益和技术产权等借口拒不履行国际规定。为了更好地维护本国利益、提高应对气候变化能力，在后京都谈判中，争取发达国家资金援助与技术转让成为中国争取的重要国家利益。

坚持发达国家率先共担减排责任。《联合国气候变化公约》和《京都议定书》规定了发达国家应率先减排、对发展中国家进行资金和技术援助。一是减排问题。根据《联合国气候变化框架公约》秘书处数据表明，西方发达国家并没有很好地履行其减排承诺：与 1990 年相比，2004 年欧盟的排放量基本持平，美国的排放量增长了 15.8%，日本的排放量增长了 6.5%，加拿大的排放量增长了 26.6%，澳大利亚的排放量增长了 25.1%。除了德国和英国以及一些经济转型国家，大部分附件 I 国家都未能实现《京都议定书》第一期承诺的减排目标。[①]在 2009 年召开的波恩会议，中国与广大发展中国家共同要求发达国家作为整体到 2020 年在 1990 年水平上至少减排 25%~40%，甚至有些发展中国家明确提出发达国家应在 1990 年的水平上至少减排 45%。由于发达国家的消极态度，本次会议关于发达国家进一步减排指标的讨论没有取得任何进展。对此，中国代表团团长苏伟认为，发达国家的承诺与它们的历史责任和国际社会的期待还相去深远。

坚持中国特色的低碳金融发展方案。首先，必须承认中国是发展中国家。中国的经济发展水平对发达国家还不可比拟，更不用谈发展低碳金融的优势，因此，对于中国，发展是第一问题。其次，中国充分发挥大国责任。中国一直在最大限度的配合全球碳交易市场，一方面是中国政府的大国责任意识密不可分，另一方面也是由于全球第一大碳排放国家的关系。因此，中国必须由自身国情出发，走出一条中国特色的发展道路，按节奏实现减排责任，发展低碳金融。

① R. Ison, N. Röling, D. Watson: "Challenges to Science and Society in the Sustainable Management and Use of Water", *Investigating the Role of Social Learning*, *Environ. Sci Pollut.* 2007 (10), pp. 499-511.

四、中国在低碳金融国际博弈中的路径选择

1. 借力欧盟等积极发达国家

保持与欧盟、美国既合作又竞争的长期状态。欧美发达国家作为国际体系的主导者，必然在气候制度建立进程中谋取制度优势与话语霸权，警惕防范中国的威胁与挑战。但是，气候谈判与气候制度的顺利进行都离不开中国的合作和参与。这就决定了中国同美欧发达国家在气候谈判进程中利益与责任、合作与竞争并存。共担量化减排责任是中国同美欧发达国家谈判博弈的焦点。中国官方原先坚持不承诺减排义务的立场遭到了美欧发达国家的抨击与反对，其原因无外乎是大气环境保护、减排经济效益、国际竞争力和霸权政治。考虑到国内实情及西方国家的指责，中国的立场和表态有了一些微妙的变化：在国际场合不再明确提出不共担减排义务，转而督促发达国家率先共担减排、宣传本国应对气候变化的努力；中国加强与发达国家在清洁发展机制、科技服务、传统能源产业转型及能源服务方面的金融创新等方面的合作；中国对《联合国气候变化框架公约》及《京都议定书》之外的其他形式的国际气候合作机制持开放的态度。

保持与日本等多边伙伴的交流与沟通。在建立与欧盟、美国不同领域合作与交流的同时，还要积极的和日本等多变伙伴加强联系与合作。日本在新能源技术方面一直走在全球低碳金融的前列，中国要向日本多加引进新能源技术。在国际社会中，特别是低碳金融市场中，任何国家或者集团的利益都是基于自身利益之上的。因此，只要二者有共同利益就有合作的空间。中国政府要与日本政府加强双边会谈、指导企业之间的进出口合作，促进低碳金融共同利益的发展。

2. 广泛团结印度等发展中国家

共同维持发展利益。首先，作为有影响力的大国和负责任国家，中国必须共担起协调与其他发达国家、发展中国家之间的立场，加强团结合作，以保持用“一个声音、一种立场”与发达国家进行谈判。在京都谈判阶段，中国与其他发展中国家的共同努力与和合作取得了重大成果，促使谈判公约和《京都议定书》明确规定了共同但有区别原则、发达国家应对发展中国家提供资金援助与技术支持等条款，从而有力地维护了本身正当的发展权益。其次，在后京都谈判阶段有关发达国家率先减排、落实对发

展中国家的资金与技术支持问题上，中国与其他发展中国家的立场和利益是一致的，更需要团结一致与发达国家进行博弈。因发达国家的承诺与它们的历史责任和国际社会的期待相差甚远，甚至挑拨离间发展中国家内部矛盾，中国与其他发展中国家应协调立场、求同存异、深化合作，在核心发展利益问题上坚决不退缩、不动摇以谋求应有的利益，为建立公正合理的国际新秩序而努力。[①] 最后，中国应坚决与广大发展中国家站在同一战线，这既符合中国国家利益追求，也体现了中国负责任的大国风范。其主要举措有：增加与广泛发展中国家首脑与高级关于气候变化的会晤；加深同东盟、东亚、朝鲜、韩国和蒙古国、亚太地区等发展中国家和地区关于冰灾全球环境议题、海洋与沿海环境、可持续林业管理、水资源保护、环境友好与清洁生产等气候变化问题的广泛讨论与事务合作。

争取国际话语权。作为国家利益追求的重要组成部分，中国日益重视国家海外形象及国际话语权的追求。在努力做好国内节能增效的前提下，中国政府采取一系列措施重点应对气候变化，加强海外宣传工作，包括：公布《应对气候变化国家方案》，成立由温家宝总理领导的国家应对气候变化领导小组、外交部成立由杨洁篪领导的对外工作领导小组，任命余庆泰大使为气候变化谈判特别代表，利用由联合国主导召开的巴厘岛会议、波恩会议等国际场合阐述中国立场与建议，积极推动谈判进程。中国的举措一方面向世界表明了中国在气候谈判中应维护的国家利益，减少国外对中国的误解和疑虑；另一方面也展现了中国积极主动参与谈判，推动谈判进程的努力。

① W. C. Kriz, "Creating Effective Learning Environments and Learning Organizations through Gaming Simulation Design", *Simul. Gaming*, 2003 (34), pp.495–511.

第十章　中国低碳发展的战略路径

第一节　分阶段推进中国低碳发展

低碳发展是中国转变发展方式，实现可持续发展的必由之路，是一个长期的过程，不可能一蹴而就，如何发展以及达到怎样的发展目标都应基于本国的基础条件而定。首先，中国作为发展中国家，工业化、城市化均未完成，碳排放总量在一定时期内会继续上升，直到达到峰值。当前中国的人均 GDP 约 3700 美元，居世界第 100 位左右，还有 1.5 亿人口生活在联合国设定的贫困线之下，理所当然，中国发展当前首要解决的应是发展问题、民生问题，不能“为求低碳而阻发展”，而是在发展之下，走向低碳。然后，随着中国基本完成工业化、城市化，实现全面小康社会，人民整体生活水平达到发达国家水平，碳排放总量将进入倒“U”型曲线的下降阶段。此时，中国有条件也必须在低碳的框架下寻求可持续发展之路，即将低碳发展作为社会发展方式，“为发展而低碳”。于是，本书创造性地提出将中国低碳发展分为“发展中的低碳”、“低碳下的发展”两阶段，分别作为中国低碳发展的初级阶段和高级阶段，且相对应地界定了每一阶段低碳发展的内涵，制定了每一阶段的目标及发展思路。

一、初级阶段：“发展中的低碳”（2006~2030 年）

中国低碳发展的初级阶段应是从国家首次提出低碳发展模式开始，直到碳排放峰值来临的一段时期。2006 年中国政府首次在国家“十一五”

发展规划中提出了“节能减排”的约束性指标，从某种意义上说，此举揭开了中国走进低碳时代的序幕。根据权威部门的预测，中国碳排放峰值来临的时间应在2030年前后，[①]在此之前，中国处在低碳发展的初级阶段，即“发展中的低碳”时期。“发展中的低碳”的核心是“保障发展，兼顾低碳”，即保证均速发展的前提下，朝着“低碳”的方向努力，通过政府推动，普及低碳理念和推广低碳技术及低碳消费，为低碳发展铺路。

1. 阶段目标：实现经济社会发展方式转变

在低碳发展的初级阶段，中国的主要任务仍是保持经济社会平稳发展，争取到2030年完成工业化、城市化进程，国民整体生活水平提高、贫困人口大幅度减少；同时产业结构、能源结构逐步优化，实现相对减排，最终实现社会发展方式的转变。中国是一个发展中的大国，正处于高速工业化、城市化进程中，发展经济、脱贫、提高国民收入仍是国家头等大事，但在过去的30年中，中国走的是一条低效率、高消耗、高排放、高污染的高速发展之路，在能源资源禀赋的限制和国际环境的压力下，必然难以为继。因此，转变这种“竭泽而渔”的发展方式，转而走向高效率、低消耗、低排放、低污染的发展将是未来20年的重要任务，实际上也就是要求从一种高碳的发展方式转变为低碳发展方式。

在中国低碳发展的初级阶段，因为处在工业化进程中的“碳锁定效应”阶段，碳排放总量将继续上升，但在转变发展方式、调整产业结构、低碳技术推广及新能源应用等多方面努力下，碳排放总量增速将持续放缓，单位GDP的碳含量不断下降，即实现相对减排。

2. 发展思路：“一转一调一抓手”

中国低碳发展初级阶段的目标任重道远，根据当前现状和形势，厘清此阶段的发展思路意义重大，根据中国低碳发展初级阶段面临的基本情况，本书将此阶段的发展思路确定为“一转一调一抓手”。“一转”即转变经济社会发展方式，它既是低碳发展初级阶段的最终目标，也是该阶段发展思路的核心内容。“一调”即调整经济结构，是实现发展方式转变的重

---

① 中国发改委能源研究所所长韩文科（2010）提出中国碳排放将在2020~2035年达到峰值；科技部部长万钢（2010）提出中国碳排放达到峰值的时间是2030~2040年；美国能源基金会和世界自然基金会联合资助的《中国2050年低碳发展之路：能源需求暨碳排放情景分析》报告认为，在强化低碳情景下，中国碳排放则有望于2030年达到峰值。

要途径。高能耗、高污染、资源性产业的难以为继，已成为共识，政府应当激发市场和企业自主调整的内生动力，引导和推动产业结构的升级转型。“一抓手”即以低碳技术为转型的突破口和抓手，推动中国低碳发展。低碳技术是转方式和调结构的重要支撑，是低碳发展的重点及难点，是一项现实而紧迫的任务，所以要重视有关法律规章的制定和完善，促进新能源、新技术的培育和发展，力争在技术上有所突破。

二、高级阶段：“低碳下的发展”（2030 年以后）

中国的低碳发展从中国的碳排放总量达到峰值（2030 年）开始就进入了高级阶段即后低碳时代。到那时，中国已经基本上实现工业化、城市化和现代化，国民生活水平已经达到中等发达国家水平，因发展而带来的不可避免的碳排放已经趋于平稳，碳排放总量进入下降阶段，中国的低碳发展实现质的转变，中国进入低碳发展的高级阶段，即“低碳下的发展”。“低碳下的发展”，是在初级阶段实现了发展方式的转变后，低碳发展不再是先发展还是先低碳的问题，也不再仅仅是发展的一个方面，而是在低碳的框架下考虑中国如何发展，即低碳和发展有机结合成一种新型经济社会发展方式——低碳发展方式。

1. 趋势展望：创建生态文明社会

创建生态文明社会是中国低碳发展的终极目标，是人类社会发展的理念、道路和模式的重大进步。生态文明是以尊重和维护自然为前提，以人与人、人与自然、人与社会和谐共生为宗旨，以建立可持续的生产方式和消费方式为内涵，以引导人们走上持续、和谐的发展道路为着眼点，是实现整个世界文明可持续发展必须要走的道路。在我国低碳发展的初期，由于现实条件的局限，建设生态文明社会的提出更类似于一个美好的愿景和期许，但随着后碳时代的到来，生态文明将被具体落实到社会、经济、生活的方方面面，成为继工业文明后的下一个文明阶段。

在后低碳时代，碳排放已经达到拐点，开始进入 CO_2 EKC 倒“U”型曲线的下降阶段，碳排放与经济增长反方向变动，碳排放总量不断下降，实现绝对减排。并且，在新能源普及、经济发展对化石能源的依赖性下降、碳锁定效应得到突破的条件下，碳排放总量下降的速度也会加快。

2. 发展思路："双轮驱动"抢占低碳发展制高点

受制于中国现实基础，在低碳发展初级阶段，以欧美发达国家为标杆，中国一直处于奋力追赶的状态，但进入后低碳时代，中国要通过全方位努力，抢占低碳发展制高点。在对中国低碳发展初级阶段的基本情况进行充分分析的基础上，通过对高级阶段的趋势分析和前景展望，本书确认此阶段的发展思路为"双轮驱动"抢占低碳发展制高点。所谓"双轮驱动"是以能源效用为外在推力，以智慧增长为内在动力，从而抢占全球低碳发展制高点。首先，能源是社会发展的血液，驱动着经济社会的发展，具有重要的战略地位，尤其是后低碳时代，能源的短缺甚至能源危机爆发的可能性都使得能源效用（能源效用包括能源效率和能源供给两个层次的含义）的提高对于一个国家发展的意义重大。其次，智慧增长将是中国低碳发展高级阶段的内在动力，创建生态文明的重要途径。进入后低碳时代，经济增长的主要动力将不再是依赖大规模的工业生产，而是依靠充分集结了人类智慧的高科技产业、高端服务业以及创新型产业等，即"智"成为经济增长主要源泉。以"智能"替代"产能"，变"中国制造"为"中国智造"，真正实现低碳发展方式，抢占全球发展制高点。

第二节　"发展中的低碳"

一、转方式：高增长到高增值

1. 工业低碳化

（1）改善能源结构。我国处在工业化进程之中，生产阶段的能源消费是碳排放的主要原因。改善能源结构是促进工业低碳化的重要方面。目前，我国能源结构仍然以煤炭为主，天然气等碳排放量较低的化石能源使用比例较低。核能、风能、水能、太阳能等新能源由于技术水平限制、生产成本太高，应用程度更低。我国应加大能源技术的研发与国际合作，利用技术创新突破新能源成本过高这一关键"瓶颈"，使天然气等低碳能源融合到能源结构调整中；改进工业生产工艺，提高能源利用效率；降低能源生产过程中的碳排放，促进能源的低碳化生产与消费。

（2）加快传统工业技术改造。我国传统工业存在着产业规模大、技术水平低、经济效益低、能耗高、污染严重的现状，继续加大淘汰落后产能力度，加大高新技术的引进与研发，运用低碳技术改造生产工艺，提高工业产品的竞争力、附加值，促进传统工业由高碳高耗低质向低碳低耗高质转变。营造有利于企业进行工业技术改造的政策环境，对于进行低碳技术创新的企业，政府给予创新成本补偿；对于采用新工艺、新设备的企业，政府给予固定成本的折旧补偿；推行企业间排污权交易，激发企业自主创新、主动进行节能减排、淘汰落后产能的动力。

（3）进行产业链的整合，提高产业集群效应。延伸产业链，以主导产品为基础，以大企业为依托，凝聚一批与之配套的中小企业，形成产业集聚，最大化地减少各种成本，合理配置市场资源。发挥集群内企业资源共享效应，提高产业的整体竞争能力，同时带动产业结构的优化升级，打造区域品牌，促进区域工业的高效发展。

2. 农业生态化

（1）产业化发展提高经济效益。以市场为导向，以提高经济效益为中心，以高新技术为支撑，围绕区域特色农产品，形成龙头企业带动农业产业化发展的新模式。立足区域资源优势，发展特色农产品，培育农产品龙头企业，建设农业产业化园区，打造特色农产品品牌。建立产业化龙头企业与农民的利益联动机制，降低农民经营的市场风险，提高农民收入。解决分散农户难以进入市场，农业生产率较低、农产品转化加工率低的问题，促进农业农村经济结构的深化调整，提高农业经济效益。

（2）循环性发展提高生态效益。现代传统农业为满足人们日益增长的需要，打破了原有的农业生态体系，农业系统内的物质循环链条中断，造成一定的环境污染和资源浪费。发展循环农业，调整农业系统内的产业结构，提高农业资源多层级循环利用，使农业生产中的废弃物转化为再利用资源，最大限度地减少环境污染和资源浪费，促进生态效益与经济效益增值。加强生态农业与旅游业的融合，打造休闲农业，提高农民的收入，促进农业发展。大力开展农林业碳汇工程，进行碳汇交易，合理融资促进农林业发展，提高生态效益。

（3）绿色化发展提高社会效益。推行以生产无公害食品、绿色食品、有机食品等“三品”为主，以农产品安全为目标的绿色农业发展模式。我国绿色农业已有很大发展，但仍存在绿色市场经济体系不健全、资金投入不足、技术落后、龙头企业带动能力弱、社会化服务较少等问题，政府应加大政策引导和扶持力度，合理规划绿色农业发展，培育龙头企业带动绿色产业发展，建设区域绿色产品生产基地，打造绿色产业品牌，提升社会效益。我国东北黑龙江和吉林两省，依托国家生态试点省的建设，大力开展绿色农业工程，已建立了长白山特产基地、北药基地等绿色生产基地和绿色产品品牌，既增加农民收入也提高了社会效益。

3. 服务业高端化

高端服务业，是现代服务业的核心，具有人力资本投入高、科技含量高、附加值高、资金投入高、产业带动性强、资源消耗少、环境污染少的特点，[①] 主要包括金融保险、现代物流、文化娱乐、商务会展、休闲旅游、总部经济、服务外包、信息服务等行业，发展高端服务业有利于提升城市化水平与品质，有利于促进产业结构的调整。我国高端服务业存在规模比重偏低、辐射集聚效应较小、龙头企业少等问题，我国应大力发展高端服务业。

（1）大力引进高端服务业。高端服务业在国外已经相对成熟，发达国家高端服务业占 GDP 比重达 50%左右，而在我国仅占 20%左右。我国应积极引进发达国家、地区的高端服务业技术、管理理念、组织方式、经营方式等，提升我国服务业水平。政府需要从人才培养、行业规范、市场建设等方面制定相对优惠的金融、财政政策，利用市场机制、投资环境的优势，承接发达国家高端服务业的产业转移，营造环境吸引国际知名企业建立研发中心、公司总部等高端服务项目。

（2）依托产业需求驱动，发展高端服务业。通过产业延伸，以重点产业领域的发展为切入点，做好产业项目投入前的规划、研发、设计，项目中期的管理与融资，项目后期的营销、物流、服务及反馈，完善服务功能，发展高端服务业。以服务产业发展为中心，创新服务业投融资模式、管理模式、营销模式、生产模式、盈利模式、经营模式等商业模式，发展高端服务业。优化产业配套环境，促进高端服务业与本地产业的融合。例如，东北的特色农业发展，从绿色食品供应链的结构看，绿色食品生产基

---

① 谢泗薪：《高端服务业发展的战略模式与机理——基于热点园区、产业链和新知识经济三大视角》，《中国流通经济》，2011 年第 9 期，第 55–60 页。

地与连锁超市间需要完善的现代物流配送系统。东北三省就将建立和规范物流配送中心，建立供应链管理信息系统作为发展高端服务业的重点。

（3）发展信息技术，支撑高端服务业发展。高端服务业主要是信息技术和先进管理经验在服务业的深化应用，其本身就有高技术的特点。发展高端服务业必须重视信息技术的研发应用，开发大规模计算技术，建立数据中心。促进高新技术与传统服务业的融合渗透，在传统服务业的基础上开发高端服务新产品，改造升级传统服务业。

二、调结构：工业驱动到服务业引领

低碳经济的发展要求在合理的产业结构支撑下，把发展经济与控制碳排放量两者有机结合。我国70%的碳排放由企业造成，仅30%的碳排放由居民造成，碳排放主要存在于生产环节，部分第二产业是高耗高排行业，产业结构不均衡是导致我国目前能耗偏高现状的重要因素。学者刘再起的研究也表明，产业结构调整对低碳经济会造成很大影响，第二产业具备高能耗高产出的特点，因此其产值与总碳排放量间线性相关性显著，[①]低碳经济的发展模式离开了合理的产业结构将难以为继。因此，我国要发展低碳经济，必须大力推进产业结构调整，加大发展现代服务业的力度，将现有产业结构由以第二产业为主导向以第三产业为主导转移。笔者建议，将从产业结构升级、产业转移以及产业发展三个方面着手，切实调整产业结构，促进低碳经济发展。

1. 产业结构升级

服务业具有增值潜力大、资源消耗依赖程度低、污染排放总量少等特点，其中现代服务业是在信息技术和现代管理基础上逐渐发展起来的知识密集型产业，它们是促进产业结构优化升级的主要途径。发展低碳经济模式，就要求我国大力发展第三产业，提高服务业尤其是现代服务业在国民经济中的比重，促使优势产业由第二产业向第三产业演进，使其成为我国经济发展的主要支撑。

目前，工业对促进GDP增长的作用较为明显，投资收益回收较快，

---

① 童抗抗、马克明：《中国的产业产值与能源消耗碳排放相关性研究》，《中国环境科学》，2011年第31期，第1212–1218页。

而服务业的项目大多规模偏小，从短期来看，服务业的投资收益是比不上工业的。人们对服务业了解程度不够，发展服务业的重要作用未得到充分强调。另外，我国大部分地区第三产业内部结构也不够科学合理，也会对产业结构升级进程造成阻碍。

珠三角地区从“三促一保”“腾笼换鸟”等战略高度上，大力促进了以第三产业为主的现代产业体系建设。佛山市在产业转型升级之路上，“宁可掉几百亿元的GDP，也要把环境搞好”。根据有关数据，近几年佛山市关停整治高污染、高能耗企业1200多家，其中直接关停的有649家，且5年来的GDP连创新高，实现了城市的“华丽转身”。推进产业结构升级，应从以下三个方面入手：首先，淘汰工业落后产能，减少碳排放强度和总量；其次，构建合理支持机制，从投入、政策、体制等方面大力发展服务业；最后，采取有力措施，加大法律、咨询、金融、信息服务等新兴产业在第三产业中比重，深入调节第三产业内部结构。

2. 产业转移

产业转移是在资源供给或者产品需求发生变化后，部分产业从一个国家或地区转移到另一个国家或地区的经济行为和过程。[①] 我国东南沿海地区经济发展遇到了成本上升和产品需求减少的不利影响，而欠发达的中部地区及西部地区乃至周边国家则显现出了日益明显的成本优势。因此，政府促进产业从沿海到内陆、从国内到国外有效转移，有利于解决我国发达地区资源及发展空间不足、产业升级受限的问题。

（1）国内区域产业梯度转移。中国发展势头良好，需求潜力大，发达国家产业向国内转移趋势渐显；而且，其大国经济的本质决定了地区之间的异质性，区域性梯度差异较大，因此我国便于施行国内区域产业转移，承接国际产业。东南沿海地区要在竞争中保持优势地位，必须采取“腾笼换鸟”战略，在科学考虑内陆环境承载力的前提下实现产业的梯度转移，将失去成本优势的产业转移到内陆地区，腾出市场空间来承接国际较高阶层产业。同时，也要遵循市场规律，警惕“梅佐乔诺现象”，不能强行实行人为赶超。例如，广东省决定——在未来5年内，斥巨资调整产业空间布局，挖掘发展潜力，推动珠三角地区劳动密集型产业向东西两翼、粤北山区转移，把资源依赖程度高、科技含量低的产业转移出去，将优质的低

① 孙群燕、李婉丹：《广东省区际产业转移效应分析》，《南方经济》，2011年第12期，第68–71页。

碳产业转移进来，即“腾笼换鸟”、“筑巢引凤”战略。中山市积极遵行这一战略，将原有工业企业转移出去，为引进服务业腾出资源、空间。该市近年来把发展重点放到高端电子信息等新兴产业上，与央企、世界500强企业达成了数十个项目合作协议，引进了很多优质产业，“筑巢引凤”成果显著。

进行国内产业转移，应发挥我国制度优势，进行合理的整体规划，优化产业分工空间格局，构建科学产业分工体系，营造良好产业转移环境，在全国范围内积极引导产业转移；在中西部地区建立承接产业转移实验区，发挥示范作用，并开始在承载能力强的经济区培养，以其辐射式带动周边地区一同发展；形成完善交通网络建设，使物流成本降低；政府进行政策倾斜，促进产业由沿海地区向内陆地区转移。

（2）国际范围产业“雁形”转移。日本学者提出，可以用“雁阵模型”来描述产业国际转移，即日本是“领头雁”，其他国家呈倒“V”形跟随，后者让出初级市场，以承接前者的高端产业转移。这是国家之间由于资源条件、组织制度以及产业配套服务等存在不同，使得比较优势动态发展导致的结果。[①] 在新一轮来势迅猛的国际产业转移中，不仅呈现产业从我国沿海地区向欠发达的中西部地区、东北地区转移趋势，也表现为处于价值链低端、高污染高能耗产业由国内向周边印度、越南、马来西亚等发展中国家转移趋势。由于国内劳动力、生产材料等成本提高，越南、印度尼西亚等国就可利用比我国更低的资源以及劳动力等要素成本来吸引资本、抢占市场份额。将高耗高排产业由国内向国外转移，能够在全球范围内充分配置资源，优化调整全球战略格局，完成国际产业的分工协作，重点发展资源消耗低、污染排放少、附加值高的产业，提升我国产业水平。

为了引导产业有序向国外转移，我国应该掌握处于价值链高端产业的控制权；抓住产品生产核心技术及设计开发等关键环节；开发国内产业潜力，优化产业技术，使之更具节能环保性；拓展国外市场，经过投资、购买等多种途径把高污染、高耗能、处于价值链低端的产业向发展中国家转移；大力促进与周边国家的出入关建设，提高出入关效率，降低出入关成本，促进与海外市场的开放格局。

---

① 刘友金、胡黎明:《产品内分工、价值链重组与产业转移——兼论产业转移过程中的大国战略》,《中国软科学》，2011年第3期，第149-159页。

3. 产业发展

我国低碳产业的大部分企业历史较短，企业品牌还未打响，也未形成企业的自身影响力。我国应当从企业内部服务和外部环境两方面着手，大力支持我国七大战略性新兴产业发展，扩展“新七领域”企业规模、宣扬企业品牌，积极打造一批低耗低排、节能环保龙头工程，培养一批具有较大影响力的优秀龙头企业，以引导带动低碳产业发展。我们可以重点选取一批颇具实力的龙头企业做大做强，建立核心龙头企业带动，中小龙头企业以及配套企业竞相发展的低碳产业发展机制。以珠三角地区为例，它们比较注重引进龙头型项目、跨国公司来本地设立区域总部、职能总部、研发机构、采购中心以及销售中心，引进国内优秀企业、集团以投资兴业，从而整合龙头企业和龙头工程的优势和力量，发挥企业和项目的辐射带动作用，推动该区域的低碳经济发展。

中国应借鉴珠三角地区的成功经验，以产业结构调整为中心，鼓励发展新兴产业如节能环保、新兴信息产业、生物产业、新能源、新能源汽车、高端装备制造业和新材料等，加强对龙头企业的扶持：第一，把龙头企业作为企业组织或联盟的领导者，推行“龙头企业引领发展”的模式体系；第二，企业自身要开拓创新思路，从高新技术产品研发切入，探索科学合理增长模式；第三，加强企业间交流合作，构建信息共享平台，不断提高各企业的科技技术水平；第四，加大培育龙头企业力度，从战略高度和融资角度促进龙头企业稳定发展。这样才能培养一批科技含量高、成长潜力大、品牌竞争力强的龙头企业，带动我国产业结构调整，有效推进低碳经济发展。

三、低碳技术推动低碳发展

在低碳发展初期，低碳技术应用能够显著地降低碳排放和提高能源效率，这个时期，应当以低碳技术发展为突破口，着力加强低碳领域的创新及其推广应用。通过强化技术创新支持、加快科研成果产业化，推进能源效率的提高和新能源开发，逐步打破高碳锁定，减少高碳能源消耗，促进整个社会生产低碳化和消费低碳化。

1. 加大低碳技术发展资金支撑

首先，加大低碳领域财政投入。资金支持是低碳技术发展的必然要素。与发达国家相比，我国对科研的财政投入一直偏低，尤其是在基础研究方面的投入极为不足。加上经费使用效率的低下，我国科研经费捉襟见肘的局面凸显。一份权威的《国际竞争力报告》的研究表明，科研投入不足是我国技术创新的重要制约因素。低碳技术作为新兴的高新技术，其研发对资金投入有着更高的要求。因此，促进低碳技术的发展，加大财政投入，并建立合理的经费使用监督机制刻不容缓，应当参照教育投入的立法形式，确立我国低碳技术领域的硬性投入机制，并完善操作细则，确保资金的高效率使用。

其次，完善低碳创新的金融支持。金融是现代经济的核心，美国的硅谷和互联网的崛起都已经证明，金融市场在推进科技创新中无法替代的作用。在低碳发展初期，应当进一步推进金融对低碳领域的倾斜。除了常规的鼓励信贷投放和上市融资外，应当进一步深化金融市场改革，壮大私募基金的发展，加快推进“新三板”的建设，探索低碳方向的理财产品，鼓励信托、保险等金融机构对低碳技术研发的支持。

2. 加强低碳技术发展政策保障

首先，加大政府低碳产品采购力度。目前，我国政府低碳产品采购总量普遍偏低，现有政府采购对激励引导低碳技术创新的作用不足，无法满足低碳经济发展的需求。政府应充分发挥其引导作用，立法确定政府采购对低碳产品的财政支持，并不断完善政府低碳采购法律制度；扩展政府采购规模，实行低碳采购制度，加大低碳产品采购力度，在采购过程中优先选择国内自主创新的低碳技术产品，推进低碳技术创新体系构建。

其次，完善已有的政策和制度。我国促进低碳技术创新制度尚未完善，缺乏科学合理的法律政策体系和相关的配套措施，政府对经济参与者的激励引导作用也没有得到充分发挥。政府应当建立完善低碳国民经济核算制度、低碳税收制度、低碳消费制度以及相应的监管督促机制等，并确保政策的可行性。

最后，制定和完善操作细则及标准。在促进低碳经济发展的进程中，政府出台的部分政策制度大都以指导原则为主，过于笼统、操作性欠佳，应制定和完善相关操作细则及标准。政府应统一规定低碳经济发展在不同时期应达到的指标要求，与为达到要求应该采取的操作环节和方法；规定耗能企业的低碳排放标准及相应评估方法；规定各级地方政府及政府各部门的具体职责，以及相应的明细奖惩制度。通过把政策转化为更具操作性的细则及标准，提高政府的政策实施能力，有效引导低碳技术创新，构建低碳技术创新体系。

3. 强化低碳技术发展动力与压力机制

首先，进一步加大落实财税支持力度。低碳技术的高风险、高投入的特点，决定着政府的财税支持必不可少。目前，我国已有一些对低碳技术财税支持政策，但没有形成系统的、完善的支持政策，政府政策的“信号引导”机制难以发挥。应当进一步加大对低碳技术研发领域的财税支持力度，并完善具体操作细则。

其次，鼓励企业联合攻关创新。技术的创新是长期的而系统的工程，由于自身人力、资金和优势所限，单个企业难以高效率地完成。目前，我国技术创新大都以单个企业“一鸣惊人”式研发，缺乏合作共赢的理念和机制，这是我国技术创新实力不足的一个重要原因。日本强大的技术创新能力，很大程度上归因于“联合研发机制”：由政府鼓励和推动众多企业组成联合研发机构，实行“风险公担、专利共有、成果共享”的联合研发模式。低碳技术的研发同样可以借鉴这一做法。

最后，建立产品动态能耗标准。目前，工信部已经制定了重点用能行业单位产品能耗限额标准，对能源的节约和使用效率起到一定作用，但该标准过于静态化，并且仅局限于高耗能落后机电设备，难以对技术创新形成推动和激励作用。应当将能耗限额标准扩大到家电产品、建筑等行业，并实行动态管理。通过不断提高的能耗标准，对企业改进生产方式和产品创新给予压力，从而加快产品和设备淘汰的目的，促进低碳生产和低碳消费。

4. 完善科研成果转化机制

首先，构建以成果转化为导向的科研考核体系。“官产学研”模式在我国实施以来，一直存在着科研成果难以转化为市场产品的现状，据统计我国高校科研成果转化率不足10%，一个重要的原因是目前科研考核体系的落后。大学和科研机构的考核都以科研学术水平为主要依据，对科研成果的转化近乎忽视，由此导致科研人员将成果转化的动力不足，很多科研成果成列于实验室，而没能创造出实用价值。因此，构建以成果转化为导向的科研考核体系，才能高效地促进科研成果的转化，促进成果向市场产品的转化，实现高新技术的产业化发展。

其次，建立促进“官产学研”联合的中介机构。官产学研中研与产的连接，需要众多企业与科研单位的相互了解与结合，同时需做好两者间的利益分配，既有效激发科研机构的积极性又使企业得到合理的利益收入，实现双赢。我国目前主要是政府牵线，校企联合，存在参与主体定位不明确、利益分配不合理等问题，难以激发主体的积极性，影响研与产的高效结合。可以试行建立中介机构，由中介机构搭建成果转化平台，促进企业与科研单位的合作。同时，三者构成科研成果转化市场，由市场决定科研成果的转让价值，由市场机制调节各参与主体的利益分配。日本、美国等国家都建立了“技术转让机构”（TLO），促进研产结合。

最后，推广北大方正、清华同方校企结合模式。北大方正集团、清华同方公司分别由北京大学和清华大学投资兴办或控股，公司依托两所高校的人才和科技优势，发展高科技产业。

在全国推广北大方正、清华同方的校企结合模式，高校依托自己的人才、科技、设备优势，成为企业的高科技研发中心之一，为企业的发展提供原动力。企业则为高校提供一定的资金支持甚至是给予高校一定的股权，参与高校建设。同时，探索企业参与高校人才培养模式，人才培养计划的制定和培养的整个过程考虑企业的需求，做到校企联合培养。最终达到企业与高校间优势资源互补，实现双赢。

此外，在推广低碳技术方面，国外还有很多值得借鉴的方法。例如，推广能源管理师制度，通过立法规定年耗能一定规模以上的用能单位必须聘用能源管理师，能源管理师对耗能设备进行维护，提出改进用能方案，并指挥和监督其他有关节能的业务；鼓励能源服务公司的发展，利用专业的能源服务公司为耗能企业提供包括节能诊断、解决方案、维护设备及运营管理等全套服务；等等。

第三节　“低碳下的发展”

一、确保能源效用的持续提高

在 2030 年进入后低碳时代后，能源依旧是关涉经济延续低碳方向发展的核心问题。它一方面是经济发展的必要驱动因素，另一方面是确保更进一步深化低碳化的主要关注点。因此，如何确保能源效用的持续提高成为“低碳下发展”的讨论前提。能源效用主要包括能源效率和满足社会及个人需求的能源供给能力两个层次。对此，依托技术实现化石能源的高效利用、依托能源低碳化确保能源需求的满足成为实现能源效用持续提高的开源节流之策。

1. 节流：推动能源强度[①]持续下降

根据《2009 人类发展报告》对不同技术减排潜力的预测，能效提高在未来 20~30 年的低碳实现将起到最为重要的作用，这方面的改进能占到总排放的 40%之上。[②] 此阶段，伴随着国家技术基础的提高，借助低碳技术的创新将在促进能源强度继续下降方面显现出更大的作用空间。由此，依托低碳技术进步，挖掘能源强度的继续降低成为持续节能减排的一个主要着力点。

考虑到我国能源消费的结构特征，煤炭占据绝对主导地位（2009 年占比为 70.23%），并且预计在长时间内，这种能源禀赋和消费结构无法改变。在控制排放的情景下，我国 2050 年煤炭在能源需求中占比仍然接近 50%。[③] 因此，在能源效率改进方面，可以选择最有必要也最有空间的煤炭领域为切入点，以取得大幅降低能源强度的成果。其一，发展煤炭提质加工技术。燃煤质量低是造成燃煤设备平均效率低、能耗高、碳排放量大的主要因素之一，通过原煤提质加工，可从源头上提高原煤质量，改善原煤品质，从而减少运力消耗，降低碳排放。其二，增强工业锅炉洁净燃煤技术。中国工业锅炉以燃煤为主，少量燃用天然气，燃料油以及其他能源。燃煤工业锅炉量大面广，运行效率低，碳减排潜力巨大。目前，高效燃煤锅炉包括煤粉工业锅炉、水煤浆锅炉等。其三，开发新型煤化工技术。新型煤化工包括煤炭液化，煤制醇醚、烯烃，煤制天然气等技术，是实现高碳能源向低碳能源转化的重要途径。[④]

---

① 能源强度（Energy Intensity），又称为单位 GDP 能耗，是指一定时期内一国或地区生产一个单位国内生产总值所消耗的一次能源数量，它反映了能源利用效率的高低，是衡量低碳经济发展的重要指标。

②③ 联合国开发计划署、中国人民大学：《2009 人类发展报告》，2009 年。

④ 申宝宏、赵路正：《高碳能源低碳化利用途径分析》，《中国能源》，2010 年第 32 卷第 1 期，第 10-13 页。

2. 开源：推动综合碳密度持续下降

据 BP 预测，2030 年中国将成为全球第一能源需求国，预期增长将占到全球新增长的半数左右。[①] 如何在满足社会这种快速增长的能源需求同时，减轻新增能源消耗对环境造成的压力？能源低碳化则成为化解这两难问题的重要途径。能源低碳化就是要发展对环境、气候影响较小的清洁能源和可再生能源，并逐渐实现此类新能源实现对传统石化能源的替代。这一过程里，新能源市场占比的不断提升，保障了能源需求与安全的同时，调整、优化了我国的能源结构，直接推动着综合碳密度持续下降。

立足于国际新能源发展的主要趋势，发达国家新能源的战略部署对我国后低碳时代的行动具有科学的借鉴意义：其一，要明确发展规划和目标，建立协调的管理机制。我国新能源发展要有明确可行的发展规划和目标，才能确保新能源市场规模和效益的逐步实现。其二，加强新能源技术创新支撑体系建设，完善鼓励自主创新的相关政策，推进新能源产业化发展。其三，积极鼓励社会投资，利用税收、补贴等政策对新能源的加快应用和降低成本实行双向激励，培育新能源市场。其四，加快智能电网建设，加强新能源电源规划与电网规划的统一与协调。[②]

二、塑造智慧增长的发展模式

在低碳下的新阶段发展，当形成以“创造力”为核心的经济发展模式。改变加工、模仿、制造的这种“慢人一拍”的增长模式，实现从“中国制造”到“中国智造”的成功升级。这种成功跨越的实现，无疑需要促成三个重要转变：由工业制造到科技智造的转变，形成拉动经济的“新引擎”；由价值链低端到价值链高端的转变，在世界新的影响格局中占据“新位置”；由人口红利到知识红利的转变，形成经济发展的“新能力”。

1. 以“中国智造”为经济新引擎

“中国智造”的高科技产业必将担当低碳下的经济增长之重任。欲以科学技术引领经济增长，关键在于用这种全新的思维来考虑低碳下发展的

① 英国石油公司（BP）：《2030 世界能源展望》，2012 年。

② 王朝华：《国际新能源发展的主要趋势及对我国新能源发展的思考》，《经济论坛》，2011 年第10 期，第 21–23 页。

战略布局：其一，定位高端，全力培育高科技产业。高科技产业属第三产业里具备最高附加值的产业，在低碳下发展的过程中，促成高科技产业的规模化，使之成为国家经济的主导、支柱产业，为国民经济创造更高的财富价值。其二，培养、发展和运用以智能化为代表的新科技生产方式，强化其对传统工艺、设备、环节、流程进行改造，提升整体社会的生产效率。科技方式将成为行业提升效率，降低成本，实现利益最大化的最为有效的工具，即使解决或改进的一些微小问题或环节，却可以令整个国家各个行业的效率突飞猛进。例如，武汉钢铁公司与 IBM 合作，调研结果显示，通过分析洞察和优化其整个业务线，年产钢铁约 4000 万吨的武钢每吨钢能产生 32 美元的附加效益，这样一年就能产生超过 10 亿美元的效益。与此同时，由劳动生产率提高而释放出来人力资源还可以再次进入高新科技产业。其三，突出信息化生产力，推进社会的高度信息化，推进知识与信息通畅沟通和高度共享，建立起高效知识管理平台、信息集成平台、信息发布平台、协同工作平台，释放出更多社会创造潜力。

2. 以创新领导力占据市场制高点

在经济全球化更加深化的条件下，创新的领先才是占据价值创造链最高端的核心能力。只有具备这种核心竞争力，才能在世界经济市场格局中占据制高点，领跑世界发展趋势，树立领域或行业的先进“标杆”（包括制度标准、管理标准、产品标准等）。塑造这样一种国家创新领导力，其一，前瞻的国家规划与部署。能着眼长远，超前部署前沿技术和基础研究，实现重点跨越；保证创新投入，促使国家的 R&D（研究与开发）支出占 GDP 的比例一般在 3%以上。其二，营造良好创新环境。国家创新领导力的形成，需要有良好的“创新环境”为之做铺垫的土壤，在这片“创新沃土”上形成创新保护（包括提高知识产权法律的完善度、提高侵犯知识产权案件的执行度等）和鼓励机制（包括建全多层级的创新成果奖励政策和标准；加强对研究与创新的资助，确保创新性的思想能够转变成创造经济增长和就业的产品和服务；优先主动地对创新成果交流和产业化工作的宣传与中介推广等）。

3. 以人才重塑形成发展新能力

二三十年之后，中国的人口红利基本不会再持续下去，转以靠知识红利为强力支撑。根据波士顿咨询研究预测，到 2030 年，中国 GDP 预计将增加超过 10 万亿美元。但是这一增长并非源自中国劳动力规模的优势，而是得益于能够提高人均产出和生产力的人力资源能力。在智慧增长模式下，需要真正意义上的塔尖人才，目前缺少战略咨询、产业链整合、技术开发、高效管理等方面的专家。因此，保障新模式下发展所需要的源源不断的智力支持，重在积蓄新的发展能力，重塑高端人才。人才培养应从三方面入手：其一，转变教育思维，全面提升国民的创新素质。“大刀阔斧”改造传统的“接受式”的教育模式，强调以启发型教育的方式，侧重培养具备主动创新意识、创造力运用实效的人才。其二，积累人力资本，鼓励人力资本投资优先。确保并落实人力资本投资占国内生产总值比例15%以上；[①] 考虑人口因素的教育投资比重设置（目前而言，中国的人均公共教育支出为42美元，美国为2684美元，是中国的63.9倍；以人均GDP来比较，中国人均公共教育支出仅为人均GDP收入的0.82%，美国为6.10%）；参考欧盟“蓝卡”计划，计划未来20年从亚非拉地区吸引2000万名高级专业技术人才。其三，形成良好的人力资本增值氛围，可以参考美国2007年出台《美国竞争法》，为人才培养和促进国家创新与竞争力提供了法律保证；健全清晰的激励与奖酬制度，提高全社会重视人才价值的氛围，注重提高人才满意程度，力求营造世界人才“慕名而来”的环境。

三、实现生态文明的发展新高

低碳下的发展是将生态建设提升到文明的高度，改变传统文明意识中认识局限于经济发展观的急功近利型思维，优化经济社会与生态自然的关系。这种文明目标的实现，取决于正确的发展方向定位、高程度的公众参与性以及高效率的行为自觉性。

1. 经济增长与环境影响实现“脱钩”

经济发展在突破环境库兹涅茨曲线拐点之后，则表明线性的经济模式开始改变，使经济发展与生态负荷出现了不同步的增长趋势。在这种基础上，发展的方向应当是增强这种不同步的趋势，逐步实现经济社会系统对环境影响最小化的目标，力求经济发展与环境负荷的绝对脱钩。因此，在宏观发展安排上，在低碳下发展的初期，中国将继续推行强度脱钩。就如政府在2009年已经提出的到2020年单位国内生产总值二氧化碳排放量比

① 参考《国家中长期人才发展规划纲要（2010~2020年）》，2010年。

2005 年减少 40%~45%的目标，中国政府将继续，且更强有力地进行这样强度下降的目标设置。通过强度“脱钩”，逐步减缓对气候和环境的影响，扩大发展增长与环境压力的非同步程度。在低碳下发展的中、后期，政府则可以考虑并开始总量“脱钩”，使碳排放的绝对量不断降低，直至零排放、绝对“脱钩”的实现。

2. 从国家到个人的全社会积极参与

全社会高程度的参与才是生态文明的最终的落实之处。只有在公众对此接受，并全面参与时，方能提高国家意图的执行效果。其一，在国家层面上，规划与建设实现“精明化”，引导社会的精明增长，提高单位资源上的社会效益和环境效益。编制出科学的土地利用规划，依优先次序，从“现有城区的再利用”到“基础设施完善、生态环境许可的区域内熟地”再到“生态环境许可的其他区域内生地”开发。其二，在生产企业层面上，促使循环经济规模扩大化。这一时期，在技术成熟条件和生态观念有长足进步的情况下，是实现扩大化、规模经济的恰当切入时机。循环经济本质上即生态经济，只有在扩大化、规模化和社会化的条件里，“减量化、再利用、再循环”的过程才会显现全面和显著的效果，将从根本上消解长期以来环境与发展之间的尖锐冲突。其三，在个人生活层面上，促进生态消费普及。使民众的消费水平和消费规模转为适度的、绿色化的消费模式，增加公众对低碳、节能等产品、技术、方法的认知和辨识水平，消费要考虑永续利用价值和可持续发展。

3. 低碳理念内化为自觉意识与行动

树立起整体主义的生态自觉将成为国家低碳下发展的重要软实力。在“发展中的低碳”过程里，公众环境意识渐渐觉醒，但生态文明的目标实现，必须形成更加有利于生态环境的自觉行动。其一，需要培养一代“低碳官员”。在对政绩考察中，需要改变现有唯 GDP 为评价标准的方法，改变官员对投资、建设的热衷，形成一种“重生态”的绿色政绩观，从而提高地方政府减排执行力。其二，自觉发布环境信息。政府应该时效地、准确地发布地区环境质量、温室气体减排等信息，推行企业自觉环境报告制度，让公众对环境信息充分知情，并建立起公众表达和监督机制。其三，通过媒体、教育等多种宣扬手段，营造一种被公众共同认可和尊重的低碳自觉、生态自觉的环境文化。只有补充了这么一种文化的缺位，并使之深入人心，才能在社会中树立起一种有效的道德约束力。

参考文献

鲍健强、苗阳、陈锋:《碳经济：人类经济发展方式的新变革》,《中国工业经济》，2008年第4期，第153-160页。

北京环境交易所CDM信息服务中心:《2010中国碳信用市场投资报告》，2010年10月28日。

国家发展和改革委员会:《北京市碳排放权交易试点实施方案（2012~2015)》，2012年。

蔡博峰:《碳货币——低碳经济时代的全新国际货币》,《中外能源》，2010年第2期，第10-14页。

曾国平、张甲庆:《低碳经济发展中的政府责任及其实现路径》,《理论导刊》，2010年第9期，第13-15页。

柴发合、罗宏、裴莹莹:《发展低碳经济的战略思考》,《生态经济》，2010年第11期，第89-97页。

巢桂芳:《关于提高低碳经济意识，创导低碳消费行为的调查与研究》,《经济研究导刊》，2010年第31期。

陈海嵩:《日本的节能立法及制度体系》,《节能与环保》，2010年第1期。

陈洪波:《温室气体减排的国际政治博弈》,《世界经济与政治》，2005年第10期，第58-63页。

陈柳钦:《碳金融：撬动低碳经济的杠杆》,《西南金融》，2010年第8期，第23-25页。

陈晓春、曹昭煜:《提高低碳消费能力的公共政策探讨》,《经济纵横》，2011年第9期，第52-55页。

陈游:《碳金融与我国商业银行的业务创新》,《金融论坛》，2009年第10期，第69-73页。

初昌雄、周丕娟:《碳金融：低碳经济时代的金融创新》,《金融与经济》，

2010 年第 2 期，第 18–21 页。
崔华平：《美国环境公益诉讼制度研究》，《环境保护》，2008 年第 24 期。
崔奕、郝寿义、陈妍：《低碳经济背景下看低碳产业发展方向》，《生态经济》，2010 年第 6 期，第 91–94 页。
邓光奇：《低碳战争——第四次产业革命的谋变》，中国经济出版社，2011 年版。
杜放：《浅谈美国环保税收政策及其借鉴》，《深圳职业技术学院学报》，2008 年第 7 卷第 3 期。
杜明军：《构建低碳经济发展耦合机制体系的战略思考》，《中州学刊》，2009 年第 6 期。
方虹、施凤丹：《碳交易市场与中国碳交易定价权》，《产权导刊》，2010 年第 8 期，第 33–35 页。
冯碧梅：《湖北省低碳经济评价指标体系构建研究》，《中国人口·资源与环境》，2011 年第 3 期，第 54–58 页。
冯亮明、肖友智：《企业碳排放权需求变量及其影响分析》，《福建农林大学学报》（哲学社会科学版），2007 年第 10 卷第 5 期，第 47–51 页。
付加锋、庄贵阳、高庆先：《低碳经济的概念辨识及评价指标体系构建》，《中国人口·资源与环境》，2010 年第 8 期，第 38–43 页。
付允、马永欢、刘怡君、牛文元：《低碳经济的发展模式研究》，《中国人口·资源与环境》，2008 年第 3 期。
高志新：《低碳金融发展与中国银行业经营转型》，《上海金融》，2011 年第 1 期。
郭大为、仲云云、仲伟周：《我国低碳金融发展制约因素及政策启示》，《国家行政学院学报》，2010 年第 4 期。
郭清马：《商业银行参与碳金融业务的策略研究》，《西南金融》，2010 年第 6 期，第 65–67 页。
郭庆：《中国企业环境规制政策研究》，山东大学，博士学位论文，2006 年。
郭艳丽：《面向低碳经济的金融机构环境责任研究》，江西理工大学，博士学位论文，2009 年。
郭印、王敏洁：《国际低碳经济发展经验及对中国的启示》，《改革与战略》，2009 年第 10 期，第 176–179 页。
管清友：《碳货币猜想》，《中国外汇》，2009 年第 10 期。

郭晓利、李慕春：《中日美农产品期货合约流动性格局分析》，《大连商品交易所研究报告》，2003 年 2 月 19 日。

《国家中长期人才发展规划纲要（2010~2020）》，2010 年。

韩学广：《我国发展低碳经济的制度保障体系构建》，《产业经济》，2010 年第 4 期，第 25–28 页。

何诚颖、徐清振、陈薇：《碳排放权，碳金融与中国投行的业务创新》，《证券市场导报》，2010 年第 7 期，第 4–7 页。

胡鞍钢：《"绿猫"模式的新内涵——低碳经济》，《世界环境》，2008 年第 2 期，第 26–28 页。

胡大立、丁帅：《低碳经济评价指标体系研究》，《科技进步与对策》，2010 年第 22 期，第 160–164 页。

黄栋、胡晓岑：《低碳经济背景下的政府管理创新路径研究》，《华中科技大学学报》（社会科学版），2010 年第 24 卷第 4 期。

黄栋、李怀霞：《论促进低碳经济发展的政府政策》，《中国行政管理》，2009 年第 5 期，第 48–49 页。

黄平、胡日东：《环境规制与企业技术创新相互促进的机理与实证研究》，《财经理论与实践》，2010 年第 1 期。

黄丽珠：《"碳金融"或将成为境内商业银行"新宠"》，《金融时报》，2008 年 5 月 5 日。

纪念：《如何激励和约束"低碳经济"主体的行为》，《环境保护》，2010 年第 11 期。

纪玉山、纪明：《低碳经济的发展趋势及中国的对策研究》，《社会科学辑刊》，2010 年第 2 期，第 83–89 页。

贾志民等：《从美国环境公益诉讼制度谈中国环境保护问题的法律对策》，《华北电力大学学报》（社会科学版），2007 年第 4 期。

姬宪恒：《"熊猫标准"推动国内自主碳交易市场》，《中国商报》，2010 年 3 月 23 日。

金乐琴：《中国低碳发展：市场失灵与产业政策创新》，《北京行政学院学报》，2010 年第 1 期。

郎一环、李红强：《构建城市低碳能源体系的国际经验与中国行动》，《中国能源》，2010 年第 7 期，第 11–16 页。

李布：《欧盟碳排放交易体系的特征、绩效与启示》，《重庆理工大学学报》

(社会科学版)，2010年第24卷第3期。
李刚、王忠东、张明：《基于循环修正思路的低碳经济评价模型研究》，《东北大学学报》，2011年第12期，第1790–1794页。
李华威：《基于碳金融的低碳银行发展策略浅析》，《河北金融》，2010年第6期，第19–21页。
李建锋、刘一村：《碳货币崛起背景下，人民币国际化面临的机遇和挑战，人民币国际化的新机遇》，《财经视线》，2010年第9期第67–68页。
李键：《中国金融发展中的结构问题》，中国人民大学出版社2004年版。
李金辉、刘军：《低碳产业与低碳经济发展路径研究》，《经济问题》，2011年第3期，第37–40页。
李胜、陈晓春：《低碳经济：内涵体系与政策创新》，《科技管理研究》，2009年第10期。
李淑文：《中国低碳经济的挑战与应对策略》，《中国人口·资源与环境》，2011年第S1期。
李万业、何雁明：《我国碳排放贸易及其金融市场发展》，《金融电子化》，2009年第12期，第21–22页。
李友华：《中国低碳经济发展对策研究》，《哈尔滨商业大学学报》(社会科学版)，2009年第6期，第3–6页。
李增福、丘逸新：《我国谋求碳交易定价权的战略思考》，《价格理论与实践》，2010年第7期，第71–72页。
李忠民、姚宇、陈向涛：《低碳经济的三重含义和我国的战略选择一个低碳经济研究综述》，《青海社会科学》，2010年第5期，第26–29页。
李蕾：《“碳金融”何时到中国?》，《解放日报》，2009年7月2日。
连平：《拓展碳金融业务，提升银行竞争力》，《农村金融研究》，2010年第9期，第7–11页。
联合国开发计划署、中国人民大学：《2009人类发展报告》，2009年。
林伯强、李爱军：《碳关税对发展中国家的影响》，《金融研究》，2010年第12期，第1–15页。
林小春、熊平、刘元旭：《2010年第四次联合国气候谈判天津开幕尽显中国诚意》，新华网，2010年10月4日。
刘宾、贾启建：《低碳银行——碳金融发展的新思路》，《今日财富》，2010年第6期，第47–48页。

刘斌:《城市物流阶段性发展规律的理论模型与实证研究》,《生产力研究》,2008 年第 4 期。
刘华:《发达国家循环经济立法的模式及借鉴》,《中国科技投资》,2007 年第 7 期。
刘辉煌:《西方经济学》,中国金融出版社 2004 年版。
刘磊珂:《关于绿色贸易壁垒的理性思考》,《江西农业学报》,2006 年第 4 期。
刘敏、刘焕新:《湖南发展低碳消费对策研究》,《湖南社会科学》,2010 年第 4 期,第 100–104 页。
刘文玲、王灿:《低碳城市发展实践与发展模式》,《中国人口·资源与环境》,2010 年第 4 期,第 17–21 页。
刘新宇:《论产业结构低碳化及国际城市比较》,《生产力研究》,2010 年第 4 期。
刘友金、胡黎明:《产品内分工,价值链重组与产业转移——兼论产业转移过程中的大国战略》,《中国软科学》,2011 年第 3 期,第 149–159 页。
柳庆刚、李殊琦:《GDP 政绩考核制度下的重复建设和地区竞争》,《武汉理工大学学报》(社会科学版),2011 年第 2 期。
陆静:《后京都时代碳金融发展的法律路径》,《国际金融研究》,2010 年第 8 期,第 34–42 页。
罗晓娜、林震:《低碳经济下的金融发展与金融创新》,《经济与管理》,2010 年第 9 期,第 21–25 页。
马洪申:《完善社会监督机制的思考》,《商丘职业技术学院学报》,2004 年第 4 期。
孟翠莲:《我国发展低碳经济的现实路径与财税政策选择》,《财金研究》,2010 年第 8 期,第 16–18 页。
米川:《中国 CDM 现状与政策》,排污交易国际研讨会,2008 年 11 月 10 日。
《能源消费结构的优化路径》,《光明日报》,2011 年 9 月 30 日。
倪外、曾刚:《低碳经济视角下的城市发展新路径研究——以上海为例》,《经济问题探索》,2010 年第 5 期,第 38–42 页。
潘家华、陈迎:《碳预算方案:一个公平可持续的国际气候制度框架》,《中国社会科学》,2009 年第 5 期,第 83–98 页。
潘家华:《经济要低碳　低碳须经济》,《中国马克思主义论坛》,2010 年第 1 期,第 39–44 页。

彭光明、宋占新:《美国环境影响评价听证制度及对我国的启示》,《商业时代》,2009 年第 35 期。

彭伟、李刚:《低碳消费:一场基于消费端的节能减排革命》,《开放导报》,2011 年第 2 期,第 61–64 页。

戚婷婷、鲁炜:《核证减排量现货市场与期货市场的价格发现》,《北京理工大学学报》(社会科学版),2009 年第 11 卷第 6 期,第 71–77 页。

钱水土、周永涛:《金融发展、技术进步与产业升级》,《统计研究》,2011 年第 1 期,第 68–74 页。

乔海曙、喻翔宇:《我国碳金融发展路径研究》,工作论文。

乔海曙、朱娟:《金融发展对环境的影响:基于中国 1999~2009 年的实证》,工作论文。

渠慎宁、郭朝先:《基于 STIRPAT 模型的中国碳排放峰值预测研究》,《中国人口·资源与环境》,2010 年第 12 期,第 10–15 页。

冉光和、鲁钊阳:《低碳产业研究进展》,《江苏社会科学》,2011 年第 3 期,第 75–79 页。

任爱平:《环境安全及中日环境合作》,《石家庄经济学院学报》,2006 年第 6 期。

尚永庆、周晓志:《碳金融背景下中国金融企业的责任》,《金融经济》,2010 年第 10 期,第 40–41 页。

申宝宏、赵路正:《高碳能源低碳化利用途径分析》,《中国能源》,2010 年第 32 卷第 1 期,第 10–13 页。

申岚:《低碳经济下的金融发展与创新》,《财政监督》,2011 年第 5 期,第 73–74 页。

史世伟:《德国国家创新体系与德国制造业的竞争优势》,《德国研究》,2009 年第 24 卷第 1 期。

史世伟:《纠正市场失灵——德国中小企业促进政策解析》,《欧洲研究》,2003 年第 6 期,第 129 页。

宋蕾:《金融机构的 CSR 路径——用贷款杠杆压低碳排放》,《第一财经日报》,2008 年 4 月 10 日。

孙群燕、李婉丹:《广东省区际产业转移效应分析》,《南方经济》,2011 年第 12 期,第 68–71 页。

索尼亚·拉巴特,罗德尼·R.怀特:《碳金融——碳减排良方还是金融陷阱》,

石油工业出版社 2010 年版。
谭丹、黄贤金:《我国东中西部地区经济发展与碳排放的关联分析及比较》,《中国人口·资源与环境》,2008 年第 3 期。
汤伟:《英国碳预算对中国的启示》,《中国科技财富》,2009 年第 19 期。
唐斌、薛成容:《碳金融:"寓义于利"新社会责任观的实践》,《福建金融》,2008 年第 9 期,第 19-22 页。
唐高哲:《低碳产业与金融互动发展研究》,南京大学,博士论文,2011 年。
童抗抗、马克明:《中国的产业产值与能源消耗碳排放相关性研究》,《中国环境科学》,2011 年第 31 期,第 1212-1218 页。
童宛生、管炎彬、刘晓雪等:《期货流动性研究》,《中国期货业协会第一期联合课题报告》,2002 年。
汪陈、何圣财、金利娟:《构建低碳经济创新型金融支持体系实证研究》,《金融论坛》,2010 年第 S1 期。
王朝华:《国际新能源发展的主要趋势及对我国新能源发展的思考》,《经济论坛》,2011 年第 10 期,第 21-23 页。
王奉安:《碳足迹——环保新坐标》,《环境保护与循环经济》,2010 年第 7 期,第 26-27 页。
王汉伟:《试析影响低碳经济发展的主要因素》,《市场研究》,2012 年第 1 期。
王慧:《中国低碳经济面临的困境及应对举措》,《江苏科技信息》(学术研究),2011 年第 10 期。
王丽娜、朱亚兵:《对我国碳交易定价机制的几点思考》,《价格理论与实践》,2010 年第 9 期,第 23-24 页。
王留之、宋阳:《略论我国碳交易的现状及其风险防范》,《现代财经》,2009 年第 6 期,第 13-18 页。
王文:《"低碳革命",中国如何跳好这块"弹跳板"》,《中国财经报》,2009 年第 4 期。
王修华、赵越:《我国碳交易的定价困境及破解思路》,《理论探索》,2010 年第 3 期,第 66-69 页。
王瑶:《碳金融:全球视野与中国布局》,中国经济出版社 2010 年版。
王永中、高凌云:《金融发展与内生经济增长理论评述:人力资本积累视角》,《首都经济贸易大学学报》,2007 年第 3 期,第 98-103 页。
王元龙、田野:《碳金融的发展与商业银行的应对》,《中国科技投资》,2009

年第7期，第56-58页。
王增武、袁增霆：《碳金融市场中的产品创新》，《中国金融》，2009年第24期。
魏一鸣：《中国能源报告（2008）：碳排放研究》，科学出版社2008年版。
文婧、孙韶华：《发改委官员称考虑设立中国碳基金》，《经济参考报》，2010年11月29日。
文龙光、易伟义：《低碳产业链与我国低碳经济推进路径研究》，《科技进步与对策》，2011年第14期，第70-74页。
翁清云、刘丽巍：《我国商业银行低碳金融实践的现状评价与发展对策》，《金融论坛》，2010年第S1期。
吴彼爱：《河南省低碳发展水平的时空差异与碳排放驱动力分析》，河南大学，博士论文，2011年。
吴建刚：《中国各省市及各区域金融发展水平分析》，《中欧陆家嘴国际金融研究报告》，2010。
吴力波、汤维祺：《碳关税的理论机制与经济影响》，《科学对社会的影响》，2010年第1期，第10-16页。
吴腾华：《我国金融市场结构优化：评价标准与指标体系》，《河南金融干部学院学报》，2007年第6期。
伍华佳：《中国产业低碳化转型与战略思路》，《社会科学》，2011年第8期，第46-54页。
相伟：《中国经济“低碳化”的内涵与对策》，《中国投资》，2010年第9期。
谢沛善：《中日高新技术产业发展的金融支持研究》，东北财经大学，博士论文，2010年。
谢清河：《发展低碳经济的金融创新问题研究》，《理论研究》，2010年第5期，第5-9页。
谢泗薪：《高端服务业发展的战略模式与机理——基于热点园区、产业链和新知识经济三大视角》，《中国流通经济》，2011年第9期，第55-60页。
辛玲：《低碳消费方式的评价指标体系与综合评价模型》，《统计与决策》，2011年第1期，第31-33页。
熊焰：《“碳补偿”先于“碳配额”》，《新理财，政府理财》，2010年第9期，第36-37页。
徐滨士：《再制造工程的现状与前沿》，《材料热处理学报》，2010年第1期。

徐楚锟：《政府引导下的低碳经济融资方式研究——以商业银行为例》，江西财经大学，博士论文，2010 年。
徐晓飞、赵琛、崔艳娟：《区域低碳经济发展的评价体系研究》，《科技管理研究》，2011 年第 16 期，第 63-65 页。
许春燕：《完善碳金融市场，促进我国低碳经济发展》，《中国流通经济》，2010 年第 12 期，第 58-61 页。
许涤龙、欧阳胜银：《低碳经济统计评价体系的构建》，《统计与决策》，2010 年第 22 期，第 21-24 页。
鄢德春：《基于清洁发展机制的碳金融发展策略》，《上海金融学院学报》，2010 年第 1 期，第 53-59 页。
阎庆民：《构建以"碳金融"为标志的绿色金融服务体系》，《中国金融》，2010 年第 4 期，第 41-44 页。
杨东宁：《企业自愿采用标准化环境管理体系的驱动力：理论框架及实证研究》，《管理世界》，2005 年第 2 期。
杨芳：《中国低碳经济发展：技术进步与政策选择》，《福建论坛》，2010 年第 2 期，第 73-77 页。
杨佳深：《国际碳交易市场及其衍生金融产品分析》，《金融财经》，2009 年第 2 期，第 67-73 页。
杨骏、黄堃：《中国专家主张用"碳预算"方案使世界公平地减排》，新华社，2009 年 12 月 12 日。
杨蓉、杨宇：《企业社会责任与核心竞争力——基于中国上市公司的实证研究》，《华东师范大学学报》（哲学社会科学版），2008 年第 5 期，第 121-128 页。
杨韵：《媒体监督权力缺失与法律保障机制研究》，《科技与出版》，2012 年第 3 期。
尹璇：《我国排污权交易可行性研究》，《法制与社会》，2007 年第 12 期，第 102-105 页。
英国石油公司：《BP2030 世界能源展望》，2012 年。
于小强：《低碳消费方式实现路径分析》，《消费经济》，2010 年第 4 期，第 80-82 页。
余芳东：《我国经济的国际地位和发展差距》，《调研世界》，2011 年第 3 期。
虞义华、郑新业、张莉：《经济发展水平、产业结构与碳排放强度》，《经济理论与经济管理》，2011 年第 3 期，第 72–81 页。
喻翔宇：《对推进我国碳金融业务发展的思考与设想》，《金融经济》，2010 年第 16 期，第 88–89 页。
袁定喜：《我国碳贸易定价权缺失的原因与对策研究》，《价格理论与实践》，2010 年第 8 期，第 26–27 页。
袁雪：《解密“德国制造”神话：中小企业撑起一片天》，《中小企业管理与科技》，2010 年第 2 期。
岳超、胡雪洋、贺灿飞、朱江玲、王少鹏、方精云：《1995~2007 年我国省区碳排放及碳强度的分析》，《北京大学学报》，2010 年第 4 期，第 510–516 页。
张存刚、张小瑛：《“碳金融”发展现状、前景及对策研究》，《甘肃理论学刊》，2010 年第 4 期，第 72–77 页。
张国强：《国际低碳金融发展及对中国金融业转型的启示》，《湖北社会科学》，2011 年第 12 期。
张皓雯：《中国在哥本哈根发布首个自愿碳减排标准》，新华网，2009 年 12 月 17 日。
张茉楠：《温室效应引发全球生态恶化低碳经济推动全球发展变革》，《中国经贸》，2009 年第 8 期，第 32–33 页。
张铁男、杜军：《科技中介服务机构三方合作中的博弈分析》，《科技管理研究》，2009 年第 10 期，第 79–83 页。
张颖薇：《低碳经济背景下碳金融发展问题探析》，《武汉金融》，2010 年第 8 期，第 64–65 页。
张勇：《专家：为碳交易计价是人民币成为国际货币的捷径》，《南方都市报》，2010 年 1 月 4 日。
张珍花、方勇、侯青：《我国碳排放水平的区域差异及影响因素分析》，《经济问题探索》，2011 年第 11 期，第 90–97 页。
张伟：《论中国环境保护投融资方式与创新》，中国海洋大学，博士学位论文，2005 年。
赵霞、朱林、王圣：《欧盟温室气体排放交易实践对我国的借鉴》，《环境保护科学》，2010 年第 36 卷第 1 期。
赵雲泰、黄贤金、钟太洋、彭佳雯：《1999~2007 年中国能源消费碳排放强度空间演变特征》，《环境科学》，2011 年第 11 期，第 3145–3152 页。

中国银行广东省分行课题组:《低碳金融发展与商业银行的践行策略》,《银行家》,2010年第9期。

周行健、林明恒:《低碳经济背景下商业银行的经营策略》,《南方金融》,2010年第3期,第74-76页。

周慧:《产业低碳发展的金融服务机理研究——基于金融功能理论的视角》,《青海金融》,2011年第9期。

周健:《我国低碳经济与碳金融研究综述》,《财经科学》,2010年第5期,第17-23页。

周秋玲、苏依依:《低碳经济时代中国碳金融体系的构建》,《新金融》,2010年第8期,第30-33页。

周伟军、孙景德、张超群:《中国作为碳交易大国为何缺乏定价权?》,《金融与经济》,2010年第8期,第10-13页。

周卫锋:《我国碳金融体系构架研究》,吉林大学,博士论文,2009年。

周文波、陈燕:《论我国碳排放权交易市场的现状、问题与对策》,《江西财经大学学报》,2011年第3期,第12-17页。

周延风、罗文恩、肖文建:《企业社会责任行为与消费者响应——消费者个人特征和价格信号的调节》,《中国工业经济》,2007年第3期,第62-69页。

周懿萍、黄文才、陈晓芳:《发展低碳经济的金融支持研究》,《理论与实践》,2010年第5期,第74-76页。

朱秦:《低碳经济发展的政府应对之策:能力建设与管理变革》,《大连干部学刊》,2010年第26卷第5期。

朱兴龙、周正:《政府环境规制与企业行为的博弈分析》,《2007年运输经济理论与政策暨产业经济学发展学术》,2007年第94-98页。

庄贵阳、潘家华、朱守先:《低碳经济的内涵及综合评价指标体系构建》,《经济学动态》,2011年第1期,第132-136页。

庄贵阳:《低碳经济:气候变化背景下的中国发展之路》,气象出版社,2007年版。

庄贵阳:《节能减排与中国经济的低碳发展》,《气候变化研究进展》,2008年第5期,第308页。

庄贵阳:《中国发展低碳经济的困难与障碍分析》,《江西社会科学》,2009年第7期,第20-26页。

邹亚生、孙佳论:《我国的碳排放权交易市场机制选择》,《贸易与环境》,2009年第5期,第15-16页。

A. Swartling, M. Nilsson. "Social Learning and EPI: Communicative Governance in Swedish Climate Policy Formation". *Ecologic*, Berlin. 2007(4): 40-43.

A. S. Dagoumas, T. S. Barker. "Pathways to a Low-carbon Economy for the U. K. With the Macro-econometric E3MG Model". *Energy Policy*. 2010 (38): 3067-3077.

Amy Tang, Nicola Chiara, John E.. Taylor. "Financing Renewable Energy in Fra Structure: Formulation, Pricing and Impact of a Carbon Revenue Bond". *Energy Policy*. 2012 (45): 691-703.

Awsocean. " Energy Receives Boost From Carbon Trust". *Renewable Energy Focus*. 2007 (8): 10.

Barker, T., Haoran, P., Köhler, J., Warren, R., Winne, S.. "Decarbonising the Global Economy with Induced Technological Change: Scenarios to 2100 Using E3MG". *The Energy Journal*, 2006 (27): 143-160.

Barrett, S. "*Environment and Statecraft: The Strategy of Environmental Treaty-Making*". Oxford University Press, Oxford. 2003 (13): 87-93.

Buchner, B., Carraro, C., Cersosimo, I. "On the Consequences of the U. S. Withdrawal from the Kyoto/Bonn Protocol". *Climate Policy* 2, 2002 (12): 273-292.

"Carbon Trust Funding ITM for High Power Density Materials". *Fuel Cells Bulletin*. 2010 (2010): 11.

Carchano O. Pardo A.. "Rolling Over Stock Index Futures Contracts". *Journal of Futures Markets*. 2009 (29): 684-694.

Carlo Carraro, Alice Favero. "The Economic and Financial Determinants of Carbon Prices". *Journal of Economics and Finance*. 2009, 59 (5): 396-409.

Ceres. "Carbon Trust Grants for Ilika". *Fuel Cells Bulletin*. 2008 (2): 8.

Chao-ning Liao, HayriÖnal, Ming-Hsiang Chen. "European Journal of Operational Research". *European Journal of Operational Research*. 2009 (196): 1207-1213.

Chaurey, T. C.. Kandpal. "Carbon Abatement Potential of Solar Home Systems in India and Their Cost Reduction Due to Carbon Finance". *Energy Policy*.

2009 (37) 115–125.

Ching–Chih Chang, Claudia Fabiola Soruco Carballo. "Energy Conservation and Sustainable Economic Growth: The Case of Latin America and the Caribbean". *Energy Policy*. 2011 (39): 4215–4221.

Christoph Böhringer, Thomas F. Rutherford. "Carbon Taxes with Exemptions in an Open Economy: A General Equilibrium Analysis of the German Tax Initiative". *Journal of Environmental Economics and Management*. 1997 (32): 189–203.

Daanp van Soest, John A. List, Tim Jeppesend. "Shadow Prices, Environmental Stringency, and International Competitiveness". *European Economic Review*. 2006 (50): 1151–1167.

Davies A.. "Credit Spread Determinants: An 85 Year Perspective". *Journal of Financial Markets*. 2008, 11 (2): 180–197.

Emilie Alberola, Julien Chevallier, Beno1t Cheze. "Price Drivers and Structural Break sin European Carbon Prices 2005–2007". *Energy Policy*. 2008 (36): 787–797.

Energy White Paper. Our Energy Future: Creating a Low Carbon Economy. UK: The Stationery Office Limited. 2003: 6–7.

Haruna Gujba, Steve Thorne, Yacob Mulugetta, Kavita Rai, Youba Sokona. "Financing Low Carbon Energy Accessin Africa". *Energy Policy*. 2012 (47): 71–78.

Heleen Groenenberg, Heleende Coninck. "Effective EU and Member State Policies for Stimulating CCS". *International Journal of Greenhouse Gas Control*. 2008 (2): 653–664.

Heleende Coninck, Jennie C.Stephens, Bert Metz. "Global Learning on Carbon Capture and Storage: A Call for Strong International Cooperation on CCS Demonstration". *Energy Policy*. 2009 (37): 2161–2165.

Hengwei Liu, Xi Liang. "Strategy for Promoting Low–carbon Technology Transfer to Developing Countries: The Case of CCS". *Energy Policy*. 2011 (39) 3106–3116.

Ilhan Ozturk, Ali Acaravci. "CO_2 Emissions, Energy Consumption and Economic Growth in Turkey". *Renewable and Sustainable Energy Reviews*. 2010

(14): 3220-3225.

Janet Peace, Timothy Juliani. "The Coming Carbon Market and Its Impact on the American Economy". *Policy and Society*. 2009 (27): 305-316.

Josef Janssen. Risk Management of Investment sin Joint Implementation and Clean Development Mechanism Projects, 2008.

Joel Hasbrouck. "Liquidity in the Futures Pits: Inferring Market Dynamics from Incomplete Data" Working paper, www.ssrn.com. October 2000.

Joost M. E. Pennings and Raymond M. Leuthold. "Commodity Futures Contract Viability: A Multidisciplinary Approach". 1998.

K. G. Lonsdale, T. E. Downing, R. J. Nicholls, D. Parker, A. T. Vafeidis, R. Dawson, J. Hall, "Plausible Responses to the Threat of Rapid Sea-level Rise in the Thames Estuary". Clim. *Change* 91, 2008 (1): 145-169.

Kojo Menyah, Yemane Wolde-Rufael. "Energy Consumption, Pollutant Emissions and Economic Growth in South Africa". *Energy Economics*. 2010 (32): 1374-1382.

Luis M. Abadie, José M. Chamorro. "European CO_2 Prices and Carbon Capture Investments". *Energy Economics*. 2008 (30): 2992-3015.

Marjoleinde Best-Waldhober, Dancker Daamen. "Development of CCS Awareness and Knowledge of the General Public Between 2004 and 2008". *Energy Procedia*. 2011 (4): 6315-6321.

Ming Yangetal. "Wind Farm Investment Risks Under Uncertain CDM Benefit in China". *Energy Policy*. 2010 (38): 1436-1447.

Mohammad Jahangir Alam, Ismat Ara Begum, Jeroen Buysse, Sanzidur Rahman, Guido Van Huylenbroeck. "Dynamic Modeling of Causal Relationship Between Energy Consumption, CO_2 Emissions and Economic Growth in India". *Renewable and Sustainable Energy Reviews*. 2011 (15): 3243-3251.

Myung-Kyoon Lee. "CDM Information and Guidebook". *The UNEP Project*. 2004.

Niels Angeretal. "Macroeconomic Impacts of the Clean Development Mechanism: The Role of Investment Barriers and Regulations". *Discussion Paper*. No. 07-026, 2008.

Nikolaos Floros, Andriana Vlachou. "Energy Demand and Energy-related CO_2 Emissions in Greek Manufacturing: Assessing the Impact of a Carbon Tax".

Energy Economics. 2005 (27): 387-413.

Onno Kuik, Luke Brander, Richard S. J. Tol. "Marginal Abatement Costs of Greenhouse Gas Emissions: Ameta-Analysis". *Energy Policy*. 2009 (37): 1395-1403.

Patrick Criqui, Silvana Mima, Laurent Viguier. "Climate Change: An Opportunity of Resource Shift from Rich to Poor in General and in India in Particular Vijay a Gupta". *Energy Policy*. 1999 (27).

Patrick H. T.. "Finacial Development and Economic Growth in Undeveloped Countries". *Economic Development and Cultural Change*. Vol. 34, 174-189.

Paul Ekins, Hector Pollitt, Philip Summerton, Unnada Chewpreecha. "Increasing Carbon and Material Productivity Through Environmental Tax Reform". *Energy Policy*. 2012 (42): 365-376.

Philippa Howden-Chapman, Helen Viggers, Ralph Chapman, Kimberley O'Sullivan, Lucy Telfar Barnard, Bob Lloyd. "Tackling Cold Housing and Fuel Poverty in New Zealand: A Review of Policies, Research, and Health Impacts". *Energy Policy*, In Press, Corrected Proof, Available Online, 2011.

QiaoHaishu, ZhuJuan, Huang Hao. "The Impact of Financial Development on Environment: An Empirical Analysis From 1996 to 2005 in China". *Procedia Engineering*. ElsevierLtd. 2011.

R. Ison, N. Röling, D. Watson, "Challenges to Science and Society in the Sustainable Management and use of Water: Investigating the Role of Social Learning". *Environ*. Sci Pollut. 2007 (10): 499-511.

Ross McKitrick. "A Derivation of the Marginal Abatement Cost Curve". *Journal of Environmental Economics and Management*. 1999 (37): 306-314.

Shuichi Ashina, Junichi Fujino, Toshihiko Masui, Tomoki Ehara, Go Hibino. "A Road Map Towards a Low-carbon Society in Japan Using Back Casting Methodology: Feasible Pathways for Achieving an 80% Reduction in CO_2 Emissions by 2050". *Energy Policy*. 2012 (41): 584-598.

Sonia Labatt and Rodney R. White. *Carbon Finance: the Financial Implications of Climate Change*. New Jersey: John Wilcy & Sons, Inc. 2007: 11-22.

Trotignon R., Leguet B. "How Many CERs by 2013". *Mission Climat Working*

Paper, 2009-5.

Ugur Soytas, Ramazan Sari. "Energy Consumption, Economic Growth, and Carbon Emissions: Challenges Faced by an EU Candidate Member." *Ecological Economics* 2009 (68): 1667-1675.

W. C. Kriz, "Creating Effective Learning Environments and Learning Organizations Through Gaming Simulation Design." Simul. *Gaming*, 2003 (34): 495-511.

World Bank. "Carbon Finance at the World Bank, Frequently Asked Questions: What Is Carbon Finance?". http: //www.carbonfinance.org.

Xuemei Liu. "Extracting the Resource Rent from the CDM Projects: Can the Chinese Government do Better? . *Energy Policy*. 2010 (38): 1004-1009.

Ziegler Andreas, Michael Schrader, Klaus Rennings. "The Effect of Environmental and Social Performance on the Stock Performance of European Corporations". *Environmental and Resource Economics*. 2007 (4): 661-680.

索　引

C

D

E

J

T

后　记

本书是我和研究团队在课题研究的基础上完成的集体成果，我作为课题主持人负责本书的选题、写作、统稿等事项。在本书即将付梓之际，特别感谢和我一起研究的弟子们，他们是：李晋娴、杜华青、沈淑娟、朱娟、陈守端、王桂良。感谢王惟希、夏越、陈梦茜做了部分英译与校对工作，感谢谢璐芳、李晋娴、王桂良、徐卯晓、陈娟妮、冯琴、朱娟、周吉燕、胡自灵细心地参与本书的统稿。

本书相关章节初稿的研究完成人及参与人主要有：第一章，乔海曙、李晋娴；第二章，乔海曙、谭烨、刘小丽；第三章，乔海曙、陈守端、沈淑娟、杜华青；第四章，乔海曙、王桂良、文葵、张清平；第五章，乔海曙、李晋娴、冯琴、王桂良、朱娟；第六章，乔海曙、陈守端、徐卯晓；第七章，朱娟、乔海曙；第八章，杜华青、乔海曙；第九章，沈淑娟、乔海曙；第十章，乔海曙、李晋娴、喻翔宇。另外，刘卓、许可、李亦博、贾真、朱明举、陈哲、王静、阳旸、刘梦雨等作为课题成员参与了部分内容的研究。

本书的写作，得到了王于栋博士的提点与帮助，得到了周鸿卫教授、李正辉教授、王修华教授的支持与启发，得到了湖南大学常务副校长张强教授的鼓励与关注，在此感谢他们的关心支持以及为本书贡献的智慧！

本书的出版，得到了中国博士后文库的大力支持。

由于本书涉及领域的复杂性、探索性及数据可得性方面的原因，也由于出版时间的刚性约束，更由于研究能力及精力的制约，书中很多观点与论证难免存在缺陷，请读者批评指正。本书在成稿过程中借鉴了大量前人研究成果，限于篇幅及可能存在的疏漏，这里并未能一一列出，在此向各位研究者表示深深的谢意！

乔海曙

2013 年 6 月于岳麓山